GERALF POCHOP

UNTERGRUND WAR STRATEGIE

PUNK IN DER DDR
ZWISCHEN REBELLION UND REPRESSION

Originalausgabe

Lahnstraße 25, 12055 Berlin
prverlag@hirnkost.de
https://shop.hirnkost.de

4. Auflage März 2023

Vertrieb für den Buchhandel:
Runge Verlagsauslieferung
msr@rungeva.de

E-Books, Privatkunden und Mailorder:
https://shop.hirnkost.de

Lektorat: Gabriele Vogel
Layout: Conny Agel
Zeichnungen: Tanja Trash

ISBN:
PRINT: 978-3-98857-015-4
PDF: 978-3-98857-017-8
EPUB: 978-3-98857-016-1

MIX
Papier aus verantwortungsvollen Quellen
FSC www.fsc.org FSC® C014138

Hirnkost versteht sich als engagierter Verlag
für engagierte Literatur.
Mehr Infos: https://www.hirnkost.de/der-engagierte-verlag/

4 DER AUTOR

Geralf Pochop, 1964 geboren und aufgewachsen in Halle (Saale), lernte in der DDR Funkmechaniker, besetzte 1982 zusammen mit Freunden eine Wohneinheit, hatte damals Kontakte zur kirchlichen Subkultur und zur Ostpunkszene und erlebte erstmals die Brutalität der Staatsorgane gegenüber Andersdenkenden am eigenen Körper.

1983 beteiligte er sich an Demonstrationen der unabhängigen DDR-Friedensbewegung und landete in den Verhörzellen des berüchtigten „Roten Ochsen", dem Gefängnis der Staatssicherheit in Halle (Saale).

In den folgenden Jahren führte er ein Leben als Ostpunk abseits des DDR-Alltags, beteiligte sich an der Organisation von Untergrund-Punkkonzerten, reiste häufig nach Ungarn und erlebte die dortige Subkultur hautnah, arbeitete nach erteiltem Berufsverbot in Hilfsarbeiterjobs als Tellerwäscher, Gasleuchtenwärter, Siebdruckhelfer und Galerieaufsichtskraft. Den Wehrdienst verweigerte er.

Am 7. Oktober 1987, dem 38. Geburtstag der DDR, wurde er verhaftet und zu sechs Monaten politischer Haft verurteilt. Nach seiner Haftentlassung schrieb er einige Artikel für die Untergrundzeitung *mOAning star*, unterzeichnete etliche Protesterklärungen und half weiterhin bei der Organisation und Umsetzung subkultureller Musikveranstaltungen in der halleschen Christusgemeinde.

Im Mai 1989 reiste er in die BRD aus, wohnte kurze Zeit in Braunschweig und erlebte den Mauerfall 1989 in Berlin-Kreuzberg. 1991 zog er zurück nach Halle (Saale) und eröffnete zusammen mit einem Freund aus der alten Ostpunkszene den Schallplattenladen *Schlemihl-Records*, welcher ab 1996 auch als Label fungierte und LPs mit dem Schwerpunkt DDR-Punk veröffentlichte. 1997 gründete er die Band *Gleichlaufschwankung*, welche aus Altpunks der DDR-Szene bestand. 2001 rief er das Label *Saalepower Records* ins Leben.

Nachdem er seit dem Mauerfall viele Länder Europas und Asiens bereist hatte, begab sich Geralf 2003 für zwei Jahre mit seiner Frau auf eine Bildungs- und

Studienreise durch Asien und veröffentlichte später das Buch von Tanja Trash: *„Maisbier und Buttertee" – Leben und Überleben in China*. Er verarbeitete die Eindrücke auch musikalisch auf der *Gleichlaufschwankung*-LP/CD *Ethno Punx* und organisierte 2009 eine Europatour für die Pekinger Untergrund-Band *Misandao*.

Seit seiner Rehabilitierung und Anerkennung als politischer Gefangener der DDR im Jahr 2011 beschäftigt er sich intensiv mit der DDR-Vergangenheit und verbringt viel Zeit in Stasiarchiven mit der Recherche zu einem Forschungsauftrag in Kooperation mit Zeit – Geschichte(n) e. V. Halle (Saale) unter dem Thema *Der Einfluss des MfS auf den Umgang mit subkulturellen „negativ dekadenten" Jugendlichen an DDR-Feiertagen*. Außerdem hält er Vorträge und gibt Workshops als Zeitzeugenreferent zum Thema *Punk in der DDR-Diktatur – Leben zwischen Rebellion und Repression* und betreibt die Internetseite *www.facebook.com/PunkinderDDR*.

Mit seiner Frau und seinen drei Kindern fuhr er 2015 für fast ein Jahr mit einem Wohnbus durch Europa und führt inzwischen ein entschleunigtes Leben in der sächsischen Kleinstadt Torgau.

Weitere Informationen unter:
www.untergrund-war-strategie.de
www.facebook.com/PunkinderDDR
www.gleichlaufschwankung.de
www.facebook.com/gleichlaufschwankung
www.saalepower-records.de

WIDMUNG

Dieses Buch widme ich all meinen Freunden, die mich in den 1980er Jahren auf meinem Weg begleitet haben und gemeinsam mit mir versuchten, einen Traum zu leben. Insbesondere: Dana Richter, Torsten Hahnel, Daniela Biernoth, Eike Berg, Gerd Friedrich Fahlberg, Antje Nolte, Silvio Meier, Elke Däbritz, Igor Tatschke, Jeanette Tatschke, Sabine Langheinrich-Schüler, Renee „Gräte", Dirk Wunderlich, Rita Gabriel, Jörn Schulz, Danilo Hesse, Birgitt Dyffort, Klaus Kühn, „Thom" Krupka, Ulrike Fischer, André „Z" Zobel und unserem „Punk"-Pfarrer Siegfried Neher.

6 DANKSAGUNG

Besonderer Dank geht an meine Frau Ute Schmerbauch für die Idee, meine zahlreichen Erlebnisse niederzuschreiben, für die Überarbeitung der ersten Entwürfe sowie die Geduld und Unterstützung während der Entstehung des Buches.

Des Weiteren danke ich meinen Kindern Freya, Sigrun und Baldur für ihre Begeisterung und das Einfordern immer neuer Kapitel als Erzählungen zur Nacht. Durch ihre Fragen merkte ich, dass meine Erlebnisse inzwischen auch wie Geschichten aus einer längst vergangenen Zeit klingen müssen.

Ganz herzlich danke ich Jan Sobe, Sebastian „Alüt" Schmidt, Antje Schmerbauch und Josef Jeschke für ihre wertvollen Fragen und Hinweise, die mir wichtige Impulse für die weitere Überarbeitung gegeben haben. Ohne Euch wäre das Buch nicht so, wie es jetzt ist!

Weiterer Dank geht an den Verein Zeit-Geschichte(n) e. V., insbesondere an Heidi Bohley für die Unterstützung während meines Verfahrens zur Rehabilitierung und Anerkennung als politischer Gefangener der DDR sowie an die MitarbeiterInnen der BStU Halle (Saale) und der BstU Magdeburg für ihre Aktenrecherche und schließlich an Dirk Moldt, der durch die Archivierung des *mOAning star* ein wichtiges Zeugnis der Zeitgeschichte bewahrt und wieder zugänglich gemacht hat.

Auch möchte ich Georg Lier für das Einscannen meiner alten Negative, Maik Reichenbach, Bernd Stracke, Christiane Eisler, Michael Horschig, Harty Sachse, Oliver Künzel, Jens Illgner, Jens Bessler, „Wiff", Ol Schwarzbach, Christoph Ochs, Frank Ebert und das SUBstitut für ihre Unterstützung und Conny Agel für ihre Ideen und Geduld beim Layouten danken.

Als Letztes möchte ich mich bei allen Bands bedanken, die damals den Soundtrack für mein Leben im „DDR-Untergrund" lieferten, insbesondere *Abraum, Andreas Auslauf, Antitrott, Anti X, Arbeitsgeil, Brechreiz 08/15, Die fanatischen Frisöre, Die Firma, Die letzten Recken, Feeling B, Freygang, Grabnoct, Größenwahn, H.A.U. (Halbgewalkte Anarchistische Untergrundorganisation), HerT.Z., Küchenspione, KVD, L'Attentat, Müllstation, Namenlos, Paranoia, Planlos, Rattheads, Restbestand, Schleimkeim, Sonnenbrille, Totalschaden, Unerwünscht, Wartburgs für Walter* und *Wutanfall*.

„Gott sei Dank gab es Punk!“ ist das rückblickende Fazit eines Freundes, mit dem ich viel Zeit in den Achtzigern verbrachte. Damit bringt er es auf den Punkt. Punk war das Beste, was uns in der DDR passieren konnte. Das mag in der heutigen Zeit verwundern, denn die Umsetzung der von der Staatssicherheit befohlenen „Härte gegen Punk“ suchte selbst in der Diktatur des Proletariats ihresgleichen. Als Opfer und Verfolgte haben wir uns allerdings nie gesehen. Wir wurden zwar diskriminiert, gejagt und willkürlich weggesperrt, trotzdem waren wir freier als alle anderen, die zwischen „Antifaschistischem Schutzwall“ und „Oder-Neiße-Friedensgrenze“ lebten.

In Grenzen frei! Wir nahmen uns alle Freiheiten heraus, von denen „normale“ DDR-Bürger nicht einmal zu träumen wagten:
Wir warteten nicht zehn Jahre auf eine Wohnungszuweisung – wir besetzten Wohnungen!
Wir versuchten nicht, als Bausoldaten den Ersatzwehrdienst zu leisten – wir gingen nicht zur Armee!
Wir redeten nicht verdeckt hinter vorgehaltener Hand um den heißen Brei – wir redeten, wie uns der Schnabel gewachsen war!
Wir setzten bei den Wahlen nicht die Kreuze an die richtigen Stellen, um keine gesellschaftlichen Nachteile zu bekommen – wir erkannten die Wahlen nicht an und boykottierten sie, indem wir nicht hingingen!
Wir arbeiteten nicht von früh bis spät wie alle anderen am „Kampfplatz für den Frieden“ – wir arbeiten einfach nicht oder schafften uns eigene Arbeitsplätze, außerhalb der sozialistisch orientierten und kontrollierten Kollektive.

Da alles, was mit Punk zu tun hatte, vom Chef der Staatssicherheit Erich Mielke persönlich verboten wurde, gab es für uns keine Alternative als den Untergrund. Wie im Sprichwort „Ist der Ruf erst ruiniert, lebst du frei und ungeniert“ achteten wir nicht mehr auf die üblichen Regeln und Gesetze der DDR. Warum sollten wir den Staat, der unsere Musik, unser Aussehen und unsere Existenz verbot und dabei nicht mal das Wort Punk richtig schreiben oder sprechen konnte, in

BV Halle, Abt. XX

Kartei über nicht angepasste Jugendliche, 1982-1988

Punker

KD Halle (ÜE)
Erf. in Inf.-Speicher/Erf.-Nr.

Pochop
Name

Ablage

Geburtsname

DOKNR/PI

weitere Namen

Diensteinheit Mitarbeiter

Geralf
Vorname

Erfaßt am

26.03.64 41 53 25 in Halle
geb. am

F 402

Wohnanschrift
Halle
Th.-Müntzer-Platz 5

an

401

- Haft 10/87 bis 4/88
verkannnis Leipziger Demm § 220 StGB

Kopie BStU
Außenstelle Halle
03. April 2014

irgendeiner Form ernst nehmen? Andere subkulturelle Gruppierungen versuchten Kompromisse einzugehen. Bands änderten Liedtexte, um eine offizielle Einstufung zu bekommen und damit auftreten zu dürfen. Punkbands waren eh verboten und brauchten somit auch keine Textzensur zu betreiben. Unsere Konzerte fanden im Untergrund statt. Wir schafften es, nach und nach unseren eigenen subkulturellen Freiraum aufzubauen.

Mit den Stasileuten und den Volkspolizisten spielten wir Katz und Maus. Wir verachteten sie und zeigten es ihnen deutlich. Wie oft ich zugeführt und verhört wurde, kann ich nicht mehr zählen. Das war alles nicht wichtig. Ich fühlte mich ihnen bei jeder Begegnung menschlich haushoch überlegen. Das gab mir Kraft. Selbst als sie mich ins Gefängnis sperrten, fühlte ich mich ihnen überlegen.

Für mich war Überwachung und Verfolgung normal. Ich wuchs damit auf. Ich kannte nichts anderes als das Leben in der Diktatur. Diese habe ich damals nicht als Diktatur wahrgenommen. Erst jetzt, nach so langer Zeit, nach langer intensiver Aufarbeitung begreife ich, wie pervers das System mit Andersdenkenden umging. Ich möchte diese Zeit in der Subkultur der DDR nicht missen. Es war die intensivste Zeit meines Lebens. Eine Zeit, die mich bis heute prägt. Es war das Beste, was ich damals mit meinem Leben anfangen konnte.

Wie alle Zeitzeugengeschichten spiegelt dieses Buch ganz persönliche, subjektive Erlebnisse, Wahrnehmungen und Erfahrungen. Die hier niedergeschriebenen Erinnerungen sind teilweise über 40 Jahre alt und wurden von mir im Zuge der Wiederaufarbeitung und mit Hilfe von Stasiakten so realitätsnah wie möglich geschildert. Wie mich die Erfahrung lehrt, haben Menschen über lang zurückliegende Ereignisse verschiedene Erinnerungen abgespeichert.

Die Erinnerungen in diesem Buch sind die meinigen.

Geralf 1986

BSTU
0036

2

5. Begründung des Vorschlages

Der P. besitzt eine in allen Positionen verfestigte negative Einstellung zu den bestehenden gesellschaftlichen Verhältnissen in der DDR und bringt diese offen zum Ausdruck. Er besteht hartnäckig auf seinem Übersiedlungsersuchen und weicht bewußt jeder gesellschaftlichen Einflußnahme aus. Da er z. Z. kein ARV hat, ist er schwer unter operativer Kontrolle zu halten. Ansatzpunkte für eine Rückgewinnung gibt es nicht.

Der P. beteiligt sich aktiv an der Organisierung und Durchführung von Punkertreffen in der ev. Christusgemeinde. Er ist Anlaufpunkt und Quartiergeber für zahlreiche feindlich-negative oppositionelle und negativ dekadenter Kräfte von Halle sowie anderen Bezirken der DDR.

Er beteiligte sich wiederholt an feindlich-negativen Aktivitäten, die alle im kirchlichen Bereich angesiedelt sind. Dadurch unterhält er intensive Kontakte zu operativ bekannten feindlich-negativen Personen.

Der P. ist Mitglied der Basisgemeinde Halle und Besucher der Nachtgebete. Mehrfach trat er bereits als Unterzeichner von Eingaben und Protesterklärungen in Erscheinung. Weitere negative Aktivitäten des P. sind nicht auszuschließen.

Einer Übersiedlung des Pochop, Geralf, kann gem. § 10 (3) RVO vom 30. 11. 1988 zugestimmt werden.

Thomas
Oberstleutnant

Einschätzung des „negativ-dekadenten" Jugendlichen Geralf Pochop durch die Staatssicherheit der DDR

Mit vollem Schwung katapultierte ich den Tellerinhalt in hohem Bogen aus dem Fenster der oberen Etage. Es gelang mir leider nur bedingt. Die stinkende Graupensuppe, vor der ich mich so sehr ekelte, lief langsam die gesamte Hauswand des Betriebskindergartens des Fernsehgerätewerks hinunter. Weiß und schleimig wie Erbrochenes. Als es entdeckt wurde, musste der Schuldige nicht lange gesucht werden. Geralf war der Übeltäter. Das war sofort klar, denn es war nicht das erste Mal, dass ich gegen den staatlich verordneten Aufesszwang rebellierte.

Neben vielen tadelnden und beschämenden Worten vor meiner gesamten Kindergartengruppe bekam ich eine neue Kelle Graupensuppe auf meinen Teller. Es wird aufgegessen! So saß ich nun wieder wie jeden Tag viele Stunden vor meinem inzwischen erkalteten Essen, während die anderen Kinder um mich herum spielten. Ich war drei oder vier Jahre alt.

Die Erziehung im Kindergarten der DDR war bis ins Detail geregelt. Auf die Gesundheit wurde besonders streng geachtet. Kollektive tägliche Bettruhe, gemeinsames Waschen und Zähneputzen, frische Luft und ausreichende Ernährung gehörten dazu. Individuelle Neigungen mussten sich der Gemeinschaft unterordnen und sich reibungslos in das Große und Ganze einfügen. So hieß es schon im Kindergarten, Norm zu erfüllen, und sei es nur das statistische Durchschnittsgewicht der Altersgruppe auf der Waage. Darum hieß es auch: Aufessen für alle! Ausnahmen von dieser Regel hätten dazu führen können, dass es potentielle Nachahmer gibt und bald jeder macht, was er will.

Ich konnte die gesetzte Norm aber einfach nicht erfüllen. Die meisten Lebensmittel bewirkten bei mir einen Brechreiz und ich konnte sie nicht schlucken. Schon bald reichten der Geruch und der Anblick von Brot, Kartoffeln, Fleisch und Gemüse, um bei mir ein grenzenloses Ekelgefühl auszulösen. Ich aß einfach nicht. Um das ungeliebte Essen loszuwerden, entwickelte ich viele Strategien. Ich sammelte den Brei in den Backentaschen, um ihn später unbemerkt ins Klo zu spucken. Ich verteilte Essensreste auf dem Fußboden, auf dem Fensterbrett, hinter dem Schrank oder versuchte, in einem unbeobachteten Moment meinen Tellerinhalt in den Essenskübel zurückzuschütten. Leider verrieten mich wie so

Auf unserem alten Trabi

oft die angekauten Reste in der silbernen Schöpfkelle. Ich war einfach noch zu klein, um alle Beweise gut zu vertuschen.

Woher meine Essstörung kam, wurde nie geklärt. Aber sie bestimmte mein Leben und auch das meiner Familie. Ein Arzt, den meine Eltern besorgt konsultierten, riet ihnen, mir einfach ein bis zwei Tage nichts zu essen zu geben. Dann löse sich das Problem von allein. Das Problem löste sich aber nicht. Wenn ich nicht essen musste, war ich einfach nur froh. Hungergefühle bekam ich nicht. Der Ekel vor dem Essen bestimmte meine Gefühlswelt und meine Kindheit. Und so verbrachte ich viele Stunden meines Lebens vor vollen Tellern und kaltem Essen.

Die Bemühungen um eine gesunde Lebensweise in den Kindergärten standen wie so vieles im krassen Kontrast zum realen Sozialismus. Halle (Saale) gehörte zum Chemiedreieck der DDR und lag bekanntermaßen neben den beiden größten Chemiewerken des Landes: *Buna* und *Leuna*. Das hatte zur Folge, dass der Himmel immer grau und die Luft so vergiftet war, dass ich außerhalb der Stadt auf dem Land mindestens drei Tage Kopfschmerzen bekam; wahrscheinlich Entzugserscheinungen durch die fehlenden chemischen Substanzen in der Luft.

Passbild aus dem Jungpionierausweis

Geralf mit Oma Toni

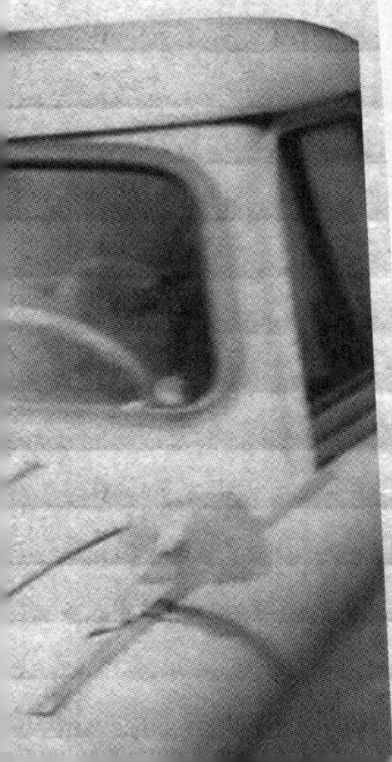

Wie viele Kinder im Chemiedreieck bekam ich chronische Bronchitis. So wurde ich Dauerpatient im kostenlosen Gesundheitssystem. Meine Kindheit wurde geprägt durch jahrelanges, regelmäßiges Inhalieren, das Schlucken von Unmengen Tabletten und das Verabreichen von Spritzen. Nach etwa zehn Jahren gab sich die Krankheit geschlagen und trat den Rückzug an. Der Weg dahin führte mich durch mehrere Kuren.

Die Kurstadt Bad Kösen mit der salzigen Luft des Gradierwerks wurde für mich das Synonym für sozialistische Normerfüllung auf der Waage. Bad Kösen, das unter strengem Regiment stand, war die Hölle für mich. Das Essen wurde dort mit Gewalt bis zum letzten Bissen drei Mal täglich in mich reingestopft. Auf Würg- und Brechanfälle wurde keine Rücksicht genommen. Meine einzige Erinnerung an diesen Aufenthalt sind Teller mit geschmierten Schnitten und erkaltetem Essen, die vor mir stehen. Einer Mastgans gleich kam ich nach sechs Wochen als sozialistisch genormtes, ausreichend dickes Kind todunglücklich zurück. Aber alle Erwachsenen waren glücklich und zufrieden mit dieser positiven Entwicklung. Nur hielt der Zustand nicht lange an.

Meine zweite Kur führte mich nach Veli Losinj im heutigen Kroatien direkt an die blaue Adria. Damit war ich absolut privilegiert, denn das Gebiet des ehemaligen Jugoslawiens war für die meisten DDR-Bürger verbotenes Terrain. Da Jugoslawien seine Grenzen zum Westen nicht so dichtmachen wollte wie der Rest des Ostblocks und auch sonst vom Sozialismus sehr eigene Vorstellungen hatte, zählte Titos sozialistischer Staat als Abweichler. Glücklicherweise galt ich als Kind aber nicht als fluchtgefährdet und durfte meine erste Fernreise per Flugzeug antreten. Meine Befürchtung, nicht in solch ein kleines Flugzeug zu passen, wie ich es immer hoch oben am Himmel sah, stellte sich als haltlos heraus.

Der Anlass dieser Kur waren meine Atemwegsprobleme. Vielleicht waren die Betreuerinnen und die Ärzte darum erstaunlich entspannt, was mein Untergewicht anging. Niemals musste ich aufessen und saß dementsprechend die ganzen sechs Wochen nicht ein einziges Mal vor einem vollen Teller mit kaltem Essen. Eine riesige Last fiel von mir ab und ich fühlte mich völlig unbeschwert. Ich kam zwar abgemagerter als je zuvor, aber umso glücklicher und mit vielen unvergesslichen, neuen Eindrücken zurück. Als lebenslustiges Kind, das Abenteuer liebte, wollte ich jeden Tag in dieses warme Meer mit all den mir unbekannten Tieren. Ich entdeckte Tintenfische und Seeigel und genoss den Strand und die Sonne. Besonders aufregend war für mich, als die Putzfrau schreiend und um

Hilfe rufend aus unserem Zimmer rannte. Der Grund war eine Fledermaus, die sich hinter dem Fenstervorhang versteckt hatte und, durch ihre Putzaktion geweckt, nun völlig panisch und ziellos durch unseren Schlafraum flatterte. Ich fand jeden Tag wahnsinnig aufregend, denn es gab so viel Neues zu erleben und zu entdecken.

Jeden Tag wurde unsere Temperatur kontrolliert. Doch wenn sich der Balken meines Thermometers in den roten Bereich bewegte, tauschte ich einfach stillschweigend mit meinem Bettnachbarn. Wir waren völlig gegensätzlich. Während ich voller Tatendrang war, verbrachte er seinen Tag lieber in Ruhe im Bett. Doch unsere völlig verschiedenen Bedürfnisse waren ein solides Fundament für unseren geheimen Pakt. Und so wurden die Thermometer heimlich und stillschweigend hin und her getauscht. Ich sprang täglich, ob mit Fieber oder ohne, fröhlich von früh bis spät im Meer herum. Ich war glücklich.

Das hielt leider nicht lange an, denn kaum wieder zu Hause, kämpften die Erwachsenen erneut vereint für mehr Kilos auf meinen Rippen. Eine weitere Kur wurde verordnet. Es klang wie ein Urteilsspruch: sechs Wochen Bad Kösen!

Mein Ekel vor vielen Lebensmitteln hielt noch lange an. Als Schulkind lernte ich, besser damit umzugehen. Das Schulessen kippte ich einfach in den Abfalleimer. War die Aufsicht in der Nähe, tat ich so, als äße ich. Ab der vierten Klasse ging ich überhaupt nicht mehr zur Schulspeisung.

14 AUSSENSEITER

Einschulung 1970

In der Schule war ich ein Außenseiter; allerdings keiner, der von seinen Mitschülern drangsaliert und verspottet wurde. Nein, ich war ein beliebter Außenseiter, mit dem jeder spielen wollte und um dessen Freundschaft alle buhlten. Die Außenseiterrolle bestand darin, dass ich diese Freundschaften eher ablehnte und einfach keine Freunde aus meiner Schulklasse wollte. Oft klingelten sie bei mir und wollten, dass ich zum Spielen nach draußen kam. Doch ich vergrub mich lieber in meiner Indianerburg. Die Indianer und Cowboys waren reale Lebewesen in meiner Phantasie. Während die anderen Kinder als Strafe Hausarrest bekamen, war meine Strafe, rausgehen zu müssen. Dann musste ich mich von der Welt in meinen geliebten Büchern trennen, der Welt der Ritter und Fabelwesen. Anstatt auf den Baustellen des entstehenden Neubaugebietes herumzutollen, tauchte ich lieber in die Welt des russischen Schriftstellers Alexander Wolkow ein. Dort erlebte ich mit dem „Zauberer der Smaragdenstadt", dem „schlauen Urfin und seinen Holzsoldaten" und den „sieben unterirdischen Königen" im „gelben Nebel" viele Abenteuer. Es war für mich, als wäre ich wirklich überall dabei.

Dass ich anders war, nahm ich damals noch nicht bewusst wahr. Und dass für das Anderssein im realen Sozialismus kein Platz war, wusste ich natürlich auch noch nicht. Die Kinder sollten zu sozialistischen Einheitsbreiunpersönlichkeiten erzogen werden. Ich langweilte mich tagein, tagaus in der Schule. Vieles, was wir dort lernen sollten, wusste ich schon. So kam es, dass ich die meiste Zeit im Unterricht vor mich hin träumte oder eben mit meinem Schulbanknachbarn schwatzte.

Was ich jedoch eindrücklich lernte, waren erwünschte soziale Verhaltensweisen in unserem Land. In der dritten Klasse, an einem Montag im Jahr 1973, lernte ich, wie das Leben mit Lügen in der DDR funktionierte. Ich erkannte die Kluft zwischen dem, was Familien im Privaten bewegte, und dem, was dem System öffentlich vorgegaukelt wurde. Am Sonntag davor eroberte ein kleines schwedisches Mädchen mit Superkräften und einem anarchistischen Geist die Herzen aller deutschen Kinder, die die Möglichkeit hatten, Westfernsehen zu schauen. Der Name des Mädchens: *Pippi Langstrumpf.* Am nächsten Tag redete die ganze Schule von nichts anderem als dem ersten *Pippi-Langstrumpf*-Teil, der am Wochenende im Westfernsehen ausgestrahlt worden war. An diesem Morgen klingelte die Schulglocke und der Unterricht begann wie immer mit dem Jungpioniergruß „Für Frieden und Sozialismus seid bereit?!" Wie jeden Tag erwiderten alle Schulkinder mehr oder weniger enthusiastisch: „Immer bereit!" Auch unsere Lehrerin schien *Pippi Langstrumpf* gesehen zu haben, denn sie fragte uns, was wir am Wochenende im Fernsehen geschaut hätten. Wie aus einem Munde riefen dreißig Kinder meiner Klasse gleichzeitig: „*Pippi Langstrumpf*!" Nur die drei Stasikinder erzählten irgendwas von *Pittiplatsch*, dem kleinen Kobold aus dem DDR-Fernsehen. Wir dachten alle, nun würde die Klassenlehrerin sich offenbaren und auch erzählen, wie toll *Pippi Langstrumpf* war, doch weit gefehlt. Erst war Totenstille. Kurz darauf brach ein Donnerwetter vom Ausmaß eines größeren Tsunamis über uns her. Was wir uns einbilden würden, Fernsehen vom kapitalistischen, imperialistischen, kriegstreibenden Klassenfeind zu sehen, wo wir doch alle wüssten, dass in der BRD alle Kinder hungern und *Pippi Langstrumpf* die kapitalistischen Kinder nur darauf vorbereiten würde, unser friedliebendes, sozialistisches Heimatland DDR, das so viel für seine Kinder tut, anzugreifen. Aber unsere großen Brüder in der Volksarmee würden schon mit solchem Pack wie *Pippi Langstrumpf* und ihrer gesamten imperialistischen Kriegstreiberarmee fertig werden, denn am Ende werde der Sozialismus siegen. Wir würden dann alle friedlich im Kommunismus leben und kein Kind müsse mehr hungern, auch nicht im Westen.

DSV

Urkunde

geb. am ....

wird das Schwimmabzeichen der Deutschen Demokratischen Republik

Stufe 2 verliehen

Stempel (Grundeinheit Schule/Betr.)

Rosa-Luxemburg-Oberschule 402 HALLE (SAALE) Ufaer Straße 23a

Datum Prüfer

VV Spremberg Ag 31. 76 DDR 1136 I 20 8 511 02

In dieser Stunde haben wir alle viel gelernt für unser Leben im sozialistischen Vaterland:

1. Erzähle niemals etwas über Westfernsehen, egal was du gesehen hast!
2. Irgendwas kann mit dem Sozialismus nicht stimmen, wenn ein so tolles Mädchen wie *Pippi Langstrumpf* ein Aggressor gegen die DDR sein sollte.

Natürlich guckten wir alle auch die weiteren Folgen von *Pippi Langstrumpf*, aber es schaffte kein einziger Lehrer und keine einzige Lehrerin jemals mehr, irgendein Kind mit Fangfragen auszutricksen wie: „Na liebe Kinder, was habt ihr denn gestern Schönes im Fernsehen gesehen?" Brav antworteten wir im Chor: *„Pittiplatsch!"*

Pittiplatsch lebte im – vermutlich sozialistischen – Koboldland. Die Villa Kunterbunt, in der *Pippi* wohnte, befand sich dagegen im kapitalistischen Weltsystem, in Schweden. Im Westen! Der Teil der Welt, über den ich ein Jahr zuvor, in der zweiten Schulklasse, schon alles gelernt hatte, was man darüber wissen sollte. Die Lehrerin erzählte uns damals, dass ihre Oma gerade im Westen gewesen wäre. Sie hätte ein wunderschönes Sofa aus der BRD mitgebracht. Wir stellten uns die arme alte Frau vor, wie sie ein schweres Sofa über die Grenze buckelte. Nachdem sie es in der Wohnung aufgestellt und es sich Oma und Tochter, also unsere Lehrerin, darauf gemütlich gemacht hätten, brach es, laut der Schilderung unserer Lehrerin, mit einem lauten Knall zusammen. Nun war es kaputt, denn es war innen morsch. Ja, so sei das ganze kapitalistische System, erklärte sie uns. Von außen sähe es wunderschön aus, aber innen sei es verfault.

MARGOT HONECKER UND DAS JEANS-VERBOT AN UNSERER SCHULE

In der Zeit, als ich zur Schule ging, waren Jeans ein heikles Thema. Jedes Kind und jeder Jugendliche wollte eine Jeans. Natürlich eine originale Westjeans. Logisch, denn in der DDR gab es noch keine zu kaufen. Jeans gab es also nur vom Klassenfeind. Darum waren alle Jeans-Träger irgendwie potentielle Staatsfeinde. Da spielte es keine Rolle, ob man sechs, zehn, vierzehn oder achtzehn Jahre alt war. Jeans waren ein Symbol des imperialistischen Aggressors. und wenn ein Sechsjähriger eine Jeans anhatte, ging man in unserer schönen sozialistischen Rosa-Luxemburg-Neubauschule automatisch davon aus, dieses Kind würde mit dem Klassenfeind sympathisieren. Oder zumindest die Eltern, denn diese erlaubten dem Kind, solch ein Kleidungsstück zu tragen.

Es gab noch weitere unsinnige Verbote mit dem gleichen politischen Hintergrund. So waren auch Plastetüten aus dem Westen verboten. In der DDR gab es ausschließlich Stoffbeutel. Deshalb übten West-Plastebeutel mit ihren schönen bunten Werbeaufdrucken einen enormen Reiz auf die Bürger der DDR aus, welche in ihrem grauen Alltag gefangen waren. Auch bei uns Kindern waren diese Tüten sehr beliebt. So manches Kind trug sein Sportzeug in mit *Ritter Sport* oder *Jacobs Krönung* bedruckter West-Plastetüte in die Schule, um sie voller Stolz seinen Klassenkameraden zu präsentieren. Natürlich wusste jeder, dass das strengstens verboten war. Aber um einmal der „West-Plastetütenkönig" der Klasse zu sein, nahm man den öffentlichen Tadel durch die Lehrer gerne in Kauf. Meist wurde die wertvolle Tüte aus dem kapitalistischen Ausland beschlagnahmt und man lud die Eltern des entsprechenden Kindes zu einer politischen Aussprache vor. Geriet man an einen Lehrer, der etwas gemäßigter war, reichte es aus, die Plastetüte auf links zu drehen. Der bunte Werbeaufdruck wurde so unsichtbar und die Tüte damit unpolitisch. Und selbst mit der umgedrehten Plastetüte blieb man der König der Klasse, da jeder von dem schicken Werbeaufdruck auf der Tüte wusste.

Das Tragen einer Jeanshose war da eine ganz andere Kategorie. Denn mit einer Westjeans war man „in". Mit einer Ost-Malimo oder einer Cordhose war man definitiv „out". Alle echten Jeans stammten entweder aus dem Reisegepäck der Großmutter, die bei Verwandten im Westen zu Besuch war, oder aus Westpaketen. Familien mit Westverwandtschaft hatten eindeutig einen Vorteil. Nicht selten lag bei solchen Familien zu Weihnachten eine Jeans als das Hauptgeschenk unterm Tannenbaum. Genau neben den „geflügelten Weihnachtsfiguren". So hießen in der DDR offiziell Engel. Mit dieser Bezeichnung versuchte man, dem religiösen Charakter der Himmelswesen entgegenzuwirken.

Einige Jeans-Exemplare kamen vom Schwarzmarkt. Wer Glück hatte, konnte dort manchmal eine alte Westjeans, oft schon abgenutzt und ausgewaschen, zu horrenden Preisen ergattern. Eine weitere Möglichkeit, an eine Jeans ranzukommen, waren die Märkte im sozialistischen Bruderland Polen. Zumindest solange die Grenze noch offen war. Das änderte sich schlagartig mit dem Erstarken der dortigen freien Gewerkschaft Solidarność. Bis zur Schließung der Oder-Neiße-Friedensgrenze durch die DDR-Regierung boten die Polenmärkte Gelegenheit zum Kauf gefälschter „Original"-Westjeans. Die sahen zwar oft ziemlich zonenmäßig aus, aber es galt: besser eine hässliche, gefälschte Jeans vom Polenmarkt als gar keine. Besonders lustig waren die Markenschilder der „originalen" Jeans. *Levis, Wrangler, Lee* – oft stand alles gleichzeitig auf einem einzigen, angenähten „echten" Markenschild.

Damals kauften mir meine Eltern einen Gürtel aus Wildleder. Auf diesem leuchtete in großen Buchstaben der *Wrangler*-Schriftzug gleich neben dem der Konkurrenzmarke *Levis*. Zur Krönung des Ganzen war die überdimensional große goldene Gürtelschnalle noch verziert mit einem Buntfoto der Beatformation *Smokie*. Dieser Gürtel hielt nun meine Original-Westjeans, die meine Oma aus dem Feindesland mitgebracht hatte, an meinen Hüften, und so war ich absolut „in". Als ich etwas älter wurde, tauschte ich das Foto in der Gürtelschnalle gegen eins der Hardrock-Glamrocker *Kiss* aus. Die waren verrufener und im Gegensatz zu *Smokie* verboten.

Alles, was verboten war, reizte immer besonders, und so erreichten viele Dinge einen wahren Kultstatus in der DDR. Das beste Beispiel dafür ist der Song „Moscow" der Band *Wonderland*. Dieser Song, dessen englischen Text kaum jemand verstand, hatte so etwas Geheimnisvolles und Verbotenes, dass es schon fast an eine Geheimverschwörung grenzte. Ich selbst hatte eine so scheußlich klingende, leiernde, gleichlaufschwankende Aufnahme des Liedes auf einer Kassette, die vermutlich hundertfach überspielt und weiterkopiert worden war, dass man Text und Melodie kaum noch hörte. Aber das war egal, der Song war

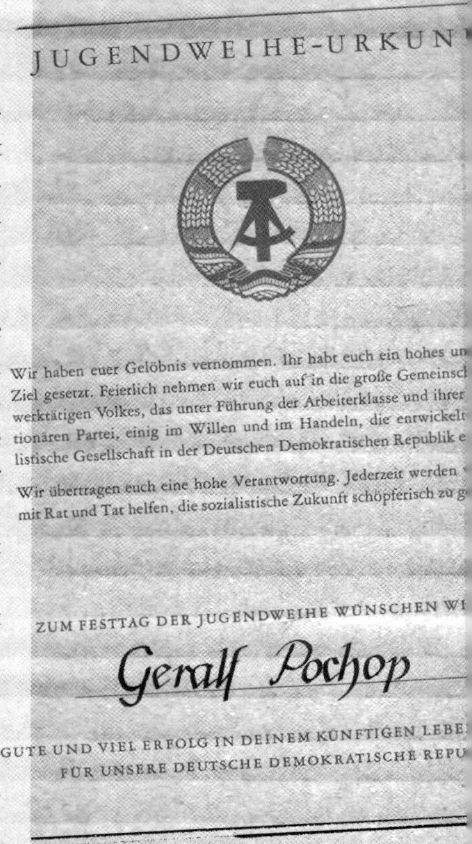
JUGENDWEIHE-URKUN

Wir haben euer Gelöbnis vernommen. Ihr habt euch ein hohes un
Ziel gesetzt. Feierlich nehmen wir euch auf in die große Gemeinsch
werktätigen Volkes, das unter Führung der Arbeiterklasse und ihrer
tionären Partei, einig im Willen und im Handeln, die entwickelt
listische Gesellschaft in der Deutschen Demokratischen Republik e

Wir übertragen euch eine hohe Verantwortung. Jederzeit werden
mit Rat und Tat helfen, die sozialistische Zukunft schöpferisch zu g

ZUM FESTTAG DER JUGENDWEIHE WÜNSCHEN WI

Geralf Pochop

ALLES GUTE UND VIEL ERFOLG IN DEINEM KÜNFTIGEN LEBE
FÜR UNSERE DEUTSCHE DEMOKRATISCHE REPU

verboten – und das allein war wichtig. Ob der Song wirklich verboten war oder ob er irgendwann verboten wurde, weil alle DDR-Jugendlichen davon sprachen, dass er verboten sei, und ob er wirklich einen staatsfeindlichen Text hat oder nicht, weiß ich bis heute nicht. Egal, der Song war damals in den Siebzigern Kult.

Ob erlaubt oder verboten, der Wille der Jugend zur Jeans war ungebrochen. So ließ sich das Jeansverbot an unserer Schule nicht dauerhaft durchsetzen und irgendwann begannen die Lehrer, der ewigen Diskussionen überdrüssig, einfach über die Jeans hinwegzusehen. Sie gaben sich zufrieden, wenn die Markenschilder der Westfirmen oder Aufnäher in Farben der Ami-Flagge an den Arschtaschen abgetrennt waren.

Doch es sollte noch mal kurz zu einer Konterrevolution kommen. Eines Tages sagte unsere Lehrerin mit freudestrahlender Miene: „Margot Honecker, die Frau unseres geliebten DDR-Staatsratsvorsitzenden Erich Honecker, wird unserer schönen sozialistischen Polytechnischen Oberschule POS Rosa Luxemburg einen Besuch abstatten." Frau Honecker fungierte als Bildungsministerin und solche Besuche gehörten wohl zu ihrem Aufgabenfeld. Unsere Lehrerin redete lange über diesen bevorstehenden bedeutungsvollen Tag, betonte, welche Ehre der Besuch für uns alle sei, und dann sagte sie mit sehr ernster Miene und drohender Stimme: „... und dass mir an diesem Tag keiner in Jeans kommt!" Wochenlang wurde nun täglich geübt, damit der Fahnenappell auf dem Schulhof zu Ehren Margot Honeckers, einer gebürtigen Hallenserin, reibungslos verläuft. Tag für Tag wurde uns eingetrichtert, dass am Tag X kein Schüler mit einer West-Plastetüte auftauchen sollte und schon gar nicht mit einer dieser teuflischen, imperialistischen, unordentlichen Jeans.

Dann war der große Tag gekommen. Alle Schüler, es waren etliche Hundert im Alter von sechs bis achtzehn Jahren, mussten schon Stunden, bevor die Bildungsministerin überhaupt erschien, in zugeteilten Appell-Blöcken auf dem Schulhof ausharren. Alle trugen die Uniformen kommunistischer Kinder- und Jugendorganisationen. Blau leuchteten die Halstücher der Jungpioniere, rot die der Thälmannpioniere. Die weißen Pionierblusen und -hemden waren ordentlich gebügelt. Die blauen Hemden der FDJ mit dem Emblem der aufgehenden Sonne am Arm steckten ordentlich in Hose oder Rock.

Plötzlich sahen wir, wie sich der Blick aller Lehrer und besonders der unserer Direktorin verfinsterte. Sie starrten auf drei Jugendliche der zehnten Klasse, die

Aufkleber – DDR-Propaganda

zwar obenrum brav im blauen FDJ-Hemd, aber untenrum im viel attraktiveren verwaschenen Jeanshosenblau zum Fahnenappell erschienen waren. Sofort mussten sie in die Mitte des Appellplatzes. Lautstark über Mikrofon vor der ganzen Schülerschaft bloßgestellt, angeschrien und erniedrigt wurden die Schüler unverzüglich, noch vor der Ankunft der Frau des Staatsratsvorsitzenden, nach Hause geschickt.

Margot Honecker betrat den Fahnenappell und alle begannen zu lachen. Na ja, alle außer unsere Lehrer und die Direktorin. Wir kicherten erst leise und dann immer lauter. Ellenbogen rempelten sich an und mit fast unmerklichem Kopfnicken wiesen wir die Blicke unserer Nachbarn in Richtung der ankommenden Bildungsministerin. Schließlich lachten wir laut und schallend und keiner konnte mehr damit aufhören. Die Direktorin kreischte mit furchteinflößender, sich überschlagender Stimme nach Ruhe. Doch selbst das konnte die ausgelassene Schülermenge nicht beruhigen. Frau Honecker war sichtlich irritiert und verstand wohl die Welt nicht mehr. Unseren Lehrern und der Direktorin ging es in diesem Moment wahrscheinlich nicht viel anders. Margot Honecker, die Bildungsministerin der DDR und Ehefrau von Erich Honecker, hatte sich, ganz im Trend der Zeit, jugendlich gekleidet und damit, anders als erwartet, die Herzen der Schüler der POS Rosa Luxemburg erobert. Sie trug eine Jeans!

Geralf in Westjeans und mit seiner Schwester

1977 kam ich in die siebte Klasse der POS Rosa Luxemburg. Eigentlich stand nun Englisch fakultativ als zweite Fremdsprache auf dem Lehrplan. Da die kommunistische Fraktion Frankreichs bei den vorangegangenen französischen Parlamentswahlen jedoch mehr als 20 Prozent der Wählerstimmen erhalten hatte, resultierte daraus in der Logik der DDR-Obrigkeit, dass dieses Land ziemlich sicher bald kommunistisch regiert würde. Als Konsequenz wurde an unserer Schule der Englischunterricht eingestellt und durch Französisch ersetzt. Der Brief, in dem uns das mitgeteilt wurde, war wie ein Faustschlag ins Gesicht. Nicht, dass wir uns erhofften, irgendwann mal auf Englisch zu kommunizieren. Mit wem auch?! In andere Länder durfte niemand reisen und Englisch sprechende Menschen aus dem Ausland waren bei uns eher selten anzutreffen. Aber wir hatten uns erhofft, die Texte der gerade angesagten Rockbands übersetzen zu können, die ja meist auf Englisch sangen. Dass man nun, nur um eventuell später auf die Erweiterte Oberschule EOS zu kommen, anstatt Englisch zu lernen, sich mit Französisch als zweiter Fremdsprache herumquälen sollte, war für die meisten von uns nicht akzeptabel. Zumal der Kreis der Auserwählten für den Besuch der EOS gering war und eher die politische Einstellung als Begabung das ausschlaggebende Kriterium war. Aus unserer 33 Schüler starken Klasse wurden später nur zwei Kinder auserwählt, die in den Genuss kamen, die Erweiterte Oberschule zu besuchen.

Wenn man Englisch schon kaum brauchte, war Französisch in der DDR schlichtweg überflüssig. Die erste Fremdsprache, Russisch, war den meisten von uns verhasst, da sie schwierig zu erlernen war und zudem recht trocken vermittelt wurde. So ärgerten wir uns schon seit der fünften Klasse mit den schrecklichen Russischvokabeln herum und die Motivation zum Erlernen einer weiteren Sprache war gering. Also weigerte ich mich, Französisch zu lernen.

Musik war damals bei uns Heranwachsenden wichtiger als alles andere. Unsere Klasse sowie die ganze Schule spaltete sich zu dieser Zeit in drei Gruppen, die sich nach ihren Musikhörgewohnheiten aufteilten. Die einen hatten quasi gar keinen Musikgeschmack und hörten Disco-Musik à la *Boney M., Baccara, ABBA* und all den anderen schrecklichen „Jaulmaschinen", die die Musikindustrie in dieser Zeit hervorbrachte. Deren Gejammer quakte täglich durch die Radios und penetrierte die Ohren aller lebenden Wesen in Ost und West. Die zweite Fraktion waren die Hardrockfans. Diese hörten Bands wie *Deep Purple, Rolling Stones* und *Led Zeppelin*. Schließlich gab es noch die Glamrock-Fraktion. Zu der gehörte ich. Unsere Idole waren *Slade, Gary Glitter and the Glitter Band, T.Rex* und *Sweet*. Diese waren greller, bunter, einfacher und direkter als alle anderen Bands der damaligen Zeit. Es gab noch einige szeneübergreifende Bands wie *Queen* oder *Pink Floyd* und natürlich Udo Lindenberg, die sowohl die Hardrock-Fraktion als auch die Glam-Rocker irgendwie miteinander verbanden.

Die meiste Zeit saß ich in meinem Kinderzimmer im Neubauviertel vor dem Radio und hoffte darauf, dass irgendwelche geilen Songs gespielt wurden, die ich dann mit dem Stereo-Tonbandgerät *B-100* aufnehmen konnte. Da plötzlich passierte es: In der NDR-2-Radiosendung *Musik für junge Leute* kündigte Gerd Timmermann an, zwei Songs der Band *Sex Pistols* zu spielen. Er sagte dazu sinngemäß, dies sei Punkrock und Punkrock solle eigentlich nicht im deutschen Radio gespielt werden. Er setze sich aber über diese Anweisung hinweg, weil er sie für blödsinnig erachte. So kam ich in den Genuss, meine allerersten zwei Punksongs zu hören. Dies sollte mein Leben verändern! Timmermann spielte „Problems" und „God save the Queen" von der genialen LP *Never Mind the Bollocks*. Ich war von den Klängen fasziniert, bekam Gänsehaut und ein Kribbeln im Bauch. Sofort vom Punkvirus infiziert! Den Lautstärkeknopf drehte ich bis zum Anschlag. So etwas hatte ich noch nie gehört. Das klang so anders als alles, was es bisher an Musik gab. Diese rotzige Art des Gesangs, die einfachen drei Akkorde. Songs ohne ewig lange Gitarrensoli. Die beiden Stücke, die ich mitgeschnitten hatte, liefen nun ohne Unterbrechung immer und immer wieder.

Ich wusste nicht, was Punk war, aber das war egal. Punk war in mein Leben getreten und ich wollte unbedingt mehr Songs dieser neuen Musikrichtung hören und alles über dieses Phänomen erfahren. Von nun an lauerte ich regelrecht Tag für Tag in meinem Kinderzimmer vorm Radio und hoffte darauf, dass mehr Punksongs im Westradio gespielt würden. Schließlich wurde ich auf dem englischen Soldatensender BBC fündig. John Peel, der Radio-Gott der Punkmusik, hatte eine Sendung, die einmal in der Woche ausgestrahlt und in der Punkrock gespielt wurde. Leider konnte ich den Sender nur sehr verrauscht empfangen und es war wirklich kein Genuss, die Sendung zu verfolgen. Aber im

Fernsehen erbarmte sich ein blonder, inzwischen ziemlich berühmter Entertainer mit Namen Thomas Gottschalk und stellte in der Sendung *Szene 77* Punkbands vor. Einmal im Monat, Freitag gegen 17 Uhr, rockten für fünfundvierzig Minuten die 1977er Punkgrößen über den Bildschirm: *Devo, Damned, Boomtown Rats, Stranglers, Flying Lizzards* und wie sie nicht alle hießen. Ich saß mit großen Augen vor der Glotze. Mit einem Mikro an meinem *B-100* schnitt ich die Songs mit und sog jedes Wort und jeden Ton in mich auf. Punkschallplatten gab es in der DDR nicht zu kaufen. Also musste jeder Song irgendwie aufgenommen werden. Die Qualität war dabei erst mal nachrangig.

Was Punk eigentlich war, bekam ich irgendwie nicht heraus. Ich begriff nur, dass diese Musik 1977 die gesamte Musikindustrie im kapitalistischen Ausland auf den Kopf stellte. Mit den einfachen Songs, low budget produziert, stürmten Bands wie *Sex Pistols, Stranglers, Clash* oder *Ramones* die Charts und verdrängten die alten Helden mit ihren überproduzierten, in den teuersten Studios der Welt aufgenommenen Songs. Interviews waren schwierig und nicht selten wurden

Müllstation 1982

pril 1982

---MÜLLSTATION-FSHW---

Rialdo Müllman
Schera Rolfo Materialtod
Iddy Scheintot
Rocco Plasticmord

Fernseh- oder Radiomoderatoren von den Mitgliedern der Punkbands angepöbelt oder vor laufender Kamera, wie z. B. von den *Sex Pistols*, tätlich angegriffen. Ich begriff schnell: Punk ist die wahre Rebellion! Genau der richtige Sound für Pubertierende. Doch wie sah ein Punkfan aus? Auch darauf bekam ich keine richtige Antwort. *Ramones* hatten lange Haare, *Sex Pistols* kurze, der Schlagzeuger von den *Boomtown Rats* lief immer im Schlafanzug herum. Die Gesichter von *Damned* waren weiß geschminkt. Ein jeder inszenierte sich auf seine Art. Irokesenhaarschnitte waren noch völlig unbekannt. Punk hatte damals noch keine Uniform. Das unterschied sie von den anderen Musikrichtungen. Hardrock- und Bluesfans hatten lange Haare. Discofans hatten gepflegte Popperhaarschnitte. Doch was für Haare hatten Punks? Was für Klamotten zogen sie an?

Lange bekam ich das nicht heraus. Einmal sah ich einen normal angezogenen Jungen mit Jesuslatschen, den Lieblingsschuhen der DDR-Hippies, und weißen Kniestrümpfen. Auf denen leuchteten in großen Buchstaben mit Filzstift geschrieben die vier Buchstaben: PUNK!

Das war wahnsinnig cool! Ich war mir sicher, so sieht ein Punk aus. Dann erschien ein Zeitungsartikel in der DDR-Musikzeitschrift *Melodie & Rhythmus*. Er zog über das neue kapitalistische Phänomen der armen verblendeten Westjugend her. Mir und vielen anderen half dieser haarsträubende Artikel jedoch, das Phänomen Punk etwas zu entwirren. Er war eine Erleuchtung, denn es war ein Punkpaar aus London abgebildet. Mit zerrissener Kleidung, Ohrringen, Sicherheitsnadeln durch die Wange und kurzen Strubbelhaaren. In dem Artikel wurde alles verteufelt, was mit dem Wort Punk zu tun hatte. Ich kaufte mir dieses Heft trotzdem mindestens zehn Mal, um mit dem Bild des Punkpaares möglichst viele Hüllen meiner selbst bespielten *Orwo*-Kassetten zu verzieren. Ich sog den Artikel in mich auf und filterte die Informationen, die dort geschrieben waren, sodass für mich ein umfassenderes Bild von Punk entstand. Dort stand, Punk sei faschistisch; daneben abgebildet war ein Foto des *Sex-Pistols*-Sängers Johnny Rotten in einem Karl-Marx-T-Shirt. Dass die *Ramones* einen „Blitzkrieg" à la Adolf Hitler führen wollten, hielt ich auch für blanke DDR-Propaganda. Auch war ich mir gewiss, dass die *Stranglers* niemanden wirklich erwürgen und *The Clash* nicht tagtäglich alles zertrümmern. Allerdings war ich erfreut über die Namensübersetzungen. Auf meinem Schulheft prangten nun immer mehr Namen von Punkbands wie *Sham 69*, *The Clash* oder *Sex Pistols* zwischen meinen vorherigen Idolen. Es gab auch Grenzfälle wie *AC/DC*, deren Song „TNT" gerade die Hitparaden stürmte, oder *Motörhead*, bei denen sich alle auf dem Schulhof stritten, ob das nun Punk oder Heavy Metal sei. Für mich war das damals definitiv Punk.

Aufgrund des Bildes in der *Melodie & Rhythmus* zerriss ich eine meiner wertvollen, geliebten Westjeans, bemalte sie knallbunt, zersägte eine Sicherheitsnadel und steckte sie mir ins Ohr. In unserer Klasse machten das noch zwei Jungs. Nach etwa zwei Jahren, die *Sex Pistols* hatten sich inzwischen aufgelöst. Sid Vicious und Nancy waren tot, verschwand Punk wieder aus den Westmedien. Niemand interessierte sich mehr für Punk. Niemand? Nein, einige wenige behielten den Punkvirus im Blut und sollten einige Jahre später ein ungewöhnliches Kapitel DDR-Geschichte schreiben. Das Kapitel der Ostpunks, deren Verfolgung durch die Staatssicherheit ein ungeahntes Ausmaß annehmen würde und an denen sich der Staat und die Stasi die Zähne ausbissen. Zu den wenigen, in denen das Virus bis zur Ausbreitung in der gesamten DDR lauerte, gehörte ich. Das wusste ich damals aber noch nicht. Ich war, wie die meisten Punkfans der ersten Generation, im Jahr 1977 schlappe 13 Jahre alt.

Virus Anfang der Achtziger

NO FUN

Bei uns im Neubauviertel spielten im Sommer immer kostenlos DDR-Ost-Rockbands auf einer Freilichtbühne. Wenn ich durch mein Kinderzimmerfenster laute Musik hörte, wusste ich, dass es wieder soweit war, und machte mich auf den Weg. Die gesamte Jugend des Plattenbauviertels traf sich dort. Die Musik war nebensächlich. Alkohol floss wie in der DDR üblich in Strömen. Die Schnaps- und Bierflaschen kreisten unter den Jugendlichen. Oft lagen schon 15-Jährige im Vollrausch, einer Alkoholvergiftung nahe, vor der Bühne im Park. Meine erste unrühmliche Alkoholerfahrung machte ich mit 16 bei einem Konzert von *Silly*. Wir hatten uns einige Flaschen hochprozentigen Pfirsichgeist besorgt. Der Alkohol brannte bei jedem Schluck fürchterlich im Hals. „Ich bin der letzte Kunde ...“, sang die Band und die Flaschen leerten sich. „... ich komm nicht los vom Hahn ...“, – die Worte des Songs in dieser Live-Endlosversion drangen immer verschwommener in mein Gehirn. Die Flaschen flogen leer ins Gebüsch und ich taumelte irgendwie nach Hause. Eine Erinnerung, wie mir das gelang, habe ich nicht mehr. Am nächsten Morgen erwachte ich in meinem vollgekotzten Kinderzimmer. Mein Bett stank nach Magensäure und erbrochenem Pfirsichgeist. Ich fühlte mich fürchterlich elend und schwor mir, keinen einzigen Schluck der DDR-Volksdroge Nummer eins mehr anzurühren, was ich die nächsten zwei Jahre auch konsequent durchzog.

Ein Freund nahm mich einige Zeit später mit ins Stadion. Fußball interessierte mich herzlich wenig, doch er schwärmte nicht nur von den Spielen, sondern auch vom rechtsfreien Raum im Umfeld des Stadions. Ich wurde neugierig und ging mit. Tatsächlich übte das Gefühl, ein Teil der Masse der HFC-Hooligans zu sein, anfangs eine gewisse Faszination auf mich aus. Spielte der Hallesche Fußballclub Chemie, hatten wir das Sagen. Auf den Tribünen des Kurt-Wabbel-Stadions machten wir, was wir wollten. Volle Senfbecher flogen durch die Luft und alles lachte, wenn sie aufschlugen und ringsherum alles und jeden über und über mit Senf bespritzten. „Olé! Olé! Olé! Olé! HFC! HFC! ...“ Die lauten Sprechchöre der Masse verursachten Gänsehaut und gaben uns Macht. Die Fans sind die Macht! Wenn das Spiel zu Ende war, skandierten wir zu Tausenden durch die Stadt. Hin und wieder klirrten Scheiben. Weder Polizei noch Autos stellten sich uns in den Weg. Autofahrer, die zu spät bemerkten, dass sie in eine Straße einbogen, in der die Fußballfans gerade marschierten, hatten Pech. Hupten sie, wurde auf die Autos geschlagen und die Wagen wurden von Dutzenden Hools zum Wackeln gebracht. Die Polizei schaute schnell weg, um ja nicht eingreifen zu müssen.

Die HFC-Fans hatten damals einen ziemlichen Randale-Ruf. Man erzählte sich, dass einmal sogar eine ganze Straßenbahn von den Hools aus den Schienen gehoben und umgestoßen worden sei. Eine Zeit lang erfüllten mich die Stadionbesuche. Doch so nach und nach wurde mir die Sinnlosigkeit dieses Wochenendausflippens bewusst, gezeichnet von Randale und Brutalität. Was mich auch immer mehr abschreckte, waren die rechtsradikalen Tendenzen, die sich durch Sprechchöre zeigten wie: „Gib Gas, gib Gas, wenn der Jude (oder wahlweise Sachse oder Fischkopp usw.) durch die Gaskammer rast, gib Gas ..." Außerdem verachtete ich ja eigentlich Gewalt und Dummheit. Im Stadion fanden genau diese beiden zueinander. Die größten Schläger wurden von den anderen Fans vergöttert. Ich stellte meine Stadionbesuche bald wieder ein.

Als HFC-Fan

Zur Jugendweihe hatte ich einen hochmodernen Mono-Kassettenrecorder bekommen. In meinem Kinderzimmer saß ich nun weiter Tag für Tag vor dem Radio und schnitt mit dem *Sonett 77* die rar gespielten Punksongs mit oder nahm mit einem Mikrofon Songs vom Fernseher auf. Austauschen konnte ich mich mit niemandem, denn Punks kannte ich keine. Es gab hier im Neubauviertel zu dieser Zeit keinen weiteren Punkfan. Wenn wir uns im Schatten der Plattenbauten mit unseren transportablen Kassettenrecordern trafen, war ich immer der einzige, der Punkmusik mitbrachte. Die kam bei den anderen Neubau-Kids leider nicht besonders gut an. Mich störte das nicht. Ich war weiter auf der Suche – nach etwas, was meine innere Unruhe, meine pubertäre Abenteuerlust irgendwie befriedigen konnte.

Eines Tages erzählte mir jemand von einem „Kunden-Konzert" in einem Dorf im Saalekreis. „Kunden" waren eine eigene subkulturelle Jugendbewegung, die sich an die Hippiebewegung im Westen anlehnte. Lange Haare, Shell-Parka, Tramper-Schuhe, Jesus-Latschen, Fleischerhemden und Jeans waren ihr Markenzeichen. Sie hörten Bluesmusik. Bevor es Punk im Osten gab, waren die Kunden diejenigen, die aufgrund ihres unangepassten Aussehens und ihrer freieren Lebensweise den Zorn der normalen Bürger und des Staates auf sich zogen. Die Konzerte fanden meist in Kleinstädten oder Dörfern statt. Ich war noch nie auf solch einem Konzert gewesen, kannte auch keinen Kunden und war gespannt auf das, was mich erwartete.

Schon am Bahnhof zeigte sich, dass es wohl ein spannender Abend werden würde. Hunderte Langhaarige mit Schlafsäcken unter den Armen trafen sich dort und stiegen gemeinsam in den Zug nach Langeneichstädt. Ich erlebte das Gemeinschaftsgefühl aus dem Stadion wieder, doch gänzlich ohne Gewalt. Den Weg vom Bahnhof zum Konzertsaal säumten Unmengen Kunden. Hinter den wackelnden Gardinen sah ich die Umrisse der Anwohner, denen die ganze Sache unheimlich schien. Der Konzertsaal war gerammelt voll. Die Bands spielten und der Saal tobte. Nicht nur auf dem Dorfsaalparkett. Nein, auch auf den Tischen wurde getanzt. Die Musik sprach mich nicht besonders an, doch die Veranstaltung faszinierte mich trotzdem sehr. Nach Ende der Veranstaltung breiteten etliche Kunden ihre Schlafsäcke vor dem Saal aus. Ich ging zum Bahnhof. Es kampierten unterwegs Hunderte Langhaariger auf den Straßen im Dorf. Viele praktizierten dort ungestüm freie Liebe. Das kleine Bahnhofsgebäude konnte ich nicht mehr betreten. Auch dort kampierten schon so viele Kunden, dass nur noch vor dem Bahnhof ein Platz zu finden war. So verbrachte ich dort die Nacht. Auch wenn die Bluesmusik mich wenig tangierte, hatte ich nun etwas gefunden, womit ich meine Wochenenden in kleine Abenteuerreisen umgestalten konnte.

Ich ließ mir also fortan die Haare wachsen und besorgte mir über viele Umwege die für das Zugehörigkeitsgefühl so wichtigen Kleidungsutensilien, die es in der DDR nicht einfach zu kaufen gab. Jeden Freitag oder Samstag machte ich mich nun auf den Weg zu einem „Kunden-Konzert“. Schon die Anreise mit Bus und Bahn wurde zum Abenteuer. Ich lernte Woche für Woche neue Gegenden und Dorfsäle der DDR kennen, von deren Existenz ich bis dahin keine Ahnung hatte. Mein Aktionsradius erweiterte sich enorm. Oft waren so viele Kunden vor Ort, dass die Konzerte ausverkauft waren und niemand mehr hineingelassen wurde. Dann suchte man andere Wege, um in den Saal zu kommen – Fenster, Keller, Hintereingänge – oder es wurde, wenn es genug Leute waren, einfach der Eingang gestürmt. Einmal wurde sogar eine Tür von Hunderten Jugendlichen komplett eingedrückt,

Geralf Anfang der Achtziger

sodass sie zerbarst. Nach den Strapazen der Anreise war niemand dazu zu bewegen, unverrichteter Dinge wieder zurück in den Heimatort zu fahren. Außerdem fuhren meist erst am Tag nach dem Konzert der erste Zug oder der erste Bus. Ein Auto besaß niemand. Wenn es doch noch eine Verkehrsverbindung in der Nacht gab, waren die Züge oder Busse so überfüllt, dass viele nicht mitfahren konnten. In Günthersdorf wurde einmal der gesamte öffentliche Bus von den Langhaarigen gekapert. Sie öffneten die Türen, schmissen den schimpfenden Busfahrer raus und ließen viel mehr Kunden in den Bus, als eigentlich reinpassten. Der Busfahrer musste dem in die Stadt fahrenden Bus hinterherschauen.

Auf den Konzerten lernte ich viele Leute kennen. Ein kleiner Teil der Szene identifizierte sich mit dem anarchistischen Gedanken. Sie hörten viel *Ton Steine Scherben* und im Gegensatz zu den meisten Kunden mochten sie genau wie ich Punkrock. Sie trugen keine Fleischerhemden und Shell-Parkas wie die meisten anderen Konzertbesucher, sondern hatten schwarze oder knallbunte Sachen an. Nach einiger Zeit legte auch ich mein Fleischerhemd beiseite und schlüpfte in solche Kleidung, die mir und meinem Wesen viel besser stand. Wenn dann *Freygang* auf der Bühne Songs von *Ton Steine Scherben* anstimmten, kam es mir irgendwie so vor, als spielten sie das extra für mich und diese kleine Gruppe.

Macht kaputt, was euch kaputt macht

Wilde Kunden-Party Anfang der Achtziger

Ein Ereignis im Sommer 1982, genauer gesagt am 19. Juni, veränderte mein Leben. Ich besuchte mit Freunden ein Open-Air-Konzert der Gruppe *Reggae Play* auf der Peisnitzinsel. Es regnete wie aus Gießkannen. Das auf der Bühne Gebotene war für uns extrem langweilig und das schlechte Wetter trug auch nicht gerade zum Wohlbefinden der wenigen Anwesenden bei. Nur zehn bis zwanzig Besucher tummelten sich vor der Bühne. Da sagte jemand, er hätte gehört, dass in der Lutherkirche heute Punkbands spielen würden. Er wurde von allen ausgelacht. Es war doch klar, dass es in der Ostzone keine Punkbands geben konnte. Trotzdem beschlossen wir, den Veranstaltungsort zu wechseln, um wenigstens nicht mehr im Nassen stehen zu müssen.

Wir erreichten die Lutherkirche und ich war vom Anblick geschockt. Vor der Kirche standen zwischen etlichen Langhaarigen auch etwa fünfzig Punks. Die meisten waren aus Berlin und hatten ein so wildes Outfit, dass selbst ich sie anstarren musste. Jungen wie Mädchen hatten wilde, verstrubbelte, mit Zuckerwasser und Seife hochgestellte Haare, abrasierte Stellen auf dem Kopf, Buttons, bemalte Lederjacken, alte Anzüge und Boots an den Füßen. So etwas hatte ich wie auch alle anderen Hallenser noch nie gesehen. Sie sahen so richtig schön rotzig aus – als wären sie aus einer anderen Welt in die hiesige hineinkatapultiert worden. Mir war sofort klar, heute werde ich das erste Punkkonzert meines Lebens erleben.

Es war nicht nur mein erstes Punkkonzert, sondern auch eins der ersten Punkkonzerte in der gesamten DDR-Geschichte. „18 Uhr Sessionzeit – Rock & Free-Jazz & Pank" stand auf dem Veranstaltungsplan der „7. Werkstatt der jungen Gemeinde Halle Neustadt". Die JG war durch ihre vielen spektakulären Aktionen berühmt und berüchtigt und hatte einige Anarchos in ihren Reihen. Ihr Jugenddiakon Lothar Rochau war sowohl der DDR-Obrigkeit als auch der Kirchenleitung mehr als unbequem. Bei den vorherigen Werkstätten, die auf dem Passendorfer Kirchengelände stattgefunden hatten, spielten eher Bluesbands und kritische Liedermacher. Doch was an diesem Tag stattfand, trieb selbst die Organisatoren an ihre Grenzen.

Zuerst spielte eine Band, bestehend aus jungen, anarchistischen Leipziger Punks, ganz in Schwarz gekleidet, mit dem herrlich brutalen Namen *Wutanfall.*

Und genau so rotzten sie einen Song nach dem anderen heraus. Die Verzerrer und die Anlage brachten einen bis dahin ungehörten, räudigen Sound zustande. Kurz und knapp waren die Songs. Voll auf den Punkt. Die anwesenden Punks rasteten völlig aus und pogten wie verrückt. Die jungen Wilden bearbeiteten ihre Instrumente ohne Gnade. Die meisten anwesenden „Nichtpunks" schüttelten nur mit dem Kopf, hielten sich die Ohren zu oder verließen den Gemeindesaal. Während der vielleicht sechs rausgebrüllten Punksongs der Band wurde etliche Male der Strom der Anlage gekappt und dem Sänger mehrfach das Mikrofon entrissen. Die Punks wurden aufgefordert, sich im Schneidersitz vor die Bühne zu setzen. So war es bei den Liedermacherabenden oder Musikveranstaltungen mit den Bluesbands üblich. Besonders begeistert waren sie nicht, doch da das Konzert erst weitergehen würde, wenn alle saßen, und ihre lautstarken, emotionalen Diskussionen nicht den erwünschten Erfolg brachten, ließen sich alle so nach und nach auf dem Boden nieder. Sobald aber die aggressive Stimme des Sängers losbrüllte, schnellten alle wie vom Teufel besessen in die Höhe und sprangen im wilden Klappmesserpogo in die Luft. Ich hatte Gänsehaut. Der Netzstecker wurde gezogen. Die Anlage spuckte keinen Ton mehr aus. Die Punks wurden aufgefordert,

Punks vor der Lutherkirche in Halle (Saale) – Juni 1982

Wutanfall-Sänger Chaos (Jürgen Gutjahr) in Halle (Saale) bei der Punkwerkstatt 1983

Lutherkirche Werkstatt 1982

Punkwerkstatt in der halleschen Christusgemeinde am 30.4.1983

sich wieder hinzusetzen. Als alle saßen, spielte die Band weiter. Alles sprang wieder auf und pogte wild auf dem Kirchenparkett – und peng, wie gehabt, Stecker raus und schon war wieder Ruhe. So ging das den gesamten Auftritt der ersten Band über und die Organisatoren waren vermutlich froh, als die halbe Stunde endlich vorbei war.

Ich war der glücklichste Mensch der Welt. Fünf Jahre nachdem ich mich mit dem Punkvirus infiziert hatte, fünf Jahre, in denen ich alles an Musik gesammelt hatte, was ich irgendwie mit Punkrock in Verbindung bringen konnte, fünf lange Jahre danach erlebte ich mein erstes Punkkonzert! Es gab nun Punkrock-Konzerte in der DDR! Das Leben hier war doch lebenswert!

Ich wollte mehr. Ich wollte viel, viel mehr. Die nächste Zeit verbrachte ich damit, herauszufinden, wo Punkkonzerte geplant waren. Egal in welcher Stadt sie stattfanden, ich wollte auf jeden Fall dabei sein. Doch das war nicht einfach. Es gab 1982 nur einige vereinzelte Auftritte von Punkbands vor sehr kleinem Publikum, meist der eigene Freundeskreis. So kam es, dass ich weitere zehn Monate warten musste, um das nächste Punkkonzert zu erleben. Am 30. April 1983 war es dann endlich soweit. Halle an der Saale sollte erneut Punkgeschichte schreiben. Moritz Götze von der halleschen Art-Punkband *Größenwahn*, die auch schon beim ersten Konzert aufgetreten war, organisierte in der Christusgemeinde das erste Punkfestival der DDR. Es reisten etliche Punks aus verschiedenen Städten der Ostzone an, um dieses Spektakel mitzuerleben. Es spielten

Namenlos, Wutanfall, Planlos, Restbestand, Größenwahn, H.A.U und *Unerwünscht* vor der größten Punkmeute, die bis dato in der DDR jemals zusammengekommen war. Jede Band schockte die Gehörnerven der Zuschauer und brüllte ihre Wut heraus. Die Punks zollten durch wilden Pogo ihren Respekt und Gefallen. Durch Werfen von Kleingeld auf die Bühne, wie bei der Band *Größenwahn*, die den Punks zu langsam spielte, zeigten sie ihren Unmut. Geld als Bezahlung fürs sofortige Aufhören war die unmissverständliche Botschaft.

Ich war begeistert von der Geradlinigkeit der Bands und bewunderte ihren Mut, Worte und Texte zu singen, die die Missstände des DDR-Systems schonungslos angriffen, ohne ein Blatt vor den Mund zu nehmen – in einem Land, wo Kritik gewöhnlich nur hinter vorgehaltener Hand geäußert wurde. Für mich war *Namenlos* die Neuentdeckung! Die Sängerin Jana Schlosser, die aus Halle (Saale) stammte, hatte ich erst kurz zuvor das erste Mal auf dem halleschen Rummel gesehen. Mit ihrem Irokesen-Haarschnitt, dem ersten, den ich jemals in meinem Leben sah, ihrem krass geschminkten Gesicht und dem zerfetzten Leoparden-T-Shirt schockte sie die gesamte Bevölkerung. Jeder, wirklich jeder, blieb stehen und schaute ihr nach. Viele Bürger beschimpften sie. Nun stand sie auf der Bühne und brüllte das Erlebte ins Mikro: *„Macht eure Glotzen zu, macht eure Glotzen zu! Dann seht ihr unsere Fressen nicht, dann habt ihr eure Ruh!"*, *„Aufgepasst, du wirst überbewacht vom MFS SS"*, und *„Rote Parolen, Sowjetmacht haben uns doch nur Scheiße gebracht! Nazis, Nazis, Nazis wieder in Ostberlin! Nazischweine, Nazischweine, Nazis wieder in Ostberlin!"* Diese Songs hatten Ohrwurmcharakter. Das Tanzbein zuckte. Im Bauch kribbelte es. Die Musik erfüllte mich vom Kopf bis zum Zeh. Es gab während des gesamten Festivals keine Zwischenfälle und auch kein massives Eingreifen der Staatsorgane. Das Festival war auf ganzer Linie ein Erfolg für die Punkszene. Doch das sollte sich bald ändern, denn die Texte, besonders von *Namenlos*, wurden während des Konzerts von Stasispitzeln teilweise zu Papier gebracht und weitergeleitet. Es war nur eine Frage der Zeit, bis das Folgen hatte.

Kurze Zeit später besuchten mich die Jungs der Anarcho-Punkband *Arbeitsgeil* in der Rundfunk- und Fernmeldetechnik-Werkstatt, in der ich zu dieser Zeit noch arbeitete. Sie benötigten für ihren Auftritt, der in der Pauluskirche stattfinden sollte, Drähte und elektrische Bauteile, die es im öffentlichen Handel nicht zu kaufen gab. Als Funkmechaniker konnte ich die gewünschten Teile abzweigen und wartete schon voller Vorfreude auf ihren Auftritt. *Arbeitsgeil* war keine

Kirchentag Eisleben 1983

reine Punkband, sondern bestand aus Leuten der meist langhaarigen Hallenser und Jenaer aus der Anarchistenszene. Durch ihre spektakulären Aktionen, ihre Kompromisslosigkeit, die oft krasse grelle Schminke und nicht zuletzt durch das Pogen an der vordersten Front standen sie den Punks in dieser Zeit aber in nichts nach und waren oft sogar noch extremer als diese. Die Band betrat die Stufen zum Altar. Die Musik war chaotisch, laut und die Textfetzen, die durch die Kirche hallten, provozierten in alle Richtungen. *„Jesus, unser Oberrichter, liegt in einem Bombentrichter"*, vernahm ich, und *„Das deutsche Volk zeugt langhaarige Affen. Und diese zeugen zusammen mit Frauen aus dem deutschen Volk dann grünhaarige Affen!"*, *„Buna, Leuna, tote Fische in der Saale, glaubst du es nicht, dann komm nach Halle!"* oder so ähnlich dröhnte es in mein Ohr. Der chaotische Auftritt gipfelte in einer nicht kontrollierbaren Show mit selbstgebastelter Pyrotechnik, die durch die Drähte und Bauteile, die ich ihnen besorgt hatte, gezündet wurde. Diese lief vollkommen aus dem Ruder und verursachte einen Brandschaden auf dem Altar. Ob dieses Ereignis oder der provozierende Slogan der Band *„Arbeitsgeil bringt Seelenheil, macht impotente Pfarrer geil!"* der Grund waren, weiß ich nicht, auf jeden Fall gab es in der besagten Kirche im Zentrum des alternativen Paulusviertels kein weiteres Punk- oder Anarchokonzert mehr.

Mein erstes Punkkonzert außerhalb Halles verdanke ich Martin Luther. 1983 feierte die DDR nicht nur das Karl-Marx-Jahr anlässlich seines 100. Todestages, sondern auch das Lutherjahr. Anlass war der 500. Geburtstag des Reformators. Groß angelegte Kirchentage unter der Losung „Vertrauen wagen, damit wir leben können" wurden in Städten organisiert, in denen Luther gewirkt hatte. Einer davon fand vom 17. bis 19. Juni 1983 in der Lutherstadt Eisleben statt. Die Hoffnung, dort ein weiteres Punkkonzert zu erleben, war groß. Aus dem Westradio hatte ich durch die Sendung *Der Club* schon im Jahr 1982 erfahren, dass es in Eisleben eine Punkband namens *Müllstation* gibt. Ihr herrlich avantgardistischer Song „Schnupfen", der damals auf NDR 2 gespielt wurde, blieb durch seinen Witz und seine Einzigartigkeit in meinem Gehörgang kleben und ließ mich nicht mehr los. Nun hoffte ich darauf, in Eisleben beim Kirchentag diese Band endlich live sehen zu können.

In Eisleben trafen sich am 18. Juni 1983 Tausende, meist langhaarige Jugendliche. Auch einige Punks waren vertreten, was die Hoffnung in mir steigerte, dass auch Punkbands spielen würden. Doch von *Müllstation* entdeckte ich erst mal nichts. Dafür machte ich ziemlich schnell Bekanntschaft mit einem optisch Achim Mentzel ähnelnden Individuum, das mich verprügeln wollte. Es war meine erste Begegnung mit Wolfi. Den Grund für seinen Angriff bekam ich nie heraus, vermutlich gab es auch keinen. In den folgenden Jahren fiel er mir jedoch immer wieder auf. Bei einem Konzert in Halle (Saale) riss er sich die Haare vom Kopf, zerfetzte sein T-Shirt und verspeiste es genüsslich pogend vor allen Punks. Während eines Auftritts von *Namenlos* schlang er sich so fest um den Fuß der Sängerin, dass sie ihn trotz zahlreicher heftiger Tritte nicht abzuschütteln vermochte. Er war ein ständiger seltsamer Begleiter der Eislebener Punkszene, sodass *Müllstation* ihm die beiden Songs „Der Harty & der Wolfi" und „Bei Wolfi im Hinterhaus, da lassen wir die Sau raus" widmete.

Es verdichteten sich nach und nach die Gerüchte, dass *Müllstation* spielen würden. Und tatsächlich, endlich betrat eine Punkband die kleine Bühne vor der Petrikirche. Es war *Tapetenwechsel*. Danach spielten *Größenwahn*. *Müllstation* sollten als Letzte an die Reihe kommen. Doch *Größenwahn* tobten sich so richtig auf den Instrumenten aus und schafften es, die Anlage zu zerstören, indem sie das Mikrofon mit Haar- oder Stricknadeln traktierten (Quelle: Tagebuch Harty Sachse). Besonders beliebt machten sie sich dadurch nicht, denn alle anwesenden Punks, vielleicht so an die dreißig, warteten auf die „Hauptband" *Müllstation*. Sie hatte schon jetzt Kultstatus, denn jeder kannte den Mitschnitt der NDR-2-Radiosendung. Ostpunk im Westradio! Er wurde in der Szene immer wieder auf Kassetten überspielt und herumgereicht. „Schnupfen, ich hab Schnupfen" wollten alle hören! Doch wie sollten *Müllstation* auf einer kaputten Anlage spielen? Die Band war stocksauer. Soweit ich weiß, wäre es ihr erster öffentlicher Auftritt gewesen, und dann zerkloppt die „Vorband" die Anlage. Niemand wusste damals, ob es irgendwann wieder eine Möglichkeit für einen Gig in der Öffentlichkeit geben würde. Doch *Müllstation* wussten sich zu helfen: Sie legten anstatt eines Punkkonzertes mit lauter Anlage einen experimentellen Live-Auftritt à la *Einstürzende Neubauten* auf die Bühne. Sie hämmerten auf allem herum, was sie finden konnten, auf Mülltonnen und Kochtöpfen, und schrien dazu ihre Texte in die Menge. So erlebte ich trotz der kaputten Anlage doch mein erstes Konzert der „Punkrockkönige aus dem Mansfelder Land" im „Scheiß Eis-Leben".

Keine Woche später, am 24. Juni 1983, fuhr ich nach Berlin. Mich lockte die Bluesmesse in der Erlöserkirche. Die Bluesmessen waren zu dieser Zeit vermutlich das vom Staat ungeliebteste Veranstaltungsspektakel im „rechtsfreien Raum"

Punks bei der Bluesmesse 1983

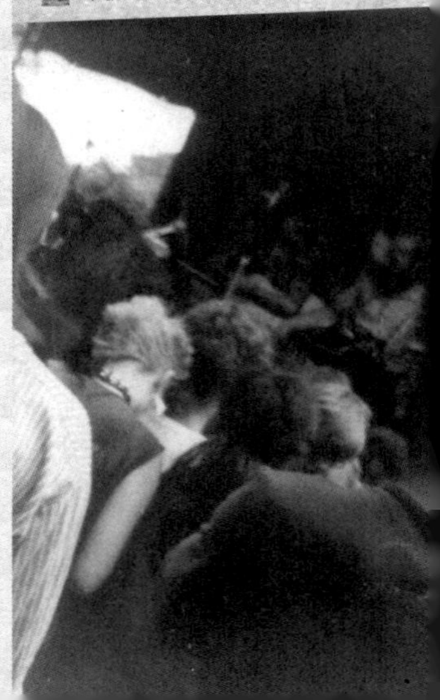

der evangelischen Kirche. Jedes Jahr kamen Tausende langhaarige Kunden zu diesen Veranstaltungen. Es spielten Bluesbands und Liedermacher, die kein Blatt vor den Mund nahmen, und es gab viele Infoveranstaltungen zu den Themen Wehrdienstverweigerung, Bausoldat, Umweltschutz, Friedensbewegung etc. Im Schutz der Kirche konnten Sachen gesagt werden, für die man sonst unweigerlich ins Gefängnis kam. Das zog in dieser Zeit viele subkulturelle Jugendliche an.

Nach den Konzerten in Halle (Saale) und Eisleben hegte ich die Hoffnung, dass, da es jetzt Punkbands in der DDR gab, auch in der Erlöserkirche welche auftreten würden. Ich kam voll Vorfreude auf dem Gelände an und sah sofort eine kleine Meute von vielleicht fünfzig Punks, die sich vor einer Bühne, wo gerade ein Liedermacher seine Protestsongs zum Besten gab, als geschlossene Gruppe aufhielt. Es spielten noch einige Bluesbands und dann kam der Moment, auf den alle Punks gewartet hatten. Die letzte Band hatte gespielt und es fragte nun ein langhaariger Mann mit Mikrofon, ob denn noch jemand auf die Bühne möchte. Das war zu dieser Zeit bei solchen Veranstaltungen nicht unüblich. Die Punks nutzten die Gelegenheit und eroberten sofort die Bühne. Allerdings kam es zu heftiger Gegenwehr. Diejenigen, die die Befehlsgewalt über die Bühne hatten, wollten keinesfalls Punkbands dort spielen lassen. Sie hatten Angst um ihre Anlage und die Instrumente und warfen den Punks vor, diese kaputtmachen zu wollen. Die Punks erwiderten, dass sie einfach nur ihre Musik spielen wollten und nichts zerstören würden. Es kam zu tumultartigen Szenen und Rangeleien

Müllstation – die Punkrock-Könige aus dem Mansfelder Land 1986

Namenlos bei der Bluesmesse 1983 in Berlin

zwischen den Punks, Punkfans und den Gegnern dieser Musik. Wie inzwischen bekannt ist, wurden diese Tumulte angestachelt und angeheizt durch inoffizielle Stasimitarbeiter (IM), die verhindern sollten, dass die Punkbands vor der großen Öffentlichkeit ihre radikalen Texte und ihre Musik präsentierten. Es waren immerhin zwischen zwei- und viertausend Besucher anwesend. Die IM hatten leichtes Spiel, denn die meisten Langhaarigen hatten zuvor noch nie einen Punk gesehen und kamen mit dem Anblick der gefährlich aussehenden Meute überhaupt nicht klar.

Irgendwann eroberte sich eine Punkband die Bühne und spielte los. Für mich war es Wahnsinn. Die anwesenden Punks pogten sofort den damals üblichen Klappmessertanz. Man sprang so hoch man konnte und ließ sich immer wieder wie ein Klappmesser zusammenfallen. Der größte Teil der anwesenden Bluesfans konnte mit dieser Musik und dem wilden Pogo-Tanz nicht viel anfangen. Angestachelt von den IM der Staatssicherheit fingen sie an mit Flaschen und Steinen zu schmeißen. Das Kräfteverhältnis war äußerst unausgewogen, denn die anwesenden Bluesfans waren einige Tausend. Im Gegensatz dazu waren nur etwa fünfzig Punks auf dem Gelände. Die Punks gaben aber nicht klein bei, sondern spielten weiter. Es gab ja sonst keine Möglichkeit, irgendwo aufzutreten, also ließen sie sich das Mikro nicht aus der Hand nehmen. Die Proteste der angestachelten Langhaarjugend wurden immer lauter und aggressiver. Da ergriff ein ebenfalls langhaariger Punkbefürworter das Mikrofon und sagte sinngemäß Folgendes zu den Störenfrieden: „Ihr seid so intolerant! Ihr wollt, dass der Staat eure langen Haare akzeptiert, ihr fordert Meinungsfreiheit, aber wenn welche mit anderem Aussehen und anderer Musik kommen, wollt ihr sie verbieten! Ich schäme mich für euch!“ Der wortgewandte Redner, selber aus der Bluesszene, brachte viele der angeheizten Störenfriede zum Nachdenken.

Die Situation beruhigte sich und es gab keine weiteren Proteste gegen die Punkbands. Die eingeschleusten Stasimitarbeiter begnügten sich nun damit, die Texte, soweit sie sie verstehen konnten, mitzuschreiben. Es spielte nun eine Punkband nach der anderen. Die Punks hatten sich die Bühne erobert und gaben sie nicht wieder her. Es spielten *Planlos*, *Namenlos*, *Unerwünscht*, *Restbestand* und einige andere. Dieser Auftritt gab Kraft. Die Punks hatten es geschafft, sich durchzusetzen. Niemand hätte an diesem Tag gedacht, dass einige Jahre später die „AlösA-Punk-Frühlingsfeste“ die Bluesmessen ablösen und Tausende zu den legendären „Punk-Messen“ kommen würden.

Unser Ziel war eine verschlossene Tür in einem heruntergekommenen Altbau im Paulusviertel in Halle (Saale). Leise wie auf Samtpfoten schlichen wir uns in das Haus Windthorststraße 16. Ein Freund hatte eine Wohnung dort schon seit einiger Zeit beobachtet. Er war sich sicher, dass in dieser Wohnung länger schon niemand mehr wohnte. Wir brachen am helllichten Tag das primitive Türschloss auf, denn in der Nacht wären wir viel zu sehr aufgefallen. Die Wohnung, die wir betraten, war genau das, was wir uns vorgestellt hatten. Sie war geräumig, hatte etliche Zimmer, und vor allem stand sie leer. Wir beschlossen: Diese Wohnung gehört ab sofort uns. Das Zuhause unserer erst vor kurzem geplanten Wohngemeinschaft bekam ein neues Türschloss, das wir schon vorsorglich mitgebracht hatten.

So kam es, dass ich kurz nach meinem 18. Geburtstag aus der modernen Plattenbauwohnung meiner Eltern mit Fernheizung, Warmwasseranschluss und Badewanne auszog. Ich tauschte diesen Luxus gegen Ofenheizung und Kaltwasseranschluss im Altbau. Statt einer Badewanne voll warmen Wassers gab es jetzt ein Waschbecken, dessen Volumen der Wasservorrat aus dem kleinen Boiler darüber nicht wirklich füllen konnte. Aber nun konnte ich kommen und gehen, wann ich wollte, Musik hören, so laut es mir gefiel, und viele andere Freiheiten genießen.

Die Wohnungsvergabe wurde wie alles in der DDR vom Staat gelenkt. Die Wartezeit für eine Wohnung betrug im Normalfall etliche Jahre. Bevorzugt bekamen frisch verheiratete Ehepaare, kinderreiche Familien, wichtige Funktionäre oder alleinstehende Mütter mit Kind eine Wohnung. Als Jugendlicher hatte man keine Chance auf eigenen Wohnraum. Umso seltsamer muss es allen Nachbarn vorgekommen sein, dass plötzlich eine Horde junger Wilder in die Windthorststraße 16 einzog. Auf die Idee, dass wir diese Wohnung einfach besetzt hatten, kam jedoch niemand. So viel Freiheitsdrang und Frechheit konnte sich schlicht keiner vorstellen.

Schnell sprach sich unsere Adresse in der subkulturellen Szene der Stadt herum. Wir wurden über Nacht zum Anlaufpunkt für sämtliche „negativ-dekadenten" Jugendlichen in unserem Alter. Die einzige WG, die uns außerdem noch bekannt war, befand sich in der Mittelstraße. Die Bewohner dort waren allerdings alle etwas älter. Damals hatten wir sehr großen Respekt vor der älteren subkulturellen Generation. Man näherte sich nur vorsichtig an. Das war wohl auch ein Grund, warum die Nachwachsenden so zahlreich zu uns kamen. Wir waren ganz einfach noch auf dem gleichen unverbrauchten Level: Jugendliche ohne viel Erfahrung, aber mit vielen Ideen im Kopf.

In unserer WG trafen sich nun täglich zwischen zehn und dreißig Heranwachsende, bald auch aus anderen Städten. Zu meinem 19. Geburtstag kamen über einhundert Leute, und alle, die uns besuchten, genossen den Aufenthalt in unserer Chaoten-WG und fanden uns toll. Unsere Art zu leben besaß eine Idee davon, dass man alles hinbekommt, wenn man jung ist und sich nur traut. Es machte niemandem etwas aus, dass im Winter kein Ofen brannte. Den Kohleofen bekam ich – als verwöhntes Neubaukind – nie an. Außer viel Qualm kam nichts zustande. Wenn es unserem Besuch zu kalt war, heizte er selbst, und meist loderte sehr schnell im Ofen ein Feuer. Aus dem Lichtschalter der Toilette ragten zwei Drähte ohne Isolierung. Jeder, der im Dunkeln nach dem Schalter tastete, schrie auf. Berührte man diese Drähte, blitzten Funken und man bekam einen Stromschlag. Alle, auch die nach Licht Tastenden, lachten sich immer wieder scheckig darüber. Wenn man aus dem spießigen, normalen Leben kam, das in den meisten Elternhäusern geführt wurde, fand man alles, was anders war, lustig.

Ich wollte alles anders machen, als ich es aus meiner Kindheit kannte. Eine Anbauwand, das Vorzeigemöbelstück eines jeden biederen DDR-Haushalts, baute ich mir aus Pappkartons. Sie wurde immer wieder von allen bestaunt. Ein Bett fand ich auch zu spießig. Also legte ich mir viele Matratzen auf den Fußboden. Wir lebten unser Leben und genossen die neue Freiheit.

Durch die vielen verschiedenen Besucher – Hippies, Anarchos und Punks – kamen auch viele neue Ideen zu uns. Eines der wichtigsten Themen war die Wehrdienstverweigerung. In der DDR wurde bereits jedes Kind darauf getrimmt, dem Land und damit dem Frieden und Sozialismus als Soldat zu dienen. *„Soldaten sind vorbeimarschiert mit festem Schritt und Tritt. Wir Pioniere grüßen sie und laufen fröhlich mit!“*, sangen wir im Kindergarten und in den ersten Schuljahren. Wir übten das Verhalten bei einem Atombombenangriff des imperialistischen Klassenfeindes: Sofort nach der Explosion unter die Schulbank werfen! Auf jeden Fall die Beine zur Wand! Das Gesicht auf den Boden! Den Schulranzen auf den Hinterkopf legen! So schützen wir uns vor der Strahlung! Später mussten wir zur

Halle (Saale) 1984

Wehrerziehung in die Kaserne der ruhmreichen Sowjetarmee. Schießend und Handgranatenattrappen werfend jagte man uns Kinder durch das matschige Gelände die Sturmbahn entlang. Im Gleichschritt marsch! Die Jungs wurden regelmäßig bedrängt, nicht nur den achtzehnmonatigen Pflichtdienst „an der Waffe" zu leisten, sondern sich für drei Jahre NVA-Dienst zu verpflichten. Von offizieller Seite gab es dazu keine Alternative.

In den Jungen Gemeinden der evangelischen Kirche erfuhr ich von der Möglichkeit, seinen Dienst als Bausoldat abzuleisten. Also in Uniform, aber ohne Waffe in der Hand. Doch wer diesen Weg wählte, galt genauso als Staatsfeind wie ein Totalverweigerer. Es wurde erzählt, dass die Bausoldaten mit hochgiftigen Chemikalien ohne Arbeitsschutzbekleidung von früh bis spät in den Chemiewerken bei Halle (Saale) schuften mussten. Das kam als Alternative für mich genauso wenig infrage wie der „Dienst an der Waffe". Der radikalste Weg war die Totalverweigerung, allerdings stand darauf die Strafe von drei Jahren

Windthorststrasse 1983

DDR-Zuchthaus, erzählte man sich. Das Gerücht besagte weiterhin, dass man nach verbüßter Haft wieder zum Wehrdienst gezogen würde. Bei erneuter Verweigerung wurde man gleich wieder eingesperrt.

Als ich Pfingsten 1983 von einer Demonstration der unabhängigen Friedensbewegung hörte, war ich sofort Feuer und Flamme. Es waren nur vage Gerüchte, die in unsere WG drangen. Wir waren noch zu jung und hatten zu den älteren Oppositionellen nur wenig Kontakt. Aufgeregt kam ich zum Marktplatz. Dort fand zunächst der offizielle Friedensmarsch der FDJ statt. Über 60.000 Blauhemden trugen auf Bannern und Plakaten die üblichen Parolen, die den „Friedensstaat" DDR bejubelten.

Ich wurde sofort aufgrund meines Aussehens von Stasimitarbeitern in eine Seitenstraße hinter dem unteren Hallmarkt abgedrängt. So ging es allen, die irgendwie auffielen. Doch dieses Vorgehen entpuppte sich als strategischer Fehler. Denn so kamen wir nun alle in derselben Seitenstraße zusammen und konnten dann gemeinsam losziehen. Ein Demozug von vielleicht einhundert Personen. Die Älteren, viele aus dem Umfeld der Jungen Gemeinde Halle Neustadt, verteilten Kerzen und trugen Transparente mit Losungen der unabhängigen Schwerter-zu-Pflugscharen-Friedensbewegung. Unser ursprüngliches Ziel war eigentlich, uns unauffällig mit eigenen Transparenten unter die offizielle FDJ-Demo zu mischen. Durch das systematische Herausfiltern aller, die anders aussahen, waren wir nun jedoch ein eigener Demonstrationszug. Es war ein großartiges Gefühl. Die Staatssicherheit war darauf nicht vorbereitet und verhaftete erstaunlicherweise niemanden. Man wollte wohl so wenig Aufsehen wie möglich erregen. Sie drängten in unseren Demonstrationszug und versuchten, mit riesigen, linientreuen Transparenten unsere Banner zu überdecken. Das war erstaunlicherweise die einzige Reaktion, die ich erlebte.

Die normalen Bürger, die am Rand standen, staunten mit offenen Mündern, als sie uns sahen. Ich hatte Gänsehaut am ganzen Körper. Am meisten bewegte mich, dass immer wieder Leute, die im offiziellen Demonstrationszug mitliefen, die Seiten wechselten, als sie uns sahen. Sie zogen spontan ihre FDJ-Hemden aus und liefen nun in unserem Demozug mit. Das beeindruckte mich sehr. Ich sah, dass man mit Mut mehr erreichen kann, als es uns die Generation unserer Eltern immer vermittelt hatte. Diese Demonstration ermutigte mich, nach einem Weg zu suchen, nicht zur mir verhassten Armee gehen zu müssen.

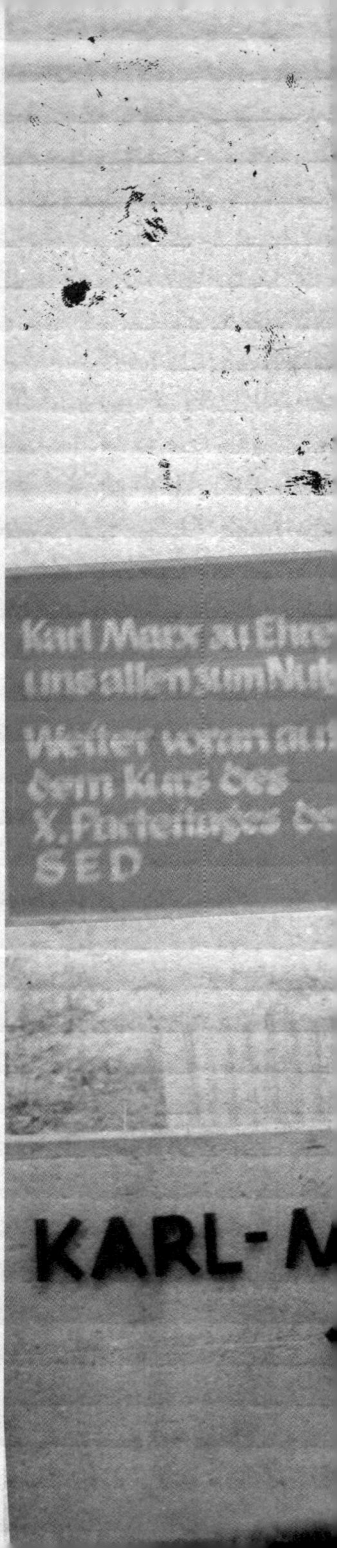

Eines Tages leuchtete an unserem Hauseingang ein großes weißes A im Kreis. Das Symbol für Anarchie. Etliche Häuser unserer Saalestadt waren über Nacht durch anarchistische Sprüche verschönert worden. *„Keine Macht für Niemand"* und andere Slogans standen an den tristen Hauswänden. *Ton Steine Scherben* liefen zu dieser Zeit auch bei uns hoch und runter: *„Das ist unser Haus …"* Am selben Tag überfiel ein Rollkommando der Stasi unser Domizil. Sie durchsuchten alle Winkel unseres besetzten Objekts. Dabei gingen sie nicht gerade zimperlich mit unserem wenigen Hab und Gut um. Sie waren sich sicher, dass wir etwas mit den Wandsprühereien zu tun hatten, und suchten nach Spuren. Das verräterische A im Kreis an unserem Hauseingang war Beweis genug. Doch sie fanden weder Sprühflaschen noch Farbe und auch sonst keine belastenden Utensilien.

Betonklotz für das Karl-Marx-Jahr 1983 – Halle (Saale), Am Steintor

Das A im Kreis an der Windthorststrasse 16

Trotzdem mussten wir mit zum Verhör. Dort wurden wir in verschiedenen Verhörzimmern stundenlang bearbeitet, die Wandsprühereien zuzugeben. Dann sollten wir Texte mit DDR-Propaganda abschreiben. Erst verstanden wir überhaupt nicht, was das nun wieder sollte. Nachsitzen im Staatsbürgerkunde-Unterricht? Doch beim genaueren Durchlesen der Textvorlagen begriffen wir, dass es eigentlich nur um die Schriftproben ging. Alle Worte der Sprüche an den Wänden kamen in den sozialistischen Texten vor. Nur eben stark abgewandelt. So wurde aus *„Keine Macht für Niemand"* so etwas wie: „Die Macht gehört niemand anderem als der SED. Die Werktätigen der DDR kämpfen für den Frieden. Keine imperialistische Kraft wird unseren friedliebenden Staat besiegen." So hatten sie alle wichtigen Worte, die sie für ihren Schriftvergleich brauchten, ohne dass der Beschuldigte die staatsfeindlichen Losungen noch einmal aufschrieb. Das wäre dann ja schon wieder eine staatsfeindliche Handlung gewesen. Sie konnten sich wohl zudem ausmalen, wie sich die Szene lustig gemacht hätte, wenn man im Verhörraum angehalten worden wäre, ganz offiziell DDR-feindliche anarchistische Sprüche zu Papier zu bringen. Nach etlichen Stunden wurden wir wieder entlassen. Die Schriftproben entlasteten uns.

Wir waren einerseits begeistert vom Mut des Sprayers, andererseits auch ziemlich sauer. Das A genau an unseren Hauseingang zu sprühen, war vollkommen idiotisch. Die Besetzungen in der DDR verliefen im Allgemeinen still. Man wollte seinen erkämpften Freiraum nicht gefährden. Das A kam einem Plakat mit der Aufschrift „Besetzt!" gleich. Genau dies vermied aber jeder Besetzer in der DDR, weil das sofort die Staatsmacht aufmerksam machte und das besetzte Objekt umgehend geräumt werden würde. Natürlich war es nur eine Frage der Zeit, bis die Staatsorgane den Sprayer ermittelt hatten. Dass er aus dem Umfeld der genialen Anarcho-Punkband *Arbeitsgeil* kam, überraschte in Halle (Saale) niemanden. Es war eher erstaunlich, dass die Stasi dafür so lange gebraucht hatte. Auf jeden Fall geriet unsere WG durch die Sprühereien in den Fokus der Staatsorgane. Warum man uns nicht gleich räumte, wundert mich bis heute.

Die Zersetzung unserer Wohngemeinschaft wurde anders als erwartet betrieben. Alle Bewohner bekamen plötzlich offiziell Wohnungen angeboten. Diese lagen in ganz verschiedenen Stadtteilen. Man wollte unseren subversiven Treffpunkt, im Stasideutsch auch „Höhle" genannt, auflösen. Der Zeitpunkt konnte für mich nicht besser sein. Denn unsere WG hatte sich inzwischen zerstritten. Unser Wohnexperiment war fürs Erste gescheitert. Vieles, was wir anfangs toll fanden, verkehrte sich ins Gegenteil. Anzugspunkt für alle subversiven Jugendlichen zu sein, ist eine begrenzte Zeit lang lustig. Aber zwei Jahre lang Tag für Tag? Es fehlte ganz einfach an Privatleben und hin und wieder Ruhe in seinen eigenen vier Wänden. Das war allerdings rares Gut, weil immer Unmengen von partylustigen Jugendlichen die Zimmer belagerten. Es ging um die ganz normalen, banalen Dinge: Du bist müde und dein Matratzenlager ist andauernd besetzt, ständiger Streit um den Abwasch und das Müllwegbringen oder wer die Kohlen hochholt und wer sie verbrauchen darf. Wenn man lieber seine Zeit woanders verbringt als bei sich zu Hause, dann ist das Experiment wohl gescheitert. Gegen Ende unserer WG-Zeit war ich kaum noch zu Hause anzutreffen. So nahmen wir alle freudig unsere Wohnungsangebote an.

Meine neue Wohnung am Thomas-Müntzer-Platz war nur ein paar Hundert Meter von der Windthorststraße entfernt. Nun hatten wir trotz unseres jungen Alters ohne Wartezeit plötzlich alle legale Wohnungen bekommen. Ich möchte die Zeit in der Wohngemeinschaft nicht missen. Es war eine Zeit wertvoller Erfahrungen, aber ich entschied für mein weiteres Leben: Nie wieder werde ich in einer WG wohnen!

Meerschweinchen und Geralf in Halle (Saale) auf der Peißnitz Anfang der Achtziger

46 DIE KÄN-GURU-SEKTE (IN ERINNERUNG AN SILVIO MEIER)

Eines Tages stand ein junger, lebenslustiger Typ vor unserer Tür, den ich rein äußerlich der pazifistischen Anarchoszene zuordnete. Er stellte sich als kleiner Bruder von Ingo Meier aus Quedlinburg vor. Ingo kannte ich schon eine Weile und freute mich nun, seinen Bruder Silvio kennen zu lernen. Silvio kam fortan häufig nach Halle (Saale) und ich fuhr oft zu den beiden Brüdern.

Quedlinburg war eine spießige, wenn auch sehr schöne Fachwerkstadt. Ingo und Silvio waren dort bekannt wie bunte Hunde, weil sie anders waren als die meisten Quedlinburger. Mit dem tristen, vorgeschriebenen Leben konnten sie sich nicht abfinden, sie wollten mehr. Sie sagten und taten, was sie für richtig hielten. In der beschaulichen Kleinstadt stießen sie dadurch allerdings ständig an Grenzen.

Ingo wohnte in einem mittelalterlichen Fachwerkhaus, das in der Mitte auseinanderzubrechen drohte. Durch seine Küche zog sich bereits ein tiefer Spalt. Zu Silvios Wohnung gelangte man nur mit viel Vorsicht, denn in der unteren Etage des Hauses in der Altstadt wohnte ein gewalttätiger ABV. Dieser Abschnittsbevollmächtigte hasste jeden, der anders aussah, als die graue DDR-Mode es zuließ. Oft kam er vor Wut brüllend aus seiner Wohnung geschossen und griff Silvio und seine Besucher brutal an. Nicht nur verbal oder mit geballten Fäusten. Ich erinnere mich sogar an einen Angriff dieses Volkspolizisten mit einer Axt in der Hand.

Wir waren jung und genossen es, um jeden Preis aufzufallen. Und in Quedlinburg, dieser miefigen Kleinstadt, ging das besonders gut. Eines Tages machten wir uns den Spaß, uns riesige OP-Tücher umzuhängen. Wir zweckentfremdeten die Tücher und steckten unsere Köpfe durch die Öffnungen, sodass die Tücher zu langen, wallenden Gewändern wurden. Silvio im lila Tuch und ich in leuchtendem Grün. So schockten wir auf einfachste Art und Weise einen Tag lang die Bewohner der Stadt. Dazu sangen wir aus voller Kehle ein Lied von Eike Berg und Gerd Friedrich Fahlberg, zweier Freunde aus meiner Heimatstadt. *„Känguru, du machst nicht ‚wau wau'. Du machst nicht ‚muh'. Du machst ‚känguruhuhuh …'"*

Die Kän-Guru-Sekte Anfang der Achtziger in Quedlinburg

Mit Silvio in Prag 1985

Silvio & Geralf

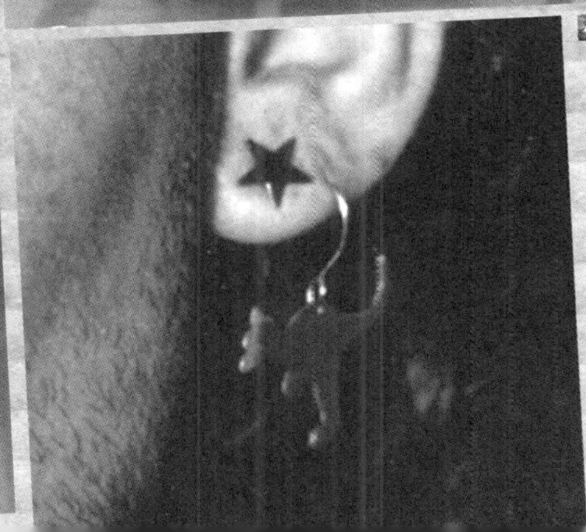

Das Erkennungszeichen der Kän-Guru-Sekte

Besonders brisant war die Strophe über das sich nach Republikflucht sehnende Beuteltier: *„Känguru, in die Schweiz willst du, zu deinem Bruder, dem Changuru."* In unseren Gewändern wirkten wir auf den gemeinen Quedlinburger wohl wie eine radikale Abspaltung der Bhagwan-Sekte. Der Text änderte sich im Laufe des Tages mehr und mehr. Aus Känguru wurde Kän-Guru und schon war die „echte" Sekte geboren, zumindest in den Augen der Staatsmacht. Die Kän-Guru-Sekte wurde für eine gewisse Zeit ein fester Bestandteil in den ständigen Verhören der Ordnungsmacht. Wir trieben dieses Spiel noch ein Weilchen weiter. Silvio bastelte den vermeintlichen Sektenmitgliedern rote Känguru-Ohrringe. Meinen Kän-Guru-Ohrring trug ich viele Jahre mit Stolz. Wir sammelten in dieser Zeit Kängurus in allen Formen und in allen Variationen – vom Radiergummi bis zum Plüschtier.

Ingo wurde, soweit ich mich erinnere, im Jahr 1984 inhaftiert und 1985 aus der politischen Haft in den Westen abgeschoben. Silvio zog nach Berlin. Er bewegte sich in der Ostberliner Hausbesetzerszene und engagierte sich u. a. in der Bewegung „Kirche von Unten" und in der Umweltbibliothek. Ende der 1980er wurde er verhaftet. Es gab etliche Protestschreiben und Aktionen, die seine Freilassung erreichen sollten. Nach der Wende übernahm er mit Freunden die Druckerei der Umweltbibliothek und lebte in einem besetzten Haus in der Friedrichshainer Schreinerstraße.

Silvio Meier Ende der Achtziger

Am 21. November 1992 wurde Silvio am Berliner U-Bahnhof Samariterstraße feige von jungen Faschisten mit mehreren Messerstichen ermordet.

Im April 2013 wurde die Gabelsberger Straße in Silvio-Meier-Straße umbenannt.

Mit dem Tag, an dem ich meinen Haarschnitt meinem Musikgeschmack anpasste und mich von meinen langen Haaren trennte, begann eine länger anhaltende Experimentierphase. Ich wollte Strubbelhaare – bunte Spikes, die nach allen Seiten abstanden. Zuerst versuchte ich, mit tonnenweise Haarspray meine Haare hochzubekommen. Das Zeug stank fürchterlich. Aber ich bekam es einfach nicht hin. Meine Locken kräuselten sich nur noch mehr in widerspenstigen Kringeln. Ein Freund benutzte immer Eier zum Aufstellen der Haare: Das Eiweiß von mehreren Eiern sorgfältig vom Eigelb trennen. Dann mit Schwung in die Haare. Schnell alles trocken föhnen und der Iro stand wie eine Eins! Er hielt sogar die stärkeren Böen des sich zwischen den Hochhäusern fangenden Windes im halleschen Neubaugebiet Silberhöhe aus. Selbst dem Irotod Nummer eins, dem Regen, hielt das Eiweiß einige Zeit lang stand. Ich versuchte es auf dieselbe Weise. Eiweiß rein. Haare hochgeföhnt. Fertig. Nun hatte ich zwar Spikes, aber es sah fürchterlich aus. Im Gegensatz zu den blonden Haaren meines Freundes, in denen das Eiweiß kaum auffiel, leuchtete selbiges in meinen schwarzen Haaren schon von Weitem jedem, der sich näherte, entgegen. Ich sah aus, als hätte ich eine Mischung aus Tapetenleim und Erbrochenem auf meinem Kopf verteilt. Ich testete noch Haargel, Rasierschaum und einige weitere Haarhochstell-Variationen. Aber alles sah irgendwie nicht so aus, wie ich es mir vorstellte. Irgendwann begann ich, mir Unmengen von Seife in die Haare zu schmieren. Das Gemisch aus nassen Haaren mit konzentrierter, schmieriger Seifenlauge toupierte ich nun Strähne für Strähne hoch und föhnte es dabei trocken. So nach und nach perfektionierte ich diese Strubbelhaarstyle-Variante, die genau zu meinem Haar passte. Die Locken bekam ich zwar nicht wirklich raus, aber mit dem Ergebnis war ich zufrieden. Tag für Tag, über Jahre hinweg die gleiche langwierige Prozedur.

Meerschweinchen aus Leipzig 1983

Das mit dem Haare färben gestaltete sich noch komplizierter. Meine kohlrabenschwarzen Haare bekam ich einfach nicht blond. Gebleichtes Haar ist aber die absolut notwendige Vorstufe, um die Haare bunt färben zu können. Ich testete zuerst an zwei Strähnen. Eine vorne über meinen Augen und eine hinten. Mit ganz viel Wasserstoffperoxyd, das ich von einer Bekannten, die beim Frisör arbeitete, unterm Ladentisch bekam, versuchte ich sie zu bleichen. Während bei meinen Freunden die Haare schon beim ersten Versuch weißblond wurden, brachten meine nach dem fünften Versuch immer noch nicht mehr als dreckiges Braun zum Vorschein. Die Kopfhaut brannte. Die Haare brachen ab. Ich gab auf. Nun versuchte ich, wenigstens die Haare der braunen Strähnen, die nicht abgebrochen waren, etwas bunt zu färben. Auch das gestaltete sich in der DDR-Mangelwirtschaft als extrem schwierig. Zuerst benutzte ich Wasserfarbe. Der erste Regenguss wusch alles aus und hinterließ auf meinem Gesicht und meinen Klamotten grüne Flecken. Das ging definitiv gar nicht! In der DDR gab es keine bunten Haarfarben, und so experimentierten wir mit allem, was irgendwie färbte. Das beste Ergebnis, wenn auch von kurzer Dauer, brachten wasserfeste Filzstifte. Doch dann half ein Zufall. Ein Freund wurde wegen eines Ausschlags mit einer Tinktur behandelt, die nicht nur die betroffene Hautstelle, sondern alles, was mit ihr in Kontakt kam, leuchtend lila färbte. Er fluchte, weil sich das Zeug einfach nicht von den Händen abwaschen ließ. Wir kamen sofort auf die glänzende Idee, dieses Mittel gegen Hautkrankheiten und Fußpilz aus der Apotheke auf unseren Haaren zu testen. Es war ein voller Erfolg! Diese Farbe roch zwar etwas seltsam und färbte nachts die Kopfkissen pink, hielt aber lange und verfärbte bei Regen auch nicht das ganze Gesicht.

Nach dem Haarstyling folgte das tägliche Schminken, was auch etliche Zeit in Anspruch nahm. In den Achtzigern war es normal, dass sich in vielen subkulturellen Szenen Jungen wie Mädchen gleichermaßen schminkten. Die Striche des

Haare hoch mit Seife und Ei! – Punk in Leipzig 1986

Punk aus Magdeburg in Halle (Saale) 1984

Kajalstiftes an den Augen sollten perfekt sitzen. Gelegentlich wurden auch Wunden, Spinnweben oder andere Bilder mit Theaterschminke ins Gesicht gemalt. Das sollte schocken und verfehlte natürlich seine Wirkung nicht. Als Punk im Osten lief man eigentlich immer so rum. Ob zum Einkaufen oder auf Arbeit. Ungestylt war uncool. Punks, die dieses Ritual nicht täglich vollzogen, wurden als Wochenendpunks oder Pseudopunks verlacht und aus der Gruppe ausgeschlossen.

Da es in der DDR keine Punkkleidung gab, wurden alle Klamotten selbst hergestellt, und wir entwickelten dabei viel Fantasie und Kreativität. Wir nähten und bemalten uns T-Shirts. Wir färbten die Sachen mit der fürchterlichen Quedlinburger Textilfarbe schwarz. Leider kam dabei eher ein Farbton zwischen dunkellila und grau heraus. Aber es gab nur dieses eine Textilfärbemittel und wir mussten mit dieser Art Schwarz leben. Mit Farbexperimenten verbrachten wir viel Zeit. Sogar Hosen im Army-Style wurden selbst genäht. Manche hatten GST- oder NVA-Hosen irgendwo abgestaubt. Doch nach DDR-Recht waren diese Eigentum des Staates und wurden gerne mal beschlagnahmt. Des Öfteren mussten Punks dann nach einem Verhör bei der Volkspolizei in Unterhosen nach Hause laufen. Unsere Boots kamen meistens aus der ČSSR. Dort gab es Arbeitsschuhe, die viel besser aussahen als die aus der DDR. Sie waren nicht so klumpig und konnten hochgeschnürt werden. Oft waren sie oben mit zusätzlichen Metall-Schnallen versehen. Als ich eine Zeit lang in der Moritzburg-Galerie als Aufsichtskraft mit lauter älteren Damen Wache schob, lernte ich von ihnen das Stricken und Häkeln. Ab da gab es in der halleschen Punkszene viele selbstgestrickte und selbstgehäkelte schwarze Netzhemden, die sich großer Beliebtheit erfreuten. Wir waren erfindungsreich. Buttons wurden aus Kronkorken hergestellt. Die Metallseite kam hinter das T-Shirt. Auf die Vorderseite legte man das Bild, das den Button zieren sollte, und klemmte dieses zusammen mit dem T-Shirt-Stoff zwischen Flaschendeckel und den durchsichtigen Plastebelag, der in den Flaschenverschlüssen steckte – fertig.

Ohrringe wurden selbst gemacht. Ohrlöcher selbst gestochen. Eine oft blutige und schmerzhafte Prozedur. Eine Sicherheitsnadel wurde über dem Feuerzeug erhitzt. Eine durchgeschnittene Kartoffel hinter das Ohr gehalten und dann mit voller Wucht durchstoßen. Bei vier Ohrlöchern ging es bei mir perfekt. Beim fünften traf ich irgendeinen Nerv. Es tat höllisch weh, blutete wie Sau und infizierte sich. Das Ohr wurde dick und rot und kochend heiß. Ich gab auf. Ein sechstes Loch stach ich mir nicht mehr.

Geralf 1986

AG-Mauerstein-Aufkleber von meinen Boots made by Igor Tatschke

Die Krönung unseres Outfits war dann noch eine weiße Ratte auf der Schulter. Weiße Ratten mit roten Augen gehörten in vielen Städten zum unverkennbaren Markenzeichen der Punks. Diese Nagetiere seien aus Tierlaboren herausgeschmuggelt worden, hieß es, und verbreiteten sich eine Zeit lang rasant in der Punkszene. Diese weißen Ratten waren anhängliche, zahme, sehr saubere Tiere und ließen sich gerne auf den Schultern der Punks durch die Straßen transportieren. Mit einer Ratte am Körper war man vor den Übergriffen durch Assis, Knaster und Prolls der Stadt sicher. Sie hatten vor ihnen mehr Angst als vor Pitbulls. Die normalen Bürger bekamen vor Erstaunen oft den Mund nicht mehr zu. Es war schon sehr lustig, so durch die Straßen zu laufen. Leider wurden unsere Ratten oft bei Hausdurchsuchungen von den Volkspolizeischergen brutal mit Gummiknüppeln erschlagen.

„Der P. tritt als Punker in Erscheinung. Seine Kleidung ist oft schmutzig. Er legt keinen Wert auf ein gepflegtes Äußeres." Diese Einschätzung eines Offiziers der Staatssicherheit ist in meinen Stasiakten über mich zu lesen. Jedoch war der Geheimdienst, ganz wie ihr Führer Erich Mielke, der die Namen der subkulturellen Szenen, die er bekämpfte, nicht einmal aussprechen konnte, nicht unbedingt auf dem Laufenden. Was unser Äußeres anging, legten wir extrem viel Wert auf unser Erscheinungsbild. Wir verbrachten mit dem täglichen Stylen des Outfits sicherlich mehr Zeit vor dem Spiegel als die Mitarbeiter der Staatssicherheit.

Bevor wir uns auf der Straße blicken ließen, musste alles perfekt sitzen. Die Strubbelhaare, die Schminke, die Boots, die Armeehose, die Buttons, die Ohrringe, das selbst bemalte T-Shirt und dann darüber noch das Netzhemd. Das dauerte täglich oft mehr als eine Stunde. Doch damals gingen wir nur so auf die Straße! In einer Dokumentation über DDR-Punk sagte dazu ein Altpunk einmal sinngemäß: „Eigentlich waren wir schon fast Popper!" Aber im Gegensatz zu ihnen wollten wir mit unserem Aussehen schocken. Wir wollten Aufsehen erregen. Um jeden Preis. Und das gelang uns definitiv. Oft sogar mehr, als wir erwarteten.

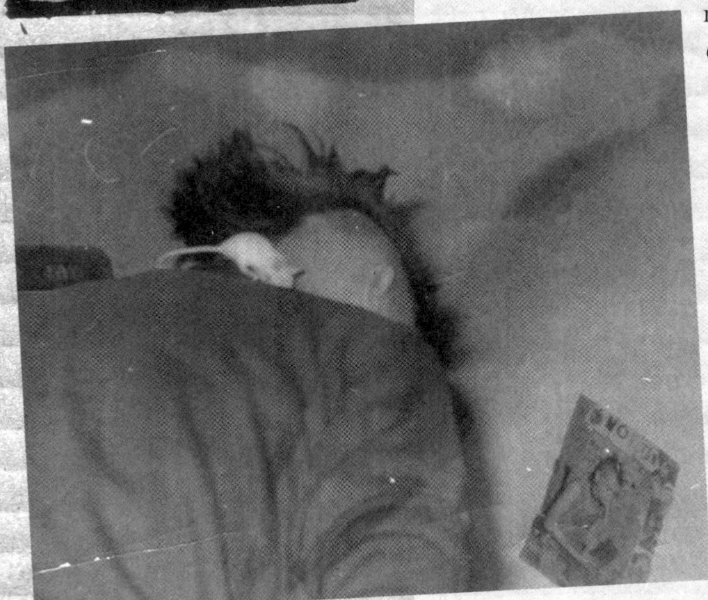

Punk mit kleiner Ratte bei Geralf 1986

Jason aus Eisenach mit Ratte Adolf 1988

Rückenaufschrift eines Leipziger Punks 1986

Gefangen mit Hunderten anderen Jugendlichen stand ich in einer Turnhalle und hatte Angst. Vor meinem inneren Auge liefen Bilder der Sportstätte Estadio Nacional ab. Die Bilder des Stadions, in dem die Junta des faschistischen Diktators Augusto Pinochet 1973 politische Gegner bei seinem militärischen Putsch internierte und massakrierte. Als das geschah, war ich in der dritten Klasse. Wir mussten in der Schule eine Protesterklärung unterschreiben, in der die Masseninternierungen, Hinrichtungen und Folteraktionen im Estadio Nacional aufs Schärfste verurteilt und die Freilassung des Vorsitzenden der Kommunistischen Partei Chiles, Luis Corvalán, gefordert wurde. Vorher wurde uns von der Lehrerin in den anschaulichsten Bildern beschrieben, was dort geschah. Wie zum Beispiel dem Liedermacher Víctor Jara die Hände abgehackt wurden, um ihn am Gitarre spielen zu hindern. Dieser schmetterte dann ohne Hände das Kampflied der Unidad Popular „Venceremos" – „Wir werden siegen" – seinen Folterern lautstark entgegen. Daraufhin wurde er mit Gewehrkolben zusammengeschlagen und mit mindestens 44 Schüssen aus Maschinengewehren ermordet. Ich war neun Jahre alt und hatte fürchterliche Angst, meine Unterschrift samt Adresse auf die Protesterklärung zu schreiben, da ich befürchtete, dass diese Folterer und Mörder der Pinochet-Junta demnächst vielleicht auch in unser Land kämen und mich als Unterzeichner dann genauso verschleppen würden, wie sie es gerade mit all ihren Gegnern in Chile taten. Ich schrieb möglichst unleserlich, damit weder Pinochet noch seine Militärjunta meine Adresse entziffern konnten, und hatte wochenlang Albträume in meinem Kinderzimmer.

Jetzt war ich 19 Jahre alt und stand zusammen mit Hunderten Jugendlichen, die auch aus dem Botschaftsviertel Ostberlins weggefangen worden waren, an einer kahlen Wand. Die Angst von 1973 kam wieder in mir hoch. Nicht, dass ich nicht zwischen der faschistischen Diktatur in Chile und der sozialistischen Diktatur des Proletariats in der DDR differenzierte, doch in diesem Moment in dieser Turnhalle kamen alle meine Albträume und Ängste wieder zurück.

Meine erste Lektion in Sachen Staatsgewalt erhielt ich schon anderthalb Jahre früher, als ich in Frankfurt/Oder am Helenesee auf einem Jugendcampingplatz zeltete. Dort wurde ich von der Volkspolizei wegen des Tragens eines Schwerter-zu-Pflugscharen-Aufnähers, dem Symbol der unabhängigen DDR-Friedensbewegung, in ein Polizeigebäude geschleppt. Dass ich damals auch den offiziellen DDR-Aufnäher „Frieden schaffen ohne Nato-Waffen“ an meiner Jacke trug, interessierte die Männer in Grün nicht. Die ganze Nacht musste ich in der berühmt-berüchtigten Fliegerstellung verbringen. Unterbrochen wurde das Ganze nur durch die Aufforderung, das Symbol der unabhängigen Friedensbewegung von der Jacke abzutrennen. Da ich mich weigerte, traktierten sie mich mit Schlägen und Fußtritten. Als ich zusammengekrümmt auf dem Zellenboden lag, traten sie weiter auf mich ein und schrien dabei, dass ich nicht zum Schlafen hier sei und gefälligst aufstehen solle. Kaum stand ich wieder an der Wand, traten sie mir die Beine brutal auseinander, sodass ich ein weiteres Mal hinstürzte. Sofort stampften sie wieder mit Stiefeln auf mich ein, bis ich wieder aufstand. Dieses Spiel vollzogen die Volkspolizisten die ganze Nacht, aber ich weigerte mich dennoch, den Aufnäher abzumachen. Sie entließen mich irgendwann am nächsten Tag. Ich bekam meine Jacke zurück. Der Schwerter-zu-Pflugscharen-Aufnäher befand sich nicht mehr daran. In meinem jugendlichen Leichtsinn forderte ich eine schriftliche Beschlagnahmebescheinigung für das von ihnen abgetrennte Symbol. Die Volkspolizisten behaupteten nun, es wäre nie solch ein Aufnäher an der Jacke gewesen. Da sie mir androhten, mich noch eine Nacht in die Zelle zu sperren, beharrte ich lieber doch nicht auf meiner Forderung und suchte schnell das Weite.

Als ich mich weit genug von der Polizeistation entfernt wähnte, trennte ich sofort wütend den verbliebenen linientreuen DDR-Aufnäher gegen die Nato-Waffen von meiner Jacke und schmiss ihn in den Müll. Zu Hause schnitt ich ein weißes Stück Stoff aus und nähte es an die Stelle, wo vorher der Aufnäher leuchtete. Mit einem schwarzen Filzstift malte ich ein großes Fragezeichen in die Mitte. Das war damals das Symbol, an dem alle erkennen konnten, was einem widerfahren war.

Erfahrungen mit der Staatsmacht hatte ich also schon gesammelt, doch diesmal war alles anders. Es handelte sich nicht um die „Freunde und Helfer“, die

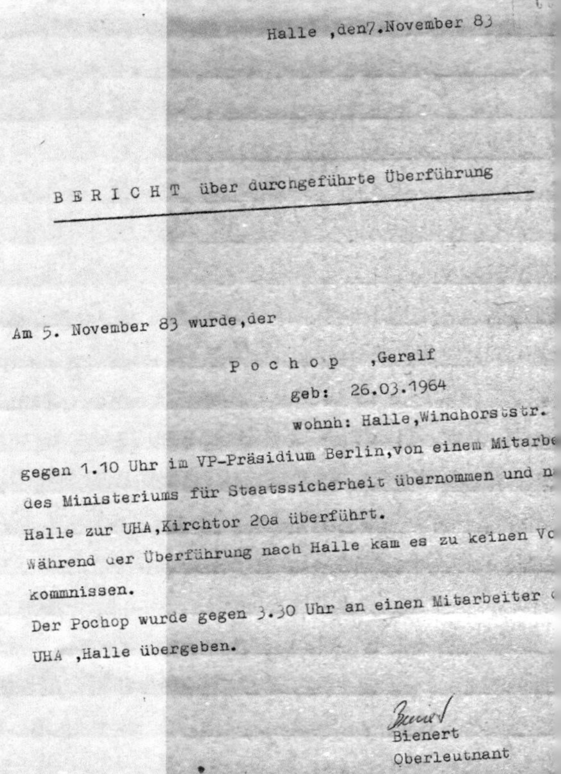

Halle ,den7.November 83

B E R I C H T über durchgeführte Überführung

Am 5. November 83 wurde,der

P o c h o p ,Geralf

geb: 26.03.1964

wohnh: Halle,Windhorststr.

gegen 1.10 Uhr im VP-Präsidium Berlin,von einem Mitarbe
des Ministeriums für Staatssicherheit übernommen und n
Halle zur UHA,Kirchtor 20a überführt.

Während der Überführung nach Halle kam es zu keinen Vo
kommnissen.

Der Pochop wurde gegen 3.30 Uhr an einen Mitarbeiter d
UHA ,Halle übergeben.

Bienert
Oberleutnant

Volkspolizei, sondern diesmal war ich in den Händen der Geheimpolizei der DDR, der gefürchteten Staatssicherheit. Damit hatte ich noch nicht viel Erfahrung, aber ich kannte viele Gerüchte. Jeder von uns wusste vom 23-jährigen, unangepassten Jenaer Matthias Domaschk, der am 12. April 1981 in der Haftanstalt der Staatssicherheit in Gera nach oder bei den Verhören der Stasi zu Tode kam. Jeder hier wusste, dass die 200 kg schwere Steinskulptur, die der Bildhauer Michael Blumhagen 1982 auf dem Johannisfriedhof in Jena mit Freunden zur Erinnerung an den Toten aufgestellt hatte, nach einigen Tagen in einer Nacht- und Nebelaktion von einem Einsatzkommando der Stasi entfernt worden war. Jeder hier wusste, dass der Bildhauer kurz danach inhaftiert und sein Haus einfach abgerissen wurde. Und jeder wusste auch, dass der Bürgerrechtler Roland Jahn, der die Nacht- und Nebelaktion der Stasi auf Fotos festgehalten hatte, am 8. Juni 1983 in den Westen abgeschoben wurde, indem man ihn in Knebelketten in ein Abteil eines Zuges gesperrt hatte, welches erst im Westen wieder geöffnet werden konnte. Das alles war erst kurze Zeit vorher geschehen und nicht nur in meinem Kopf ziemlich präsent.

Ich wusste, dass die Stasi zu allem fähig war, und dementsprechende Angst hatte ich. Einer nach dem anderen wurde aus der Turnhalle mit den aufgestapelten Sportgeräten zum Verhör geführt und kam nicht zurück. Nach einigen Stunden war ich dran. Ein Stasioffizier verhörte mich stundenlang. Irgendwann wurde ich in eine Einzelzelle gebracht. Mitten in der Nacht wurde mit viel Getöse die Stahltür geöffnet. Drei junge Stasimitarbeiter in langen Ledermänteln, die mich an Gestalten aus einem Gestapofilm erinnerten, traten herein und sagten, ohne auch nur eine Miene zu verziehen: „Es geht los!" In mir zuckte alles zusammen. Ihr kalter Blick und ihr harter, bestimmender Ton ließen nichts Gutes erahnen.

Ich wurde in ein Auto verfrachtet und wir fuhren zu viert los. Die drei Stasimänner und ich. Wir fuhren in die Dunkelheit. Selbst heute bekomme ich noch Gänsehaut, wenn ich an diese Situation zurückdenke. Es war neblig, und ich war mir sicher, wir würden in eine unbelebte Seitenstraße oder in ein Waldstück fahren, wo sie mich fertig machen würden. Keiner sprach auch nur ein einziges Wort. Wir fuhren durch den Nebel und fuhren und fuhren immer weiter. Warum saß ich hier in diesem Auto? Warum war ich in den Fängen der Staatssicherheit gelandet? Immer wieder sah ich die Bilder vor meinem inneren Auge, die den letzten Tag rekonstruierten.

Mit drei Freunden fuhr ich am 3. November 1983 nach Berlin. Wir hatten von irgendwem gehört, dass am Tag darauf zwischen der amerikanischen und der sowjetischen Botschaft, den beiden Supermächten, die in dieser Zeit ihren Kalten Krieg auf dem Boden der DDR und der BRD austrugen, eine Menschenkette gebildet werden sollte. Der Anlass war, dass eine Delegation der damals noch jungen Partei Die Grünen der DDR einen Besuch abstatten wollte. Das war für mich interessant, weil ich vor einiger Zeit beschlossen hatte, den Wehrdienst in der DDR total zu verweigern. Ich hoffte, Informationen zu bekommen, wie ich die zu erwartenden drei Jahre Haft in einem DDR-Knast umgehen könnte.

Wir kamen im Botschaftsviertel an. Es wimmelte nur so von subkulturell aussehenden Jugendlichen. Viele von ihnen sah ich später in der Turnhalle wieder, die die Stasi kurzfristig als provisorisches Durchgangsgefängnis umfunktioniert hatte. Es wimmelte ebenso von zivilen Stasimitarbeitern. Diese fielen dadurch auf, dass sie im Gegensatz zu anderen Personen nichts zu tun hatten und meist in besonders hässlichen Klamotten einfach nur dumm herumstanden. Auch das westdeutsche Fernsehen war da. Solange das Fernsehteam in der Nähe war, verlief alles ruhig. Doch als die Reporter nach einiger Zeit in einer Seitenstraße verschwanden, wo sie vermutlich nach spektakuläreren Bildern suchten, umringten mich und meine drei Freunde plötzlich sechs Stasimitarbeiter. Während uns vier von ihnen schon vorher als unsere persönlichen Bewacher aufgefallen waren, überraschten uns die zwei anderen doch mit ihrer perfekten Tarnung. Sie hatten wir vorher nur als kuschelndes Liebespaar wahrgenommen. Nun zerrten sie uns in eine Seitenstraße, in der ganze Bataillone uniformierter Volkspolizisten

BStU
000104

Operation Volkszorn

BV Halle, Leiter
MfS Berlin, Stellv.d.Minister, Gen.Generalleutnant Neiber
Ltr. d. HA XX, Gen. Generalmajor Kienberg
Ltr. d. ZAIG, Gen. Generalmajor Irmler

Halle 5.11. 83

Ergebnis der Befeagungen von den am 4.11.1983 in Berlin zugeführten Personen

Im Zusammenhang mit den geplanten feindlich-negativen Aktionen
am 4.11.1983 vor den Botschaften der UdSSR und USA in Berlin
traten folgende Personen aus dem Bezirk Halle operativ in
Erscheinung:

1. [geschwärzt]

2. [geschwärzt]

3. [geschwärzt]

4. [geschwärzt], Geralf
26.03.1964 in: Halle
Halle, Windthorststr. 16
Funkmechaniker
VEB RFT Industrievertriebe Halle
Hansastr. 7

Alle 4 Personen hatten aus Veröffentlichungen der westlichen
Massenmedien bzw. aus Informationen aus ihrem Bekanntenkreis
Hinweise über die in Berlin geplanten Aktivitäten. Deshalb
verfolgten sie das Ziel, diese Aktivitäten zu beobachten bzw.
aus gegebenen Anlaß sich aktiv daran zu beteiligen.
Die Personen [geschwärzt] und [geschwärzt] reisten gemeinsam bereits am 3.11.83
nach Berlin und übernachteten dort bei der Person

[geschwärzt]

Die Personen [geschwärzt] und P. reisten am 4.11.83, 0.32 Uhr von Halle
mit der Reichsbahn nach Berlin an. Dort hielten sie sich
bei der Bekannten [geschwärzt],
ca. [geschwärzt] Jahre
[geschwärzt], [geschwärzt] Str. [geschwärzt]
auf.

In den Mittagsstunden begaben sich alle 4 Personen in die
unmittelbare Umgebung der genannten Botschaften. Obwohl sie
durch Angehörige der DVP kontrolliert und aufgefordert wurden
sich zu entfernen, kamen sie dieser Aufforderung nicht nach.
Sie hielten sich in einem Cafe gegenüber der sowj. Botschaft
auf und verfolgten die Absicht, die Geschehnisse aktuell zu
verfolgen. Zu diesem Zweck borgte sich die Person P. von dem
Gastgeber ein Fotoapparat zur Dokumentation der erwarteten
Ereignisse. Fotografische Aufnahmen wurden nicht getätigt.
Nach dem Verlassen des Cafe's wurden sie wiederum kontrolliert
und anschließend durch die VP zugeführt.

In den Befragungen wurde weiterhin herausgearbeitet, daß alle
Personen sich mit den Ansichten der Grünen, der sog. Friedensbe-
wegung sowie den kirchlich pazifistischen Zielen in der DDR
identifizieren. Insbesondere die Person P. vertritt die Ansicht
daß die Friedenslosungen in der DDR zu einseitig sei und das
in die Losung "Frieden schaffen ohne Waffen"
die sowj. Raketen SS 20 einbezogen werden müssen.
Weiterhin hatte P. die Absicht, unmittelbaren Kontakt zu der
Delegation der Grünen, wenn sie in Berlin erschienen wären,
herzustellen.
Alle 4 Personen rechneten mit einem Eingreifen der Sicherheits-
organe, um diese geplanten Aktivitäten zu verhindern.

Im Anschluß an die durchgeführten Befragungen wurden alle 4
Personen darüber belehrt, daß sie zukünftig die sozialistische
Gesetzlichkeit zu achten haben und sich an keinen, die öffentl
Ordnung beeinträchtigenden Handlungen, zu beteiligen haben.

vor etlichen Polizei-LKW bereitstanden. Auf diese wurden wir und die vielen anderen Jugendlichen im Eiltempo verfrachtet. Immer wenn einer der LKW voll war, fuhr er los. Dabei passten die Stasimitarbeiter wie Luchse auf, dass ja keine Kamera des Westfernsehens in der Nähe war und Bilder erhaschen konnte.

Wir wurden im Zuge der „Operation Volkszorn" verhaftet, las ich später in meinen Stasiakten. In den Verhören beschuldigte man uns der versuchten Kontaktaufnahme mit westlichen Staatsmächten, was mit einer langjährigen Haftstrafe geahndet werden konnte. Man warf uns vor, dass wir alles dafür getan hätten, um im Westfernsehen zu erscheinen. Diese Anschuldigung war völlig frei erfunden.

Nun saß ich im Auto der Staatssicherheit. Wie viele Stunden wir so fuhren, weiß ich nicht. Tief im Inneren hatte ich schon mit meinem Leben abgeschlossen. Doch wir bogen weder in eine Seitenstraße noch in den Wald ab, wie ich die ganze Zeit vermutete, sondern irgendwann ging vor uns ein großes Tor auf. Am Eingang stand ein Wächter. Er hatte eine lange stabile Schlüsselkette und ließ sie schwungvoll immer wieder um seine Hand kreisen. Der im militaristischen Outfit breitbeinig in der Tür stehende Mann wirkte brutal, bedrohlich und machte mir Angst. Wo war ich nur gelandet? Die Antwort ließ nicht lange auf sich warten. Ich war in der berüchtigten U-Haftanstalt der Staatssicherheit „Roter Ochse" in meiner Heimatstadt Halle (Saale). Um mein Leben fürchtete ich nun nicht mehr, dafür sah ich mich für Jahre hinter diesen dicken roten Mauern verschwinden.

Aber man sah mich wohl zu diesem Zeitpunkt als kleines Licht an. Nach langem Verhör durch einen Offizier der Stasi sollte ich eine Erklärung unterschreiben, dass ich mich fortan an keinen staatsfeindlichen Aktionen mehr beteiligen würde. Ich unterschrieb wohlwissend, dass ich mich nicht daran halten würde, und wurde kurz darauf aus dem „Roten Ochsen" entlassen.

Geralf 1985 beim Petersbergtreffen

Durch Radiosendungen und diverse Zeitungsberichte hielt der DDR-Punk ab Mitte 1982 Einzug in die Westmedien. Und spätestens nachdem in der ARD-Sendung *Kennzeichen D* ein Bericht über die Punks im Berliner Plänterwald, dem damaligen Treffpunkt der Ostberliner Szene, ausgestrahlt wurde, sah sich auch die Staatssicherheit auf den Plan gerufen. Erich Mielke, der Chef persönlich, erklärte „Punk" zu seinem Hauptfeind. Er rief zur „Härte gegen Punk" auf und forderte die „Zerschlagung der Punkmusik-Gruppen".

Wurden sie bis dahin noch als komisch aussehende Spinner irgendwie geduldet, stiegen Punks nun plötzlich zum Staatsfeind Nr. 1 auf. Sie wurden zum Freiwild für jegliche Schergen des Staates, egal ob Polizei, Trapo oder Stasi. „Die Samthandschuhe ausziehen!", hieß der unmissverständliche Befehl. Es kam zu einer Vielzahl von Verhaftungen. Punkbands wurden „zerschlagen" und inhaftiert. Einige Punks aus Berlin zwang man, in kleine Dörfer zu ziehen, unter der Auflage, diese nicht mehr zu verlassen.

Es gab Einweisungen in „Jugendwerkhöfe": berüchtigte Spezialheime für Jugendliche im Alter zwischen 14 und 18 Jahren, in die jeder, der vom System als unangepasst oder schwer erziehbar eingestuft wurde, zur Umerziehung weggesperrt werden konnte. Wir nannten sie Kinderknast.

Punk in Halle (Saale) 1984

Ein neuer Paragraf wurde geschaffen, mit dessen Hilfe man sogar das „unästhetische Äußere" der Punks mit bis zu fünfhundert Mark Ordnungsstrafe ahnden konnte. Das entsprach damals in etwa einem Monatslohn. Die Strafe konnte immer wieder gegen den gemeinen Punk, welcher durch sein Aussehen gegen die sozialistische Norm verstieß, verhängt werden, sobald er in der Öffentlichkeit von Volkspolizisten gesichtet wurde.

Plötzlich wurden die Jugendlichen, damals meist zwischen 14 und 19 Jahre alt, regelrecht gejagt. Der eine oder andere Punk erhielt zusätzlich noch den Ersatzausweis PM 12, durch welchen man ganz offiziell seine Rechte in der DDR verlor. Der PM 12 war meist mit Auflagen wie Wohnplatzbindungen, Reiseverboten innerhalb der DDR, regelmäßiger Meldepflicht beim ABV und Ähnlichem verbunden. Ins sozialistische Ausland reisen war damit nicht möglich. Dieser Ersatzausweis stellte seinen Besitzer unter Generalverdacht. Ausweiskontrolle mit einem PM 12 bedeutete automatisch, dass man etliche Zeit auf dem Volkspolizei-Kreisamt (VPKA) verbringen musste.

Nachdem die Staatssicherheit den Punk zum Hauptfeind ausgerufen hatte, nahm das Leben für die Punks in der DDR teils groteske Formen an. Plötzlich gab es überall Verbote: Jugendclubverbot, Kinoverbot, Discoverbot, Kneipenverbot, Innenstadtverbot, Plänterwaldverbot, Gaststättenverbot. Die Punks aus Dresden berichteten, dass es dort sogar eine Zeit lang Kaufhalleneinkaufsverbot und Straßenbahnfahrverbot gab. Der Paragraf, welcher das Punkoutfit unter Strafe stellte, kam Anfang der 1980er Jahre einige Male zur Anwendung, verschwand dann allerdings wieder in den Schreibtischen der Behörden. Ende der Achtziger, als die Szene in Dresden zahlenmäßig explodierte, wurde er plötzlich wieder herausgekramt. Man traktierte die dortige Szene damals so massiv mit Ordnungsstrafen wegen „unästhetischem Äußeren", dass Punks in anderen Städten

Porno bei „Jugend 86" in Rudolstadt

Ordnungsstrafverfügung wegen Punkoutfit

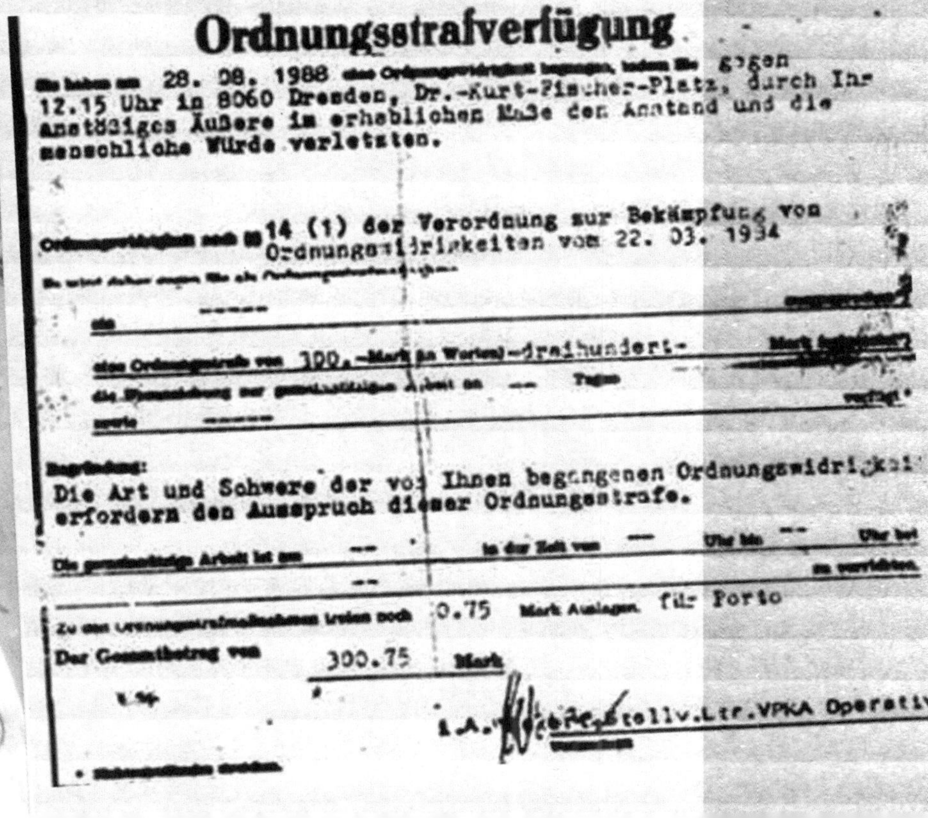

Ordnungsstrafverfügung

28. 08. 1988 gegen 12.15 Uhr in 8060 Dresden, Dr.-Kurt-Fischer-Platz, durch Ihr anstößiges Äußere im erheblichen Maße den Anstand und die menschliche Würde verletzten.

14 (1) der Verordnung zur Bekämpfung von Ordnungswidrigkeiten vom 22. 03. 1984

300,– dreihundert –

Begründung:
Die Art und Schwere der von Ihnen begangenen Ordnungswidrigkeit erfordern den Ausspruch dieser Ordnungsstrafe.

0.75 Mark Auslagen für Porto

Der Gesamtbetrag von 300.75 Mark

i.A. ..., Stellv.Ltr.VPKA Operativ

begannen, Solidaritätskonzerte zu veranstalten. Das wiederum missfiel den Staatsorganen der jeweiligen Städte.

Auch wir in Halle (Saale) planten ein Solidaritätskonzert mit den Bands *KVD* und *L'Attentat*. Als die Behörden davon erfuhren, bedrängten sie unseren Pfarrer, die Veranstaltung abzusagen, und behaupteten, die Dresdner Punks seien angeblich nicht mehr verfolgt und das Solidaritätskonzert wäre somit hinfällig. Ich entschloss mich, der Sache auf den Grund zu gehen, und fuhr nach Dresden. Doch kaum verließ ich den Bahnhof in Richtung Prager Straße, war ich auch schon von der Polizei umstellt und man kontrollierte meine Papiere. Viele der umherstehenden Dresdner riefen: „Nehm se den do gleisch mit!" und Ähnliches. Den Spruch „Den ham se wohl bei Hitler vergessen zu vergasen!", den wir sonst regelmäßig zu hören bekamen, verkniffen sich die Normalbürger aufgrund der Anwesenheit der Volkspolizei diesmal. Man sah aber an ihren wütenden Blicken und Gesten, dass ihnen der Satz wie üblich schon auf der Zunge lag.

Das sogenannte Tal der Ahnungslosen war schon sehr speziell. Eine Ordnungsstrafe erhielt ich nicht, aber dafür das berühmte „Prager Straßenverbot". Das konnte mich natürlich nicht schocken. So etwas hatte ich schon etliche Male erlebt. Ich ging einfach weiter durch die Seitenstraßen der Prager Straße und dachte noch bei mir: Nach einer Ordnungsstrafe sieht das bis jetzt nicht aus. Meine Gedanken wurden jäh unterbrochen, als ich nach drei Minuten wieder von der Volkspolizei kontrolliert wurde. Nun erhielt ich zusätzlich das Verbot, Nebenstraßen der Prager Straße zu benutzen – natürlich auch wieder unter den lauten Zustimmungsrufen der Dresdner Anwohner. Das zusätzliche Verbot für Nebenstraßen war zwar etwas befremdlicher als die üblichen Verbote, aber letztendlich auch nichts Neues. Und es war auf gar keinen Fall eine der besagten Ordnungsstrafen wegen eines „unsozialistischen" Punkoutfits.

Über zahlreiche Umwege gelangte ich schließlich in die Dresdner Neustadt. Diese war schon damals die Hochburg der Dresdner Punks. Ich besuchte Freunde in einem „still besetzten Haus". Am späten Nachmittag ging ich mit drei der dort wohnenden Punks zu einem Broilerimbiss, um unser Abendbrot zu kaufen. Endlich, wenn auch zu diesem Zeitpunkt nicht erwartet, geschah es. Ein Polizeiauto erspähte uns und rauschte mit Vollgas auf uns zu, um dann schließlich mit einer Vollbremsung neben uns Halt zu machen. Dieses Mal wurden wir besonders gründlich kontrolliert. Im Gegensatz zu den sonstigen Kontrollen stand ein Polizist vor uns und macht eine Skizze. Das war völlig neu für mich. Er skizzierte

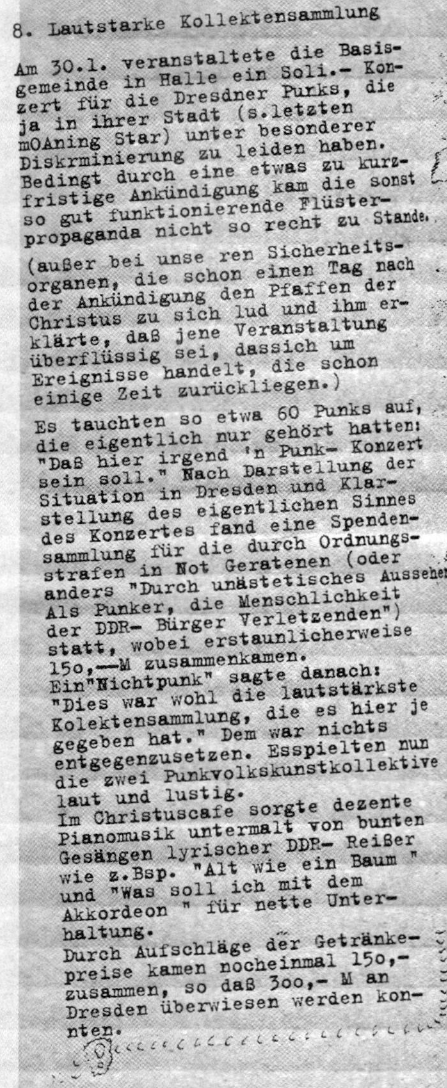

8. Lautstarke Kollektensammlung

Am 30.1. veranstaltete die Basis-
gemeinde in Halle ein Soli.- Kon-
zert für die Dresdner Punks, die
ja in ihrer Stadt (s.letzten
mOAning Star) unter besonderer
Diskrminierung zu leiden haben.
Bedingt durch eine etwas zu kurz-
fristige Ankündigung kam die sonst
so gut funktionierende Flüster-
propaganda nicht so recht zu Stande.
(außer bei unse ren Sicherheits-
organen, die schon einen Tag nach
der Ankündigung den Pfaffen der
Christus zu sich lud und ihm er-
klärte, daß jene Veranstaltung
überflüssig sei, dassich um
Ereignisse handelt, die schon
einige Zeit zurückliegen.)
Es tauchten so etwa 60 Punks auf,
die eigentlich nur gehört hatten:
"Daß hier irgend 'n Punk- Konzert
sein soll." Nach Darstellung der
Situation in Dresden und Klar-
stellung des eigentlichen Sinnes
des Konzertes fand eine Spenden-
sammlung für die durch Ordnungs-
strafen in Not Geratenen (oder
anders "Durch unästetisches Aussehen
Als Punker, die Menschlichkeit
der DDR- Bürger Verletzenden")
statt, wobei erstaunlicherweise
150,—M zusammenkamen.
Ein"Nichtpunk" sagte danach:
"Dies war wohl die lautstärkste
Kolektensammlung, die es hier je
gegeben hat." Dem war nichts
entgegenzusetzen. Esspielten nun
die zwei Punkvolkskunstkollektive
laut und lustig.
Im Christuscafe sorgte dezente
Pianomusik untermalt von bunten
Gesängen lyrischer DDR- Reißer
wie z.Bsp. "Alt wie ein Baum "
und "Was soll ich mit dem
Akkordeon " für nette Unter-
haltung.
Durch Aufschläge der Getränke-
preise kamen nocheinmal 150,-
zusammen, so daß 300,- M an
Dresden überwiesen werden kon-
nten.

Artikel von Geralf in der Untergrundzeitung *mOArning star* Nr. 13

unsere Haarschnitte und malte unsere Buttons ab. Dann zeichnete er, wie unsere Lederjacken und Boots aussahen. Als der „Polizeikünstler“ fertig war, sagte er: „Ihre Ordnungsstrafe wird Ihnen zugeschickt.“ Innerlich lachte ich mir ein Loch in den Bauch, denn ich wusste, dass die Ordnungsstrafe an mich über die zuständigen halleschen Behörden weitergeleitet werden musste. Ich stellte mir vor, wie die Stasibeamten diese Ordnungsstrafe wütend in ihren Händen halten und verfluchen würden. Denn spätestens nach Erhalt dieses Schriftstücks wussten sie, dass wir das Solipunkkonzert auf jeden Fall veranstalten würden.

So geschah es auch. Unser Konzert fand statt und wir sammelten Geld für die Dresdner Punks. Meine drei Freunde bekamen eine Ordnungsstrafe über je dreihundert Mark zugeschickt, da sie die öffentliche Ordnung und Sicherheit der DDR mit ihrem „unästhetischen Äußeren“ herabgewürdigt hätten. Meine Ordnungsstrafe verschwand wohl stillschweigend in irgendeinem streng geheimen Stasipapierkorb eines wütenden Staatssicherheitsbeamten in Halle an der Saale.

Doch nicht nur diverse Verbote machten dem gemeinen Punk in der DDR das Leben schwer. Uns traf die gesamte Härte der ausführenden Sicherheitsorgane. Wegen ihrer aggressiven Übergriffe auf Punks war die hallesche Transportpolizei besonders berüchtigt. An Tagen, an denen Punkerhorden aus verschiedenen Städten zu Konzerten strömten, umstellten sie die Anreisenden mit wild kläffenden Polizeihunden. Dabei ließen sie auch gerne mal einen der abgerichteten Schäferhunde ohne Maulkorb auf einzelne Punks los. Aber auch an ganz normalen Tagen jagten sie jeden, der anders aussah, durch den Bahnhof. Wenn sie einen Punk erwischten, brachten sie ihn in einen kleinen Verhörraum. Nicht selten kam man erst nach etlichen Stunden mit einem blauen Auge oder ähnlichen Verletzungen wieder aus dem Trapo-Verlies.

Für sein besonders sadistisches Auftreten war ein kleiner Trapobeamter mit piepsiger Stimme bekannt. Ausgerechnet diesem fiel ich eines schönen Tages in die Hände und war mir sicher, nun ein paar Zähne im Verhörraum zu verlieren. Ich war zum Bahnhof gekommen, um einen befreundeten Leipziger Punk abzuholen. Im Gegensatz zu uns kannten die auswärtigen Punks die Schleichwege vorbei an den Krallen der Transportpolizei nicht. Darum holten wir, wann immer es möglich war, unsere Freunde vom Bahnhof ab.

Da stand ich nun und musste mir das Geschrei des kleinen Traposadisten anhören. Er griff nach meinem schwarz-roten Stern aus Stahl, den ich am

Jackenkragen trug. Dieser war wie alle Punkutensilien zu jener Zeit selbst hergestellt. Extrem scharfkantig wie eine Rasierklinge, weil nicht abgeschliffen, schnitt mein Stern diesem Trapobeamten so tief in die Hand, dass das Blut nur so spritzte. Er schrie auf und wurde jammernd zu einem Sanitäter gebracht. Nun sah ich mich noch viel mehr als nur meine Zähne dort verlieren. Gerade als er mit verbundener Hand wild gestikulierend und schreiend wieder in den Verhörraum kam und auf mich losgehen wollte, ging die Tür auf. Ein hoher Offizier kam herein. Ich sah vermutlich aus wie ein Häufchen Elend, das mit seinem Leben schon abgeschlossen hatte. Er wollte wissen, was hier vor sich ginge und warum ich hier wäre. So richtig konnte keiner eine Antwort darauf geben und der Grund des „unsozialistischen Aussehens" wurde von diesem Offizier zum Glück nicht akzeptiert. Er ordnete an, mich wieder freizulassen, und ich bekam sogar meinen schwarz-roten Stern zurück. An diesem Tag hatte ich wohl mehr als nur einen Schutzengel.

Schleimkeim bei der Punkwerkstatt in Erfurt 1986

Soweit ich mich erinnere, gab es in Naumburg Anfang der 1980er Jahre vier Punks. Genau genommen drei männliche Punks und V1, eines der ersten Punkmädchen der DDR. Mit vier Punks war eine kleine Stadt wie Naumburg damals eine richtige Punkmetropole. In Halle (Saale) erzählte man sich, dass mehrere dieser Punks etwa zur selben Zeit Geburtstag hätten. Gerüchten zufolge sollte aus diesem Anlass im Sommer 1983 in Naumburg eine riesige Punkerparty mit Konzert stattfinden. Angeblich wusste die Staatssicherheit bereits von der geplanten Zusammenrottung und die Naumburger Punks waren bereits verhört worden. Beim Verhör, so erzählte man sich in der Szene, hätten die Punks angegeben, dass die Geburtstagsfeier eine Woche später stattfindet, als es tatsächlich der Fall war.

Das Gerücht verdichtete sich. Am 22. Juli 1983 war es soweit. Die offiziellen Gegner des Punkrocks hatten dank der Fehlinformationen während des Verhörs dienstfrei und wir quasi „sturmfrei" in Naumburg. So war es anfangs kein Problem, unbeschadet vom Naumburger Bahnhof bis zu dem Gemeindehaus zu kommen. Immer mehr Punks säumten die Straßen der kleinen Stadt. Am Bahnhof und auf dem Weg zum Kirchengelände kam es zu riesigen Aufläufen braver Naumburger Bürger, die wohl dachten, ein Ufo wäre in ihrer kleinen friedlichen

Straßenbahninsassen staunen über Punks in Naumburg 1983

V1 und VP in Naumburg 1983

Stadt gelandet. Für die meisten Einheimischen war das, was sie da sahen, wirklich einem Treffen von grünen Marsmenschen gleichzusetzen. Die Naumburger trauten ihren Augen kaum. Viele blieben mit offenem Mund stehen. Andere gestikulierten mit den Armen und zeigten immer wieder auf die wild aussehende Meute. Autofahrer bremsten ruckartig, um einen Blick erhaschen zu können. Ich sah sogar, wie ein Trabi mit lautem Knall in das Auto vor ihm krachte, weil der Fahrer abbremste und seine Glotzaugen in Richtung der Punks und nicht auf die Straße richtete.

Natürlich dauerte es nicht lange und unsere sozialistischen Staatsorgane bekamen Wind von der Sache. Eilig wurden alle Staatsdiener, die erreichbar waren, aus ihrem freien Wochenende gerissen. Jeder kann sich vorstellen, wie grimmig die VP- und Stasischergen waren, als sie nach und nach am Bahnhof eintrafen. Von da an hieß es für alle Punks: Aufpassen und schneller sein, sonst ist die Party vorbei!

Die Polizei und die Staatssicherheit machten Jagd auf alles, was anders aussah. Sobald ein Punk aus einem Zug stieg, ging das Spiel los. Sofort losrennen und schneller sein als die Häscher. Wer geschnappt wurde, der konnte definitiv

Naumburg, 2. 8. 1983

Kreisdienststelle
Naumburg
Leiter

BStU
000014

Operative Information

Am 22./23. 7. 1983 fand in der Baracke der Evangelischen Studentengemeinde Naumburg, Neuengüter 16, anläßlich der Geburtstagsfeier eines Mitgliedes der Punkbewegung ein Punk-Treffen statt, an dem ca. 50 Punk's teilnahmen. Dort traten die Punk-Musik-Gruppen "Mad Mans" und "Terror Kids" aus Weimar, die Gruppe "Restbestand" aus Magdeburg sowie die Gruppen "Schleimkeim" und "Gaskammerorchester" auf.

Inoffiziell wurde herausgearbeitet, daß diese "Feier" als Ausweichtreffen für das Turn- und Sportfest genutzt wurde, da der größte Teil der Punk's Leipzigverbot hatte.
Nach inoffiziellen Angaben wurde das Naumburger Punk-Treffen als eines der besten seit langer Zeit eingeschätzt, so daß in Zukunft mit ähnlichen Veranstaltungen bzw. deren Planung in Naumburg gerechnet werden kann.

Auf Grund eingeleiteter Offensivmaßnahmen im Zusammenwirken mit dem VPKA Naumburg, K I kam es zu keinen negativen, öffentlichkeitswirksamen Handlungen bzw. Vorkommnissen.

In der Anlage wird eine Aufstellung der Punk's Ihres Verantwortungsbereiches übersandt, die durch Kontrollen der DVP identifiziert wurden.
Auf Grund dessen wird vorgeschlagen, entsprechende Verhinderungsmaßnahmen einzuleiten, um in Zukunft eine Anreise dieser Personen nach Naumburg zu unterbinden.

Eberley
Oberstleutnant

Anlage

Abteilung XX

Halle, 5. November 1983

BStU
000104

Am 4.11.1983 durch Genossen des PdVP in Berlin der HA IX zugeführte und durch die Abt.IX Halle übernommene Personen:

- [geschwärzt]
  whn. [geschwärzt] str. [geschwärzt]
  tätig: [geschwärzt]
  Mitglied des Zirkels Schreibender Arbeiter
  Klubhaus der Gewerkschaften

- [geschwärzt]
  whn. [geschwärzt] str. [geschwärzt]
  Teilnehmer am 5.6.83 Radtour

- Pochop, Geralf
  26.3.64 Halle
  whn.Halle, Windhorststr. 16
  Teilnehmer am Punk-Treffen inNaumburg 22./23.783

- [geschwärzt]
  [geschwärzt] str. [geschwärzt]
  personifiziert "Schweigen für denFrieden " am 19.10.83
- " Punkertreffen 22.10.83

nicht zur Party. Und das war noch die geringste Strafe, die einem blühte. Da die einheimischen Punks genau wussten, welche Züge aus welchen Städten wann ankamen, wurden immer einige nicht so auffällige Partybesucher zum Abholen geschickt. Dank dieser Begleitung konnten die ortsfremden Punks sofort direkt vom Zug zielsicher in Richtung Gemeindehaus rennen. Wer zu langsam war, wurde weggefangen. Wer schnell genug war, erreichte das Gemeindehaus und damit den Schutz der kirchlichen Räume. Das bedeutete Sicherheit vor den Übergriffen der Staatsorgane. Sobald das kirchliche Grundstück erreicht war, griff eine Art Kirchenasyl. Den Staatsdienern vor dem Tor zeigten wir dann die lange Nase.

Im Gemeindehaus spielten etliche Punkbands. Eine davon schien *Otze* zu heißen, so dachte ich damals. Ein ziemlich besoffener Punk aus einem Dorf bei Erfurt bearbeitete wild ein Musikinstrument. „Otze! Otze! Otze!", feuerten in Sprechchören die anwesenden Punks den stark alkoholisierten jungen Musiker an. Er hatte eine Stimme wie ein Presslufthammer und brüllte wie ein Tier ins Mikro: *„Spione im Café, wenn ich so was seh, tut mir alles weh, von der Schnauze bis zum …"* Plötzlich fiel er mit Getöse von seinem Hocker und lag auf dem Fußboden. Sofort waren seine Freunde bei ihm und halfen unter weiteren „Otze!-Otze!-Otze!"-Rufen dem Betrunkenen wieder hoch. Aus dem Mikro ertönte es: *„Untergrund und Anarchie, Untergrund ist Strategie …"* Wieder gab es einen lauten Rums und er lag erneut auf dem Fußboden. Begraben von seinem Instrument. „Otze! Otze! Otze!" Angefeuert von den Sprechchören versuchte er, wieder auf den Hocker zu gelangen. Mühselig dort angekommen schaffte er es nur durch ihn stützende Freunde, das Gleichgewicht zu halten. Das Konzert ging weiter. *„Der Russe ist dran schuld, der Ami ist dran schuld. Wer hat denn nun die Schuld? Wer hat …"*, und schon lag er wieder auf dem Fußboden. Dieses Prozedere wiederholte sich etliche Male. Wie lange der Auftritt dauerte, weiß ich nicht – vielleicht eine halbe oder ganze Stunde. Es wurden in der Zeit ungefähr sechs Songs gespielt. Ob eines dieser Lieder wirklich durchgespielt wurde, weiß ich nicht mehr. Ich denke aber eher nicht. Trotzdem sind mir von allen Bands, die dort aufgetreten sind, genau diese Person und diese Wahnsinnsstimme

Schleimkeim-Sänger Otze in Halle (Saale) 1985

im Gedächtnis geblieben. Was ich damals noch nicht wusste: Ich hatte soeben mein erstes *Schleimkeim*-Konzert erlebt. Diese Band und ihre Songs sollten mich noch viele Jahre begleiten. Erst später erfuhr ich, dass Otze der Spitzname des *Schleimkeim*-Sängers Dieter Ehrlich war und nicht der Bandname.

Während drinnen die Punkparty tobte, rottete sich draußen auf der Straße das Unheil in Form der gesammelten Staatsmacht zusammen. Stinksauer über ihr verpatztes freies Wochenende standen sie mit hochroten Köpfen völlig machtlos vor dem Gemeindehaus und hätten vermutlich das Kirchengelände am liebsten sofort mit Waffengewalt erstürmt, um das gesamte Punkgesocks einbuchten zu können. Doch es stand das Kirchenhoheitsrecht zwischen uns und den Staatsorganen. Unsichtbar und doch ziemlich mächtig. Sie wagten es nicht, auf das Gelände vorzudringen.

Plötzlich fuhren mehrere Autos der höheren Preisklasse auf das Gelände. Einige ältere Herren in Anzügen stiegen aus den Fahrzeugen. Schnell machte das Gerücht die Runde, die Stasi hätte die Kirchenleitung aus Magdeburg nach Naumburg beordert. Natürlich konnten die älteren Herren in ihren Anzügen, die in ihrem Leben vorher bestimmt noch nie einen Punk gesehen hatten, mit unserer Zusammenrottung in den kirchlichen Gemächern auch nicht viel anfangen. So kam es zu einem ungewöhnlichen Deal zwischen den vermeintlichen Herren der Kirchenleitung und der Staatsmacht. Die älteren Männer in den Anzügen traten ans Mikrofon und verkündeten sinngemäß, dass das Kirchengelände bis zu einem festgesetzten Zeitpunkt „freiwillig" von den Punks geräumt werden müsse. Im Gegenzug wurde ein erhandeltes freies Geleit der Punks zum Bahnhof verkündet. Wenn die Punks nicht darauf eingingen, werde man den „Schutzraum" Kirche aufheben und die Staatsorgane auf das Gelände lassen.

Was in solch einem Fall passieren würde, war jedem von uns klar. Erst vor Kurzem, im Juni 1983, war der unbequeme hallesche Jugenddiakon Lothar Rochau inhaftiert worden, nachdem ihm der Schutz der Kirche durch Kündigung entzogen wurde. Kurz darauf wurde er zu einer dreijährigen Haft wegen staatsfeindlicher Hetze, ungesetzlicher Verbindungsaufnahme und Herabwürdigung der staatlichen Organe verurteilt.

Wir Partybesucher waren natürlich nicht sehr begeistert von diesem Vorschlag. Wir wollten feiern. Die Party war ja auf zwei Tage angesetzt. Wir wollten unter uns sein. Wir wollten die angereisten Punkbands sehen. Dazu hatten wir ja sonst keine Möglichkeit. Auch glaubten wir nicht an das freie Geleit zum

Bahnhof. Wir waren uns sicher, dass jeder, der das Kirchengelände verlässt, sofort gejagt würde. Doch die älteren Herren in den Anzügen waren sich an diesem Tag mit der Staatsmacht einig: Solch eine Punkparty darf es in dieser Form in diesem Gemeindehaus nicht geben. Uns wurde eine Frist gestellt, innerhalb derer wir das Kirchengelände zu verlassen hätten. Am Ernst ihrer Entscheidung ließen sie keinen Zweifel.

Wir Punks und Anarchos waren stinksauer. Vor dem Gelände beobachteten wir immer wieder kleinere Tumulte und Verhaftungen, sobald jemand seinen Fuß auch nur einen Meter vor das Gartentor des Kirchengeländes setzte. Jung und unerfahren wie ich damals war, schoss ich ein paar Fotos mit meiner Billigkamera *Beirette*. So hatte ich mich selbst zum Ziel des Staates emporgehoben. Von der Straße weg wurde ich verhaftet. Reflexartig schmiss ich einen Film, der sich in meiner Hand befand, einem Berliner Punkmädchen zu. Gleichzeitig versuchte ich den Fotoapparat während meiner Verhaftung zu öffnen, um den anderen Film, der noch in der Kamera lag, zu belichten und damit für die Staatssicherheit unbrauchbar zu machen. Während ich die Kamera öffnete, schlug ein Stasimann schnell mit beiden Händen und einem lauten Knall den Deckel wieder zu. Kamera und Film wurden beschlagnahmt. Ob noch etwas darauf zu sehen war, weiß ich nicht. Ich wurde ebenfalls „beschlagnahmt" und verbrachte die nächsten Stunden in einer Verhörzelle. Irgendwann wurde ich zum Bahnhof gefahren und musste in einen Zug Richtung Halle (Saale) steigen. Was in und um das Gemeindehaus noch passierte, weiß ich nicht.

Punktreffen in Naumburg 1983

Einige Zeit später traf ich bei einem Punkkonzert in Halle (Saale) das Mädchen aus Berlin wieder. Sie hatte den immer noch unbelichteten Film tatsächlich dabei und überreichte ihn mir stolz mit einem Strahlen auf den Lippen. Ich lernte sie unter dem Namen „Sue" kennen und freute mich nun immer, wenn ich sie bei diversen Punkmeetings traf. Ihre erfrischend aufmunternde Art strahlte etwas Besonderes, Fröhliches aus. Doch irgendwann war sie plötzlich nicht mehr dabei, wenn die Berliner Punks irgendwo auftauchten. Ich fragte nach und die Berliner erzählten mir, dass sie aufgrund ihrer Zugehörigkeit zur Punkszene in einen Jugendwerkhof verschleppt und dort weggesperrt worden war. Damals war sie gerade einmal 16 Jahre alt.

Als ich im Jahr 2011 meine Rehabilitierung und damit die Anerkennung als politischer Gefangener in der DDR in Angriff nahm, suchte ich Hilfe bei diversen Vereinen, die sich damit auskannten. Ich bekam den Tipp, mich an eine Frau zu wenden, die schon bei einigen Reha-Verfahren Opfern zur Seite gestanden hatte. Sie stamme aus der Ostberliner Punkszene der 1980er Jahre, war einige Zeit im Jugendwerkhof eingesperrt und heiße „Sue", sagte man mir. Ich war sicher, dass es sich um das Mädchen von damals handelte und schrieb ihr sofort eine lange E-Mail und freute mich schon auf eine Antwort. Doch ich wartete vergebens. Warum sie mir nicht zurückschrieb, verstand ich damals nicht.

2012 sollte ich den schrecklichen Grund aus dem Buch *Leck mich am Leben – Punk im Osten* erfahren. Dort stieß ich auf ein Kapitel von Dirk Moldt mit dem Titel „GreAtnix Sue – in Erinnerung an Katharina Gajdukowa". Schon der Name des Kapitels ließ in meinem Magen ein flaues Gefühl aufkommen. Immer wieder sah ich ihr Gesicht vor mir. Wie sie mir lächelnd den geretteten Film überreichte. Was ich las, wollte ich nicht glauben. Ich recherchierte weiter im Internet. Doch es blieb kein Zweifel: „Sue", die ich 1983 als besonders lebenslustiges Mädchen kennengelernt hatte, litt an Depressionen und wurde am 15. November 2011 im Alter von 44 Jahren tot in ihrer Wohnung aufgefunden. Meine E-Mail hatte sie nicht mehr lesen können.

Steffen, Otze und Klaus im Schleimkeim-Proberaum in Stotternheim 1986

Es war Mittwoch, der 19. Oktober 1983. Auf meinem Arbeitsplatz war ich gerade dabei, einen DDR-Kassettenrecorder der Marke *Sonett 77* durch Anrauen der Schwungmasse von seiner Gleichlaufschwankung, im normalen Sprachgebrauch auch leiern, zu befreien. Plötzlich wurde die Tür zu meiner Kabine ruckartig aufgerissen. „Kommen Sie mit zur Klärung eines Sachverhaltes!" Diese Worte der beiden unbekannten Männer, die vor mir standen, drangen wie scharfe Messerspitzen in mein Ohr. Kurz darauf wurde ich von den zivil gekleideten Stasimitarbeitern auf die Rückbank eines Trabis verfrachtet. Besser gesagt hineingepfercht, denn in dem nicht gerade für seine Geräumigkeit berühmten Pappauto saßen schon zwei alte Bekannte. Es waren Virus, ein loser Freund aus der Punkszene, und seine Freundin. Diese hatten schon vor zwei Tagen „Asyl" bei mir gesucht, gleich nachdem sie in ihren Briefkästen Vorladungen zum Volkspolizei-Kreisamt entdeckt hatten. Für beide war klar, dass sie wegen des bevorstehenden Punkfestivals in der Christuskirche vorgeladen wurden. Sie dachten sich also: „Solange man uns nicht findet, kann uns auch keiner verbieten, dort hinzugehen."

Weit gefehlt, denn natürlich besuchte die „Aktion Dekadenz" auch meine Wohnung, um mich als potentiellen Festivalbesucher dem VPKA zuzuführen. Bei mir zu Hause fanden sie zwar nicht mich, dafür aber die zwei Punks. So saßen wir nun zu dritt auf der engen Rückbank des Trabis. Unser Punkfestival am Sonnabend schlugen wir uns schon mal aus dem Kopf. Auf dem VPKA wurde mir klar, warum wir nur im Trabi gelandet waren und nicht in einem standesgemäßeren Auto der Stasiflotte. Alles, was fahren konnte, war im Einsatz und sammelte jeden ein, der irgendwie nach Subkultur aussah. Nach und nach lud man die gesamte hallesche „negativ-dekadente" Jugend im VPKA auf dem Hallmarkt ab. Da saßen wir nun alle zusammen, mehr als hundert Punks, Hippies, Anarchos, Heavy Metals und New Romantics.

Nun ja, die meisten hatten noch nie von illegalen Punkkonzerten in der DDR gehört, geschweige denn, dass in drei Tagen in Halle (Saale) das zweite Punkfestival der Deutschen Demokratischen Republik stattfinden sollte. Die Stasi brachte so unfreiwillig die Leute zusammen, die sie fürchtete. Wir wenigen Eingeweihten amüsierten uns am meisten über die New Romantics. Sie waren ein seltsames

Virus beim Petersbergtreffen 1984

Phänomen der damaligen Zeit, angepasst bis zum Gehtnichtmehr, in weißen Rollkragenpullovern und sonstigen schicken Klamotten. Was sie für den Staat dennoch zu potentiellen Staatsfeinden machte, waren ihre Frisuren. Manche hatten bunte Strähnen, Popperlocken oder ausrasierte Stellen. Sie sahen also anders aus, als der sozialistische Bürger auszusehen hatte. Das machte sie höchst verdächtig!

Im VPKA war eine Stimmung wie auf einem größeren Open Air. Jeder wurde einzeln zum Verhör gerufen. Das Ganze dauerte Stunden, doch irgendwann war ich dran. Mir wurde vorgeworfen, dass ich am Samstag die öffentliche Sicherheit und Ordnung der DDR gefährden wollen würde, weil ich plane, eine illegale Veranstaltung in der Christusgemeinde zu besuchen. Das Verhör war eigentlich eher als Warnung gedacht. Zum Schluss gab man mir einen vorbereiteten Wisch zu unterschreiben, in dem ich versichern sollte, dass ich am Sonnabend nicht in die Christusgemeinde gehen würde. Darunter war eine ganze Latte Paragrafen aufgelistet, gegen die ich verstoßen würde, wenn ich doch hinginge. Ich fragte kurz: „Was ist, wenn ich nicht unterschreibe?“ Die Antwort kam genauso kurz wie knapp: „Dann kommen Sie sofort bis zum Sonntag in Vorbeugehaft!“ Die Entscheidung fiel mir wie auch allen anderen ziemlich leicht: Auf jeden Fall unterschreiben! Zu unterschreiben, dass man nicht hingeht, war ja der einzige Weg, um hingehen zu

Meerschweinchen beim Pressefest „Freiheit“ in Halle (Saale) 1984

können. Also unterschrieb ich. Damit war der Weg frei, um am Wochenende mit allen anderen zu den wildesten Punkbands der Ostzone pogen zu können, anstatt in irgendeiner Vorbeugehaftzelle auf Sonntag warten zu müssen.

In der Nacht zum Sonnabend, den 22. Oktober, konnte ich vor Aufregung kaum schlafen. Am Morgen war ich so nervös, dass ich kaum etwas essen konnte. Würde ich es schaffen, die heiligen Hallen zu betreten? Ich und meine Freunde fieberten dem Nachmittag entgegen. Die Zeit wollte und wollte nicht vergehen. Doch irgendwann war es endlich so weit: Gemeinsam machten wir uns auf den Weg und stiegen mit Schwung in die Straßenbahn. In der Freiimfelder Straße wollten wir genauso schwungvoll wieder aussteigen. Doch was war das? Mehrere Stasischergen, die in Zivil hinter dem Wartehäuschen gelauert hatten, kamen angerannt und hielten die Türen der Bahn zu. Eigentlich sehr lächerlich, aber doch sehr wirksam. Niemand, der irgendwie subkulturell aussah, schaffte es, die Bahn zu verlassen. Na gut, dann steigen wir eben an der nächsten Haltestelle aus und laufen das Stück zurück, dachten wir uns. Doch auch dort das gleiche Szenario. Kein Entkommen aus der Bahn. Die Stasi nahm uns in der Straßenbahn in Vorbeugehaft. Wir mussten bis zum Hauptbahnhof weiterfahren. Dort sah es aus wie im Bürgerkrieg. Der Bahnhofsvorplatz war voll Ellos. Die DDR-Staatsorgane griffen gern zu diesen berüchtigten grünen LKW mit einem enormen Fassungsvermögen für Menschenmaterial auf der Ladefläche, um alle abzutransportieren, die ihnen nicht in den Kram passten. Heute war die Jagdsaison auf Punks und andere unangepasste Jugendliche eröffnet worden. Die mit dem Zug ankommenden Punks erlebten dieselbe Taktik wie wir in der Straßenbahn. Die Zugtüren wurden zugehalten, sodass die Punks weiterfahren mussten. Diejenigen, die es schafften, aus dem Zug zu kommen, wurden entweder im oder spätestens vor dem Bahnhof verhaftet und auf die Ellos oder gleich in zurückfahrende Züge verfrachtet. Unser Pfarrer Siegfried Neher war inzwischen zusammen mit dem Superintendenten Helmut Hartmann zum Bahnhof gekommen, um zwischen den Fronten zu vermitteln. Als Antwort drohte man beiden sofort Bahnhofsverbot an. Die Szenen, die sich abspielten, waren unbeschreiblich. Mielke hatte den unmissverständlichen Befehl gegeben, „Härte gegen Punk" zu zeigen. Stasi und Polizei sollten die „Samthandschuhe ausziehen". Hier und jetzt wurde es in die Tat umgesetzt.

Enttäuscht, wütend und ohnmächtig zugleich mussten wir einsehen, dass es einfach kein Durchkommen zur Punkkirche gab. So ein riesiges Aufgebot und solch eine Brutalität hatte bisher noch niemand von uns erlebt. Und das alles nur, um ein Festival in einer Kirche zu verhindern. Was für eine Angst die Stasi gehabt haben muss.

Aufgebot hin, Aufgebot her, wir wollten unbedingt zu dem Konzert, koste es, was es wolle. Es ging auch ums Prinzip. Also versuchten wir, mit einem Taxi zur Kirche zu kommen. Das klingt leichter, als man denkt. Taxis waren in der DDR Mangelware und die Wartezeiten, die Stunden betragen konnten, machten einen mürbe. Doch plötzlich tauchte einer Fata Morgana gleich ein Taxi am Ende der Straße auf. Es hielt an und wir sahen uns schon fröhlich zu *Wutanfall* und *Schleimkeim* pogen. Doch als der Fahrer „Freiimfelder Straße" hörte, winkte er nur ab und fuhr weiter. Alle Taxis hatten Anweisung bekommen, an diesem Tag niemanden zur Christusgemeinde zu fahren. Wir klügelten einen neuen Plan aus. Dafür brauchten wir wieder ein Taxi. Und siehe da, nach nur fünfundvierzig Minuten Warten kam endlich das nächste Auto an die Taxihaltestelle. Wir sagten dem Fahrer dieses Mal eine Adresse, zu der man durch die Freiimfelder Straße fahren musste. Es klappte und wir fuhren los. Vor der Kirche riefen wir dann plötzlich laut im Chor: „Stopp!" Der Fahrer hielt tatsächlich an. Kaum stand das Fahrzeug, kamen aber schon die Stasileute angerannt, um uns wegzufangen. Doch wir waren schneller. Bevor sie uns schnappen konnten, waren wir auf dem Gelände der Christusgemeinde. Dort standen wir unter Kirchenasyl und die Stasi konnte nichts machen. Hätten wir es nicht so eilig gehabt, hätten wir den

Erfurt Punkwerkstatt 1986

Rudolstadt Punktreffen „Jugend 86"

Stasileuten noch eine lange Nase gezeigt. Aber wir hatten keine Zeit mehr, uns umzudrehen, denn wir wollten keine Sekunde des Konzertes verpassen. In der Kirche bot sich uns ein jämmerliches Bild. Von den erwarteten sechshundert bis siebenhundert Punks hatten es insgesamt nur etwa siebzig Leute, davon etwa dreißig Punks, in den Gemeindesaal geschafft. Nur diesem kleinen Häuflein war es mit List und Tücke gelungen, den massiven Abwehrtaktiken von Stasi, Transportpolizei und Polizei zu trotzen.

Den abenteuerlichsten Weg hatten die rund fünfzehn Berliner Punks hinter sich. Sie waren wohl die einzigen Auswärtigen, die tatsächlich die Christusgemeinde erreicht hatten. Ihre Taktik war folgende: Auch die Berliner waren einige Tage zuvor auf das zuständige VPKA gebracht wurden, um dort zu unterschreiben, dass sie am Sonnabend nicht nach Halle (Saale) fahren würden. Sie hielten sich ganz gesetzestreu an ihr Versprechen, und fuhren nicht am Sonnabend, sondern schon am Freitag nach Halle. Die Stasi hatte dies geahnt, verhinderte durch zugehaltene Türen, dass die Punks in Halle (Saale) ausstiegen. Darum zogen sie zehn Kilometer hinter der Saalestadt einfach die Notbremse und kämpften sich zu Fuß durch die Wildnis der Schrebergärten ihren Weg zurück.

Leider hatte man auch alle Bands entweder verhaftet oder an der Anreise in die Christusgemeinde gehindert. Aus den anwesenden Punks formierte sich

Erfurt Punkwerkstatt 1986

zwar eine spontane Punkband mit dem Namen *Halle*, die einige Songs zum Besten gab, aber Pogostimmung kam leider nicht so richtig auf, sodass die Stasitaktik, das Punkfestival zu verhindern, für dieses Mal aufging. Die Stasi verbuchte die „Aktion Dekadenz" als enormen Erfolg.

Doch würde wohl heutzutage kaum noch jemand über die DDR-Punkszene reden, wenn wir uns damals hätten einschüchtern lassen. Für uns hieß es: *„Ihr seid gut, wir sind schlecht / Ihr sperrt uns ein, wir sind im Recht / Aber ihr seid falsch und wir sind echt / Wir sind frei und ihr seid Knecht! / Jetzt erst recht, jetzt erst recht!"* (*Wutanfall/L'Attentat*)

Etwa ein halbes Jahr später kündigte die Christusgemeinde das Orgel-Konzert „Orgel-Knup" an. Nichts Spektakuläres, ein Orgel-Konzert in einer Kirche, mag man denken. Doch wenn man das Wort Knup rückwärts liest, verwandelt es sich blitzartig zu Punk. Das machte das Ganze schon interessanter! Am Tag des Orgel-Knup sah man in der Stadt keinen einzigen Punk, sodass die Stasi vermutlich Entwarnung gab. Allerdings gab es an diesem Tag unheimlich viele Bauarbeiter in blauen Wattejacken mit Bauarbeiterhelmen auf dem Kopf. Das hätte der Stasi eigentlich auffallen müssen. Denn am Wochenende gingen Bauarbeiter ja bekanntermaßen nicht auf ihre Baustellen. Die vielen Bauarbeiter liefen seltsamerweise alle Richtung Christusgemeinde. Kaum waren sie dort angekommen, zogen sie ihre Arbeitskleidung aus. Unter den Helmen leuchteten bunte Strubbelhaare und Iros schossen in die Höhe, aus den Blaumännern wickelten sich bemalte Punklederjacken. Auch das Orgelkonzert war eine Tarnung. Nach einem zehnminütigen Orgelspiel gehörte die Bühne den Punkbands. Um auf Nummer sicher zu gehen, wurden die Bands diesmal schon einige Tage vorher per Auto von unserem Punkpfarrer in ihren Städten abgeholt. Er war der einzige „Punk" der Szene, der in dieser Zeit ein Auto besaß. So spielten bei diesem Orgel-Knup die geplanten Bands unbehelligt von der Stasi vor etlichen Punks in der halleschen Christusgemeinde.

Ermutigt durch diesen Erfolg wurde für den 14. Dezember 1984 das nächste große Punkfestival unter dem Namen „Werkstattgebabel" geplant. Die Punks hatten dazugelernt. Viele reisten in großen Gruppen an. Die berüchtigte hallesche Trapo, die auf sie mit scharfen Schäferhunden ohne Maulkorb und gezogenen Gummiknüppeln am Bahnhof wartete, wurde einfach überrannt. Die Punks entrissen die willkürlich aus der Menge gezogenen Freunde den Händen

▼ *Namenlos*-Sängerin Jana Schlosser in der halleschen Christusgemeinde 30.4.1983

der Häscher. Hallesche Punks und Punksympathisanten, die die Geheimwege im und um das Bahnhofsgelände kannten, kamen zu den Zügen und schleusten die Auswärtigen an den Posten der Trapo vorbei.

In der Christusgemeinde sollten an diesem Tag *Schleimkeim*, *Paranoia*, *L'Attentat* und *Betonromantik* spielen. Außerdem verdichtete sich das Gerücht, dass auch *Namenlos* auftreten sollten. Deren Bandmitglieder waren erst kurz zuvor aus ihrer langen politischen Haft entlassen worden. Die meisten rechneten nicht wirklich damit, dass sie kommen würden, doch plötzlich stand Jana Schlosser tatsächlich auf der Bühne. Nur mit einer um den Körper gewickelten roten Arbeiterfahne, die mit Ketten um den Körper gebunden war. Symbolischer konnte das Auftreten der *Namenlos*-Sängerin nicht sein: eingesperrt im Arbeiter- und Bauernstaat. Eingesperrt durch die Diktatur des Proletariats. Sie nahm das Mikro und die Band spielte als Erstes den Song „Nazis wieder in Ostberlin". Den meisten stand der Mund offen, wusste hier doch jeder, dass sie gerade auch wegen dieses Textes verurteilt worden waren. Wie alle anderen im Gemeindesaal erfüllte mich unbeschreibbare Hochachtung vor dem Mut der Bandmitglieder. Um nicht auf der Stelle sofort wieder inhaftiert zu werden, ließen sie zwar einige Passagen des Textes weg. Doch das war egal. Jeder hier kannte die Lieder und sang aus voller Kehle mit. *„Nazis, Nazis …"*, stimmte Jana an. *„Nazis wieder in Ostberlin! Nazischweine, Nazischweine, Nazischweine in Ostberlin!"*, schrien alle zusammen laut im Chor. Ab und zu brüllte auch der eine oder andere Punk anstatt „Nazischweine" „Stasischweine in Ostberlin!" in den Saal. *Namenlos* spielten gefeiert von dem anwesenden Publikum ihre kompromisslosen Songs. Pogo und Gänsehaut mischte sich zu einem Wahnsinnsgefühl. „Jetzt erst recht!", hieß die unmissverständliche Botschaft der jungen Punks, die den Staat der alten Betonköpfe so zur Verzweiflung brachten. Dieser Auftritt sowie das gesamte „Werkstattgebabel", bei dem alle geplanten Punkbands im Schutze der evangelischen Kirche ohne staatliche Störaktionen auftraten, wirkte nicht nur in mir noch sehr, sehr lange nach.

Durch das Beschäftigen mit Punk-Rock-Musik (Neue Deutsche Welle)
gibt es zunehmend Erscheinungen in der DDR, daß sich Jugendliche
zu nichtgenehmigten (nicht registrierten) Musikgruppen zusammen-
schließen und durch ihr Auftreten den "Punk" verherrlichen.

Diese Musikformationen entstehen zum Teil aus bestehenden festen
Punkgruppen. Sie proben in Kellern, Garagen und Abrißobjekten,
aber auch in kirchlichen Räumen. Sie bestehen aus ca. 4 bis 5
Jugendlichen im Alter von 17 bis 20 Jahren und tragen zum Teil
die für Punker "typische Kleidung mit entsprechenden Haarfrisur
Der Inhalt ihrer Musik (laute aggressive Songs) wird charakteri-
siert durch eine pessimistische Grundhaltung ("Weltuntergangs-
stimmung"), durch Streben nach "absoluter" persönlicher Freihe
bzw. Unabhängigkeit und eine brutale Interpretationsweise.

Nicht zu übersehen sind dabei auch Tendenzen des Zukunftspessi-
mismus ("No Future"), des oft anarchistischen Grundgedankens
bis hin zu rechtsextremen faschistischen Elementen.
Es ist einzuschätzen, daß diese Musikformationen wesentlich zur
weiteren Verbreitung und Ausstrahlung des "Punk" insgesamt sowi
pessimistischer, anarchistischer u. a. Grundgedanken beitragen.

Das zeigte sich u.a.:

- Zur "Blues-Messe" am 24. 6. 1983 in der Erlöserkirche Berli
Lichtenberg unter dem Thema "Protestanten" wurden durch die
Angehörigen der Punk-Rock-Gruppe "Namenlos" mit Duldung des
verantwortlichen Stadtjugendpfarrers Musiktitel vorgetragen
deren Inhalt sich offen und in provokatorischer Weise gegen
die gesellschaftlichen Verhältnisse der DDR und ihre Sicher
heitsorgane richtete. Darunter befanden sich Textstellen wi
"Seht Euch vor vor MfS - MfS - SS", "Arbeitest Du für Erich
nein, arbeitest Du für die Partei - nein, arbeitest Du für
Rußland - nein", "Rote Parolen und Sowjetmacht - haben
Deutschland Kaputt gemacht". Ihren Aussagen zufolge beab-
sichtigten sie mit diesen Titeln gegen die gesellschaftlic
Verhältnisse in der DDR, die ihnen mißfallen, zu protestie
und die Zuhörer zum "zivilen Ungehorsam" anzuregen.

Brennende Langeweile – so der Titel eines 1978 gedrehten und im ZDF ausgestrahlten Films über ein Sauerländer Teenagerpaar. Dieses besucht mehrere Konzerte der englischen Punkheroes *Adverts* auf ihrer BRD-Tournee und dabei lernen die beiden die Band kennen. *Brennende Langeweile* – ein völlig unverständlicher Titel für alle DDR-Punks. Für jeden von uns wäre die Möglichkeit, eine Tour von den *Adverts* begleiten zu können, die Vorstellung vom Paradies gewesen. Ja, schon ein einziges Konzert der *Adverts* oder irgendeiner anderen Punkband aus dem nichtsozialistischen Ausland besuchen zu können, hätte den Himmel auf Erden bedeutet. Doch dazwischen lagen Minenfelder, Stacheldraht, Selbstschussanlagen, Grenzsicherheitszonen und nicht zuletzt die Mauer. BRD oder der Mond, das war für uns gleich weit entfernt und beides absolut unerreichbar.

Wir mussten uns mit der „brennenden Langeweile" auf dem DDR-Territorium arrangieren, und die sah bei weitem nicht so lustig aus, wie es heute in den vielen Dokumentationen und Interviews mit Zeitzeugen scheinen mag. Wenn es hochkam, schaffte man es vielleicht zwischen 1982 bis 1987, zwei bis fünf Punkkonzerte im Jahr ausfindig zu machen und besuchen zu können. Dafür lebten wir.

Der für uns spaßigste Zeitvertreib gegen die Langeweile in Halle (Saale) war es, einfach den Boulevard zwischen Marktplatz und Bahnhof hoch- und runterzulaufen und zu zählen, wie oft wir dabei kontrolliert wurden. Vorher schlossen wir Wetten ab, wie oft es uns treffen würde, und nicht selten gewann derjenige, der auf die höchste Zahl der Personenkontrollen gesetzt hatte.

In Gaststätten, Kneipen, Jugendclubs, Studentenclubs usw. wurden wir Punks fast immer abgewiesen und mussten vor der Tür stehen. Das Punkverbot der Staatssicherheit und die Spießigkeit des DDR-Systems leisteten ganze Arbeit. In unserem Sprachgebrauch verabredeten wir uns nie im Jugendclub, nie im Studentenclub, nie in der Gaststätte und auch nie in der Kneipe. Wir verabredeten uns immer vor der besagten Lokalität. Wir trafen uns und versuchten über viele Stunden reinzukommen. Das praktizierten wir Tag für Tag wechselnd vor verschiedenen Clubs, Kneipen und diversen Freizeiteinrichtungen für junge Leute. Wir gewöhnten uns an den Zustand, abgewiesen zu werden, und begannen, uns einen Spaß daraus zu machen, denn wir wussten ja, dass wir keine

Thom

Chance hatten. So belagerten wir die Eingänge von Studenten- und Jugendclubs und ließen nun unsererseits niemanden mehr hinein. Um an die Eingangstür zu gelangen, mussten die erwünschten Besucher durch unsere Punkmeute durch. Wir sagten allen, die ankamen, dass der Club voll wäre. Die FDJ-Ordner versuchten dann immer, die neuen Gäste zwischen uns durchzulotsen, was natürlich unsererseits stark behindert wurde und für alle, Ordner, Einlasser und Leute, die in den Club wollten, eine ziemliche Tortur war. Wir amüsierten uns immer mehr und die blöden FDJ-Einlasser waren auf 180! Da wir das nun regelmäßig an unseren „Lieblingsclubs" praktizierten, konnte man schon an den Augen der Ordner sehen, dass für sie der Abend gelaufen war, sobald wir auftauchten. Wir fanden die ganze Sache immer lustiger und vertrieben so unsere „brennende Langeweile" vor den Einlasstüren der sozialistischen Freizeiteinrichtungen.

Noch lustiger war es vor den Gaststätten und Kneipen, in die wir Einlass begehrten. Denn auch diese blieben meistens für Jugendliche mit dekadentem Äußeren verschlossen. Glücklicherweise gab es einige wenige Ausnahmen. Doch häufig befanden sich diese Lokale genau wie die Jugendclubs, in die wir eine Zeit lang reingelassen wurden, irgendwo am Rande der Stadt. Oft war es ein Gartenlokal in einer Kleingartensparte, ein Jugendclub in der Heide, dem Wald, der an Halle (Saale) grenzt, oder ähnliches.

Diese Wege nahmen wir nur selten auf uns. Deshalb trafen wir uns fast täglich vor diversen Gaststätten. Hier war die Situation noch befremdlicher, denn oft waren fast alle Tische der Lokalität leer. Doch im HO-Gaststättensystem gab es die berüchtigte „Sie werden platziert"-Regel. An dieser verzweifelte auch so mancher BRD-Bürger, der die DDR besuchte. Ging man einfach so in eine Gaststätte und setzte sich an einen der vielen freien Tische, konnte man sich sicher sein, spätestens nach einer Minute von einer Schar Kellner mit folgendem Satz des Lokals verwiesen zu werden: „In diesem Restaurant gilt: Sie werden platziert!" Danach wurde man meistens noch einmal zusammengeschissen mit Sätzen wie: „Wo kommen wir denn hin, wenn sich alle hinsetzen, wo sie wollen?!", oder „Sie haben wohl keine Augen im Kopf?" Das waren noch vergleichsweise harmlose Äußerungen. Man musste sich also wieder vor der Tür anstellen, und je nach Gnade der Kellner wurde man dann nach fünfzehn Minuten, einer halben Stunde oder auch einer Stunde Wartens platziert. Oft genau an den Tisch, an dem man vorher versucht hatte, sich niederzulassen.

Da jeder in der DDR dies schon erlebt hatte, hielten sich eigentlich immer fast alle an die „Sie werden platziert“-Regel und stellten sich brav vor die oft fast leere Gaststätte und warteten, bis ein Kellner sich erbarmte. Auch wir Punks hielten uns zuerst an dieses ungeschriebene Gesetz. Wir waren ja in der DDR aufgewachsen und wussten, dass alles andere keinen Sinn hatte. Doch wir lernten schnell, dass für Punks diese Regel zwar galt, allerdings mit dem Unterschied, dass wir auch nach zwei oder drei Stunden Wartezeit keinen Tisch angeboten bekamen. „Brennende Langeweile“ vor den Lokalitäten. Unsere Erfahrung lehrte uns, dass wir nichts zu verlieren hatten. Darum starteten wir auch hier unsere eigenwillige Rebellion gegen dieses System. Wir trafen uns eben immer vor den Gaststätten und hielten uns an keine sozialistische Regel mehr. Entweder rannten wir gleich in die Lokalität und setzten uns an einige der leeren Tische. Dass wir nichts bekommen würden, war uns zwar klar, aber die Kellner bekamen uns auch nicht raus. Sie schimpften, diskutierten und verwiesen auf ihre „Sie werden platziert“-Schilder. Aber wir gingen einfach nicht. Manchmal wurde die Polizei dazugeholt. Manchmal stellten wir uns nach ewigen Diskussionen vor die

1. Mai 1987 in Halle (Saale)

Eingangstür der besagten Kneipe und warteten auf die Platzierung. Na ja, nicht wirklich. Wir nutzten unsere Zeit vor den Lokalen damit, jeden neuen Gast zu verprellen, indem wir allen schon von Weitem lautstark zuriefen, dass hier alles voll wäre. Anstellen sinnlos! Oft kamen die Kellner raus und versuchten, die wieder abrückenden Gäste damit zu ködern, dass sie sagten: „Sie hatten doch reserviert, oder?" Dazu wurde immer wieder vom Kellner genickt. Falls der eigentlich schon gehende Gast den eindeutigen Wink des Kellners verstand und irritiert zustimmte, kam nun noch das Schwierigste auf Kellner und Gäste zu: Sie mussten durch eine Horde Punks durchgelotst werden, die protestierend den Eingang verstellte. Wir amüsierten uns prächtig und ab und zu siegten wir auch! Wider Erwarten wurden wir platziert und bekamen Bier und Essen. Einige Kellner wollten wohl ihre Nerven schonen. Das waren allerdings wenige Ausnahmen.

Es gab auch die Situation, dass man uns zwar platzierte, aber einfach nicht bediente. In diesen Fällen entwickelten wir eine hervorragende Strategie, die Kellner und Gäste der Lokalität zu schocken und auf unsere prekäre Situation aufmerksam zu machen. Wenn wir eine Stunde nach Platzierung immer noch kein Getränk oder Essen auf dem Tisch hatten, fingen wir an, uns dem Kellner vor die Füße zu werfen. Wir krümmten uns dabei, hielten uns die Bäuche und riefen immer wieder lautstark und jämmerlich: „Hunger! Hunger! Durst! Hunger!" Manchmal half das. Nachdem wir uns mehrfach lautstark jammernd auf dem Boden vor dem Kellner herumwälzten und „Hunger! Hunger!" riefen, nahm der Kellner entnervt die Bestellung auf und wir bekamen endlich Essen und Trinken serviert.

Die beste Bekämpfung der „brennenden Langeweile" waren unsere privaten Partys. Dabei war es nicht so wichtig, ob die Party von jemandem, den man kannte, oder von einer wildfremden Person veranstaltet wurde. Hörten wir von einer Party, waren wir zur Stelle. Bei den subkulturellen Partys, egal von welcher Szene, waren wir eigentlich fast immer gern gesehen. Ganz anders bei Partys irgendwelcher Normalos. Waren wir aber erst mal drin, bekam man uns nicht so schnell wieder raus. Nicht nur einmal wurden dann FDJ-Ordner eines nahegelegenen Jugendclubs zu Hilfe geholt, um uns wieder aus der Partywohnung zu bekommen. Das war schon lustig, wie so bedepperte Typen in FDJ-Uniformen versuchten, uns irgendwie davon zu überzeugen, die Party zu verlassen. Auf unser Angebot, in ihren Jugendclub mitzukommen und dort weiterzufeiern, gingen sie ja nicht ein.

Doch am coolsten waren natürlich die eigenen Subkultur- und Punkpartys. Nicht selten waren sofort zwanzig bis siebzig Leute zur Stelle, wenn jemand eine Party angekündigt hatte. Obwohl diese Partys sehr ausschweifend waren und gegen alles verstießen, was die sozialistische Norm für „normal" befand, gab es einen Ehrencodex unter uns Punks. Es wurde nie etwas in der Wohnung des Veranstalters gestohlen oder mutwillig zerstört, es sei denn, der Gastgeber wollte es so. Nur so funktionierte unser subkulturelles Leben und unser Zusammenhalt. Und nur so kamen die vielen privaten Partys zustande.

Oft fanden die Partys in besetzten Wohnungen statt. Gegen Ende der 1980er, als ein enormer Zuwachs an Jungpunks zu verzeichnen war, auch sehr oft in Wohnungen der abwesenden Eltern. Es war immer ein lustiges Bild, wenn fünfzig Punks in der guten Stube der Eltern zwischen den Anbauwänden in der Neubauwohnung Pogo tanzten. Wenn dann noch die Eltern des Gastgebers zufällig anriefen und von ihrem Kind wissen wollten, ob alles gut wäre, war das Party-Chaos perfekt. Wenn die Eltern fragten: „Was ist denn das für ein Lärm im Hintergrund?", wurde ins Telefon gegrölt: „Ach, ich gucke gerade Fernsehen." Alle platzten fast vor Lachen!

Höhepunkt unseres Partyjahres waren die Feste bei Wiff. Diese Partys waren legendär! Wiff gehörte zwar nicht zu den Jungpunks, wohnte aber dennoch bei seinen Eltern. Alljährlich, wenn diese in den Urlaub fuhren, waren dort tage- oder auch wochenlange Punkpartys angesagt. Die riesigen Weinballons und die vielen Flaschen der Eltern, die allesamt mit selbstgemachtem Wein gefüllt waren, wurden geplündert. Fein säuberlich wurden danach alle Weinballons mit Essig und Kirschsaft wieder aufgefüllt. Wie verwundert müssen die Eltern

„Brennende Langeweile" auch in den halleschen Schaufenstern

gewesen sein, dass der Wein einfach Jahr für Jahr nicht mehr gelingen wollte. Auf einer der Partys gründete sich die Band *Undeutsch*. *„Faaaschismus, Kommunismus, Sozialismus – Apfelmus"*, so schrien wir stundenlang den ersten und einzigen Song der neuen halleschen Punkkapelle aus vollem Hals mit. Dazu wurde fürchterlich Gitarre gespielt und auf den Tischen getrommelt. Erst mit Fäusten, dann mit Tassen, Gläsern, Tellern. Immer wieder ging Porzellan zu Bruch. Dann kam Wiff auf die Idee, die Flaschen im Rhythmus gegen die Wände zu schmeißen. Nicht nur leere, nein, auch volle Rotweinflaschen zerbarsten an den schönen weißen Wänden. Der Wein hinterließ rote Muster, die wie Unmengen verspritztes Blut aussahen. Die Party, das Trommeln, das zerspringende Porzellan, die zerberstenden Glasflaschen und unser Gesang wurden immer ekstatischer. *„Faaaschismus, Kommunismus, Sozialismus, Kapitalismus – Apfelmus!"* Klirr! An den Wänden klopften die Nachbarn. An der Tür klingelten andere Nachbarn. Wiff meckerte nur: „Das Geklopfe nervt!", und drehte nun noch die Anlage voll auf, damit man das Geklopfe der Nachbarn nicht mehr hörte. *„Faaaschismus, Kommunismus, Sozialismus, Kapitalismus – Apfelmus!"* Klirr! Das vorsichtige Klopfen der Nachbarn steigerte sich zu wütenden Schlägen mit Besenstielen gegen die Wände. Man hörte ihre Schreie. *„Faaaschismus, Kommunismus, Sozialismus, Kapitalismus – Apfelmus!"* Klirr! Wir müssen lauter sein als die Nachbarn! *„Faaaschismus, Kommunismus, Sozialismus, Kapitalismus – Apfelmus!"* Klirr! Bis zur Ekstase! Die halbe Nacht ging das so. Die Nachbarn gaben nach Stunden auf. Erstaunlicherweise kam keine Polizei und die Party wurde weder an diesem Tag noch an einem anderen Tag geräumt. Wenn der Partymarathon vorbei war, war es ratsam, ein halbes Jahr lang nicht mehr in die Nähe von Wiffs Wohnung zu kommen. Es hätte vermutlich ziemlich gefährlich werden können, seinen Eltern zu begegnen. Doch die nächste Wiff-Party kam bestimmt. Das war so klar wie der Punk in der DDR-Kirche.

Eine meiner eigenen Partys ging nicht so glimpflich aus. In meiner schwarz gestrichenen Wohnung am Thomas-Müntzer-Platz hatten sich viele „negativ dekadente" Jugendliche eingefunden, um eine fröhliche Party mit vielen Getränken, lauter Musik und wildem Pogo zu feiern. Das war nicht das erste Mal, und es war lustig wie immer. Spät in der Nacht zog ich mich mit meiner Freundin auf meinen Matratzenberg ins Schlafzimmer zurück und die Party fand ab diesem Zeitpunkt ohne mich statt. Ich schlief ein. „Aufstehen! Sofort raus aus dem Bett!", brüllte mir in meinen Träumen irgendjemand entgegen. „Sind Sie der

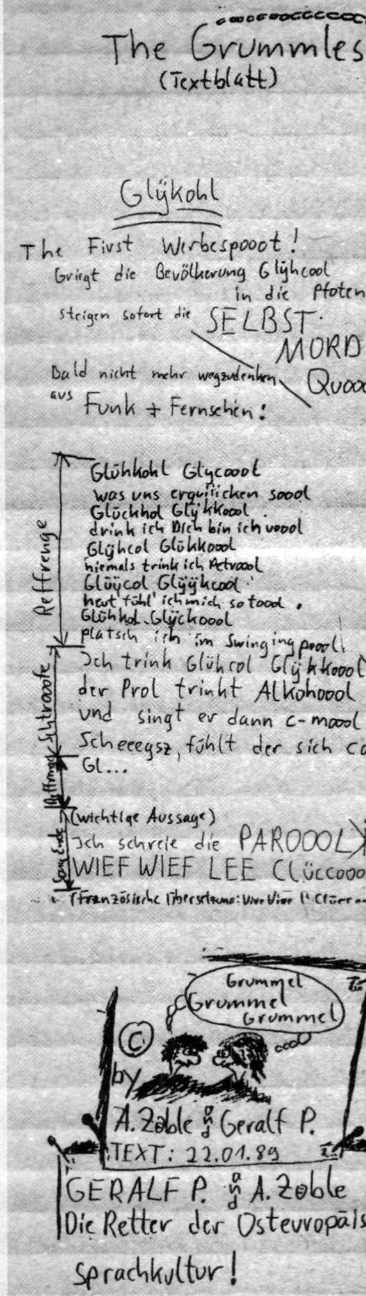

Aus *The Grummles* wurde später die Band *Gleichlaufschwankung*

Wohnungsinhaber? Raus aus dem Bett! Ausweise!" Ich versuchte, meine Augen etwas zu öffnen, und dachte, ich träume. Mein Schlafzimmer war voller Menschen. Aber keine Punks, was ich als normal angesehen hätte. Nein, es waren alles grün uniformierte Angehörige der Volkspolizei. „Nee, oder?!" Noch mal Augen auf, ich träumte nicht. Mein Schlafzimmer sah aus wie das Volkspolizei-Kreisamt. *„Tausend Polizisten singen. Tausend Polizisten springen. So was war noch niemals da. Pogo im VPKA!"*, ging es mir durch den Kopf. Doch *Müllstation* war nicht dabei. Und besonders lustig und gut gelaunt sahen die Herren in grün auch nicht aus. Ich stand auf, zog mich an und betrat das eigentliche Partyzimmer. Auch dort überwogen die Polizisten zahlenmäßig den Punks. Nach *„Eins, zwei drei, es pogt die Polizei"* sah das irgendwie nicht aus. Eher nach *„Eins, zwei drei, die Party ist vorbei!"* Was war geschehen?

Ich war zwar schon bei vielen Partys, die von der Polizei mal mehr und mal weniger brutal aufgelöst wurden, war aber in meiner eigenen Wohnung noch nie mit diesem Problem konfrontiert worden. Trotz zahlreich veranstalteter Partys. Die VP-Angehörigen zogen mich zum Fenster und zeigten mir den Grund ihres Erscheinens. Einige Gäste meiner Party hatten nichts Besseres zu tun gehabt, als leere Flaschen aus meinen Fenster gezielt auf parkende Autos vor meinem Haus zu werfen. Als Wohnungsbesitzer drohte mir nun nicht nur eine Ordnungsstrafe wegen ruhestörenden Lärms, sondern auch eine Gefängnisstrafe wegen Rowdytums. Wie blöd kann man denn sein?!

Die Autobesitzer aus meiner Nachbarschaft waren alle trotz der unchristlichen Uhrzeit inzwischen hellwach und begutachteten jammernd ihren Schaden. Ich erwartete eigentlich, dass die Polizei uns sofort mitnehmen und wegsperren würde, aber irgendwie hatten wir wohl einige von denen abbekommen, die doch etwas Menschlichkeit zeigten. Sie sagten mir, ich hätte nur eine Chance, aus dem Dilemma einigermaßen heil herauszukommen: indem die Autobesitzer keine Anzeige gegen mich stellen würden. Ein schwieriges Unterfangen, da diese verständlicherweise wütend waren. Ich versuchte, meine eigene Haut zu retten und machte den Autobesitzern klar, dass es zwei Möglichkeiten gäbe. Möglichkeit Nummer eins: Sie stellen eine Anzeige gegen mich und ich sowie die eigentlichen Flaschenwerfer kämen ins Gefängnis. Geld würden sie für ihren Schaden dann nie erhalten. Möglichkeit Nummer zwei: Sie erstatten keine Anzeige und ich würde mich persönlich darum kümmern, dass alle, die Flaschen geschmissen hatten, den Schaden innerhalb eines Monats begleichen.

Sie stellten glücklicherweise keine Anzeige. Ich bekam das Geld von den anderen Verursachern und übergab es fristgemäß den Autobesitzern, die mir ziemlich dankbar dafür waren. Und von Seiten der Polizei kam tatsächlich nur die Ordnungsstrafe wegen ruhestörenden Lärms in den Briefkasten geflattert.

Nur noch einmal versuchte ich danach, eine Party am Thomas-Müntzer-Platz zu feiern, und zwar an meinem Geburtstag. Als ich allerdings kurz zuvor Punks in Erfurt besuchte, erfuhr ich dort von einem großen Punktreffen in Halle (Saale), von dem ich bis dahin noch nichts gehört hatte. Es sollten dort wohl auch alle bekannten Punkbands wie *L'Attentat*, *Schleimkeim* usw. spielen, erzählte man sich. Ich wurde stutzig, da ich genau diese Punktreffen meistens mit organisierte und noch nichts davon wusste. Als ich das Datum des besagten Punktreffens hörte, einen Tag Ende März, wurde mir flau im Magen. Das war genau mein Geburtstag! An diesem Tag sollte bei mir zu Hause eine kleine Punkgeburtstagsparty stattfinden. Sofort erklärte ich den Erfurtern, dass da irgendwas Falsches angekommen wäre und an besagtem Tag kein Punktreffen in der Saalestadt stattfindet. So richtig glaubten sie mir wohl nicht. Als ich ein paar Tage später in Leipzig war, wurde ich auch hier schon mit Vorfreude auf das baldige große

Einladungen zur AG-Mauerstein-Party und zur AG-Mauerstein-Ausstellung in der illegalen Galerie *De LOCH*. Besagte Party wurde untersagt. Die Vernissage in der Galerie wurde von der Polizei gestürmt und die Ausstellung geschlossen.

Punktreffen in meiner Heimatstadt begrüßt. Ich entschloss mich, meine geplante kleine Geburtstagspunkparty zu canceln, damit sich in der Szene schnell herumspricht, dass es kein Punktreffen mit Konzert aller bekannten Punkbands an besagtem Tag in Halle (Saale) gibt.

An meinem Geburtstag kam ich irgendwann am Nachmittag zum Thomas-Müntzer-Platz. Dort lungerten schon dreißig bis vierzig auswärtige Punks herum. „Brennende Langeweile" stand ihnen auf ihre Iros geschrieben. Sie hatten mich noch nicht erblickt und ich drehte mich einfach um und ging zu Freunden und übernachtete dort. Was sich auf dem Thomas-Müntzer-Platz an diesem Tag und in der Nacht noch abspielte, habe ich nie erfahren. Aber auch ich war etliche Male in etliche Städte zu etlichen vermeintlichen Punktreffen oder Punkkonzerten gefahren, die nicht stattfanden. Oft waren es nur Gerüchte, oft waren sie von der Staatsmacht verhindert worden. Das gehörte zum DDR-Punkleben einfach dazu. Jede kleine Info über ein eventuell stattfindendes Punktreffen oder Punkkonzert wurde sofort aufgegriffen und wie bei „stille Post" konnte daraus sonst was werden. An diesem Strohhalm klammerte man sich einfach und fuhr für dieses Gerücht auch gerne Hunderte Kilometer. Woche für Woche. Das schweißte die DDR-Punkszene zusammen. So lernte man immer neue Freunde kennen und traf sich immer wieder.

AG-Mauerstein-DIY-Picture-Disc ca. 1985

AG-Mauerstein-Ausstellung in der Umweltbibliothek der Berliner Zionskirche 1987

DIE MAUERSTEIN AG

Ein Meister in der Bekämpfung „brennender Langeweile" war der Punk-Art-Künstler Igor Tatschke. Er sorgte mit seinen AG-Mauerstein-Aktionen wie der großflächigen Graffiti-Verschönerung eines grauen Bunkers bei Ludwigsfelde und seinen Untergrund-Ausstellungen in der illegalen Galerie *De LCCH*, deren Eröffnung vom Staat gewaltsam beendet wurde, und in der Umweltbibliothek der Zionskirche für viel Aufsehen. Seine komplette künstlerische Ausgestaltung der Veranstaltungsräume für Punkkonzerte, insbesondere im Leipziger *Mockau-Keller*, waren grell, bunt und einzigartig. Die Kunstwerke wurden nach den jeweiligen Ausstellungen und Veranstaltungen meist allesamt vernichtet und der verschönerte Bunker bei Ludwigsfelde wurde vom Staat wieder grau angemalt.

Originalzitat Igor Tatschke: „Ich bekam eine Rechnung über mehrere 100 Mark für die Übermalung. Die habe ich zurückgewiesen. Nach der Wende erfuhr ich, dass die Bürgermeisterin der Nachbargemeinde, zu der das Bunkergelände gehört, diese Rechnung dann aus eigener Tasche bezahlt hat, da sie keinen weiteren Stress mit der Stasi haben wollte."

AG-Mauerstein-Punk-Art-Künstler Igor Tatschke 1987

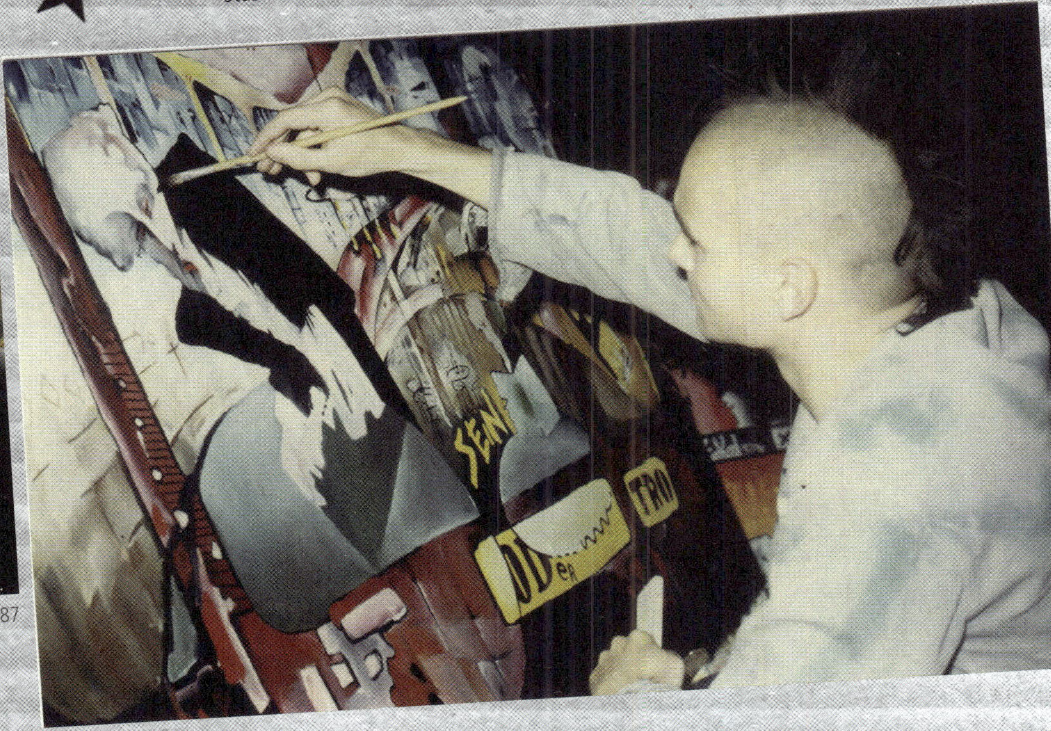

Igor Tatschke in der Umweltbibliothek

AG-Mauerstein-Bunkeraktion 1986

Peter Prinz, Igor Tatschke, Ol Schwarzbach in der Umweltbibliothek

FRISCH AUS UNGARN

Im Sommer 1983 kam ich erstmals auf die Idee, nach Ungarn, Bulgarien und Rumänien zu reisen. Da diese Länder unsere sozialistischen Bruderländer waren, brauchten DDR-Bürger dafür offiziell kein Visum. Es gab jedoch trotzdem eine Hürde zu überwinden, nämlich die „Anlage für den visafreien Reiseverkehr". Diesen unheimlich wichtigen, rein bürokratischen Wisch brauchten DDR-Bürger dann doch, um ungehindert in die visafreien Länder, ausgenommen die *ČSSR*, reisen zu dürfen.

Ich bekam mein Schreiben nach vierwöchiger Wartezeit. Allerdings nur für die Volksrepublik Ungarn. Für die anderen beiden Länder bekam ich eine Ablehnung mit der Begründung, dass die Ablehnung nicht begründet werden muss. Ich hatte trotzdem Glück, denn alle meine Freunde, die zeitgleich mit mir beantragt hatten, bekamen für alle drei Länder eine Ablehnung. So fuhr ich allein, musste aber noch die zwei Grenzen zwischen den sozialistischen Bruderländern überwinden. Wie man es im gesamten Ostblock gewöhnt war, wurden auch an der Grenze zur Tschechoslowakei etliche Jugendliche aus dem Zug geholt, weil sie aus irgendwelchen Gründen – zu viele Ohrringe, eine ungewaschene Jeans oder einfach nur durch eine zu lange oder zu kurze Nase – auffielen. Die sozialistischen Grenzer entschieden das ganz willkürlich. Ich hatte diesmal Glück. Nach einer etwa zwanzigminütigen Diskussion darüber, ob das schwarze Halstuch in meinem Rucksack, welches bei der üblichen strengen Gepäckkontrolle entdeckt wurde, zur Maskierung für einen eventuell geplanten Bankraub in Budapest gedacht sei, ließ man mich die Grenze zur Tschechoslowakei passieren. Wobei die Blicke der Grenzer skeptisch blieben.

Vor der tschechoslowakisch-ungarischen Grenze hatte ich noch mehr Angst. Die Vorstellung, kurz vor dem Ziel zurückgeschickt zu werden, war für mich unerträglich. Doch die ungarische Grenzpolizei, die den Zug betrat, hatte so rein gar kein Interesse, die Fahrgäste zu schikanieren. Weder attackierten sie die Jugendlichen mit nervigen Ausweiskontrollen, noch erfanden sie unsinnige Vorwürfe, um jemanden aus dem Zug zu holen. Ganz im Gegensatz zu ihren DDR- und ČSSR-Kollegen schlenderten sie locker grinsend durch die Abteile. In Deutsch mit deutlich ungarischem Akzent grüßten sie, lautstark „Hallo Hippieland Honecker!"

rufend, die vielen langhaarigen DDR-Jugendlichen, die alle zum *Nazareth*-Konzert nach Budapest wollten. Das war schon die gesamte ungarische Kontrolle meiner unheimlich wichtigen „Anlage für den visafreien Reiseverkehr". Ich merkte sofort, in Ungarn weht ein anderer Wind.

Ungarn war *das* Traumland der gesamten alternativen osteuropäischen Jugend. Ungarn war das einzige erreichbare Stückchen Westen im ganzen Ostblock. In Ungarn war man irgendwie frei. Nicht nur, dass hier an allen Ecken bunte Werbeschilder blinkten. Nicht nur, dass es hier alles zu kaufen gab, insbesondere Schallplatten und Bücher aus dem Westen. Nein, Ungarn hatte etwas viel Wichtigeres zu bieten. In Ungarn war es den Behörden egal, ob du kurze, lange oder bunte Haare trugst. In Ungarn gab es keine Auflagen, welche Musik in den Jugendclubs gespielt werden durfte. In Ungarn spielten sogar die ganz großen Rock-, Metal- und New-Wave-Bands aus dem Westen wie *Queen, Iron Maiden* oder *Depeche Mode*. Ja, es gab sogar in einigen Läden Punkklamotten, Buttons, T-Shirts, Aufnäher und alles, was das Punkherz begehrte, zu kaufen. Nicht umsonst verhöhnte die Dresdner Punkband *Paranoia* in ihrem 1984 veröffentlichten Song „Frisch aus Ungarn" die konsumorientierte Kauffreudigkeit der DDR-Punks auf ihren Ungarnreisen. Ihr Song entstand in Anlehnung an „Frisch aus England" der Hannoveraner Punkband *Blitzkrieg*, die sich über die Kauffreudigkeit der BRD-Punks auf Englandreisen lustig machte.

Aber es gab nicht nur Punkutensilien in Ungarn zu kaufen. Viel wichtiger war, dass tatsächlich Punkkonzerte in ungarischen Jugendclubs stattfanden. In der DDR unvorstellbar! In Ungarn das Natürlichste der Welt – in Budapest gab es sogar einen Punkclub mit dem Namen *Fekete Lyuk*, was übersetzt *Schwarzes Loch* bedeutete. Der Club war in einem düsteren Keller untergebracht, sodass man wirklich ein „schwarzes Loch" betrat. Später las ich in einem westlichen Reiseführer eine dringende Warnung vor dieser Lokalität. In der DDR gab es keine Ungarn-Reiseführer für junge Leute und darum wusste ich nichts von den Warnungen. Dieser Club wurde in den nächsten Jahren meine zweite Heimat in Budapest. Bedroht oder gefährdet habe ich mich dort niemals gefühlt.

Doch zurück zu meinen ersten Tagen in dieser fremden Welt. Ich musste viel lernen. Der Zug spuckte mich und alle anderen Reisenden am Keleti Pályaudvar, dem Ostbahnhof in Budapest aus. Dieser war ein erster wichtiger Anlaufpunkt für die Ostjugend. Denn dort wurden alle relevanten Infos untereinander ausgetauscht. Und dort gab es Schließfächer. Die Schließfächer waren überlebenswichtig für Ungarnreisende. Jeder, der ankam, hatte sein ganzes Gepäck dabei – vom klumpigen großen DDR-Schlafsack über Klamotten bis hin zur Verpflegung. Das konnte niemand unmöglich den ganzen Ungarnaufenthalt mit sich herumschleppen. So lungerten immer Hunderte DDR-Jugendliche nach ihrer Ankunft in Ungarn erst mal oft ein paar Tage und Nächte vor den Schließfächern herum, in der Hoffnung, eines der begehrten Fächer zu ergattern. Wenn dies gelang, war die Freude groß. Jeder behielt sein Fach bis zum Ende der Reise, um es dann dankbaren Nachfolgern zu überlassen.

Wo kann ich schlafen, war mein Hauptproblem. Ungarn wollte keine DDR-Mark haben. Dadurch war der ungarische Forint für mich und meine Altersgenossen genau so viel wert wie Westgeld. Wir durften nur einen kleinen Betrag tauschen. Ungefähr so viel, wie ein Westdeutscher in zwei Tagen Urlaub in Ungarn ausgab. Ich wollte aber zwei Wochen bleiben. Eine Übernachtung in einem Hotel konnten Ostdeutsche nicht bezahlen. So blieb nur die Übernachtung im Freien. 1983 schlief die gesamte alternative Jugend aus der DDR und der Tschechoslowakei auf der Magareteninsel in der Mitte der Donau. Genau im Herzen von Budapest. Das sprach sich schnell herum und so suchte auch ich diesen Platz auf und war verblüfft. Dort rings um den großen Springbrunnen campierten mehr als tausend Jugendliche in ihren Schlafsäcken. Die Wasserfontänen schossen in die Höhe und die Tropfen schillerten in tausend Farben. Ich suchte mir ein freies Plätzchen und richtete mein Nachtlager ein. Um mich herum wurde gelacht,

gegessen und getrunken. Überall wurde Gitarre gespielt und gesungen. Mein Blick verharrte in den bunten Wassertropfen und mich überkam ein warmes Glücksgefühl. Darüber, dass es für die vielen Menschen weder Toiletten noch ein Waschbecken geschweige denn eine Dusche gab, machte sich hier niemand wirklich Gedanken. Ich schlief glücklich und zufrieden unter freiem Himmel mit den vielen funkelnden Sternen über mir ein. Meine erste Nacht in einem damals für mich noch fremden, unbekannten Land, wo alles so anders war als das, was ich bisher kannte.

Ungarn veränderte mein Leben grundsätzlich. Da ich 1983 nach zwei Wochen Freiheit in meiner Urlaubszeit keine Lust verspürte, zurück in die DDR zu fahren, entschied ich mich, in Ungarn zu bleiben. Wohlwissend, dass ich damit einen extrem krassen Bruch in meinem Leben vollziehe. Doch das war mir egal! Ich hatte einfach Angst, dass ich vielleicht nie mehr eine „Anlage für den visafreien Reiseverkehr" bekommen würde und dann dieses Gefühl der Freiheit nicht wieder erleben könnte. Also nutzte ich die Gunst des Augenblicks.

Ich trampte durch das ganze Land und lernte Unmengen von Hippies, Punks und Heavy-Metalern aus Ungarn kennen. Durch sie erfuhr ich, wo Konzerte, Festivals und Partys stattfanden. Das war nicht immer einfach. Englisch sprach fast niemand im Osten und die paar Brocken der Ungarn, die sie aus dem Deutschunterricht kannten, halfen auch nicht weiter. So versuchte ich, etwas Ungarisch zu

Osteuropäische Jugend auf der Magareteninsel in Budapest 1983

Das „Zonencamp" in Budapest 1984

lernen. Doch meistens verständigte ich mich mit Händen und Füßen. Ich mochte die Ungarn und sie mochten mich. Sie waren extrem hilfsbereit, aufgeschlossen und sehr gastfreundlich. Irgendwann konnte ich mich auf Ungarisch artikulieren, und wenn ich in Ungarn auf Deutsche traf, gab ich mich oft nicht mehr als Deutscher zu erkennen. Ich besuchte etliche Punk- und Heavy-Metalkonzerte und alles, ohne dass es auch nur ansatzweise Schikanen oder Einschränkungen seitens der ungarischen Polizei gab. Ich fühlte mich unendlich frei!

Aus den zwei Wochen Urlaub wurden zwei Monate. Dann erst stieg ich wieder in einen der überfüllten Züge, die Ende August in Richtung DDR fuhren. Meist waren sie so voll, dass die Letzten durch die Zugfenster kletterten, da die Türbereiche bereits heillos verstopft waren. Dann fuhr man etwa zwanzig Stunden dicht an dicht mit Hunderten Jugendlichen ohne Sitzplatz durch die Tschechoslowakei in die DDR. An der ungarischen Grenze wurde gar nicht kontrolliert. Wer sollte denn auch aus Ungarn in die DDR flüchten?! An der tschechoslowakisch-ostdeutschen Grenze wurde dann umso gründlicher überprüft. Die Grenzer suchten nach verbotenen Schallplatten, Büchern, Musikzeitschriften, Comics und vielem mehr. Sie machten Jagd auf „Schund- und Schmutzliteratur", wie in der DDR-Fachsprache fast alle Westbücher und Zeitschriften egal welchen Inhalts bezeichnet wurden. Die Verstecke am Körper oder im Geheimfach am Schlafsack wurden oft entdeckt. Die in Ungarn teuer gekauften Dinge westdeutschen Ursprungs wurden dann sofort beschlagnahmt. Um meine schon vor sechs Wochen abgelaufene „Anlage für den visafreien Reiseverkehr" kümmerte sich allerdings zum Glück niemand. Das verwunderte mich, denn ich hatte erwartet, aus dem Zug geholt und aufs Strengste verhört zu werden. Meine schlimmste Befürchtung war, sogar ins Gefängnis zu wandern. Aber weit gefehlt. Niemand verlor auch nur ein Wort darüber.

Bei meiner Ankunft in Halle (Saale) erwarteten mich einige Überraschungen. Während meiner Abwesenheit war meine Wohnung durchsucht worden. Da meine Rückkehr aus Ungarn schon zu lange überfällig war und niemand wusste, wo ich mich aufhielt, hegten sie den Verdacht der Republikflucht gegen mich. Mein Arbeitsplatz wurde neu besetzt, weil mich alle im Westen wähnten. Nachfolgende ernsthafte Konsequenzen gab es aber zum Glück keine.

Dass ich noch mal eine „Anlage für den visafreien Reiseverkehr" bekommen würde, hielt ich für ausgeschlossen. Trotzdem beantragte ich sie ein Jahr später erneut. Wie im Jahr zuvor lehnte die zuständige Behörde die Genehmigung für Bulgarien und Rumänien ab. Wie üblich mit der Begründung, dass diese Ablehnung keiner Begründung bedürfe. Ohne große Hoffnung las ich den Brief zu Ende. Was da stand, konnte ich kaum fassen. Ungläubig rieb ich mir die Augen – ich durfte nach Ungarn! Verblüfft und überglücklich zugleich bereitete ich mich auf meine zweite Ungarnreise vor. Diesmal fuhr ich zeitiger los. Bereits Ende Juni 1984, quasi in der Vorsaison, traf ich wieder auf der Budapester Magareteninsel ein. Einige wenige Ostdeutsche und ein paar Tschechoslowaken breiteten gerade ihre Schlafsäcke am Springbrunnen aus. Es dämmerte. Ich lag in meinem Schlafsack, beobachtete die bunten Wassertropfen der beleuchteten Fontänen, erinnerte mich an die tollen Erlebnisse des letzten Jahres und träumte zufrieden vor mich hin, glücklich darüber, wieder in Budapest zu sein.

Die Fontäne wurde abgeschaltet und die Dunkelheit der Nacht umgab uns. Grelles Licht und laute Motorengeräusche rissen mich plötzlich aus meinem Dämmerzustand. Türen krachten. Das helle Licht blendete mich. Ich konnte nichts erkennen. Lautes Geschrei und Stiefelgetrampel drangen an mein Ohr. Dann sah ich Gummiknüppel bedrohlich über meinem Kopf hin- und herschwingen. Ich zuckte zusammen und bekam plötzlich mörderische Angst. Was war passiert? Es wurde laut in Ungarisch geschrien. Ich verstand kein Wort. Eine Sprayflasche mit Tränengas tauchte vor meinem Gesicht auf. „Aufstehen! Sofort aufstehen! Schnell! Schnell!", drangen plötzlich scharfe Worte in Deutsch mit starkem ungarischen Akzent in mein Ohr. Ich schoss hoch. Dann sah ich etwa zwanzig Polizisten mit Gummiknüppeln in der einen und Tränengas und Taschenlampen in der anderen Hand auf dem Gelände herumlaufen. Sie weckten jeden unsanft und zeigten mit ihren gezogenen Gummiknüppeln in Richtung LKW. Wer nicht schnell genug aufwachte und aufsprang, dem wurden die Augenlider aufgehalten und Tränengas hineingesprüht. Blitzschnell schossen wir hoch und tauschten unsere bequemen Schlafsäcke gegen harte Sitze auf einem der bereitstehenden Polizei-LKW. Stundenlang fuhren wir, etwa fünfzehn deutsche und fünf tschechoslowakische Jugendliche, auf dem Ello durch die finstere Nacht. Was machen die mit uns? Wo fahren die uns hin? Wir konnten uns das nicht erklären. Irgendwann passierten wir das Tor eines Lagers, das sehr stark an ein Gefängnis erinnerte. Uniformierte Bewacher und Zäune mit Stacheldraht. Warum sollten die uns einsperren? Unsere Ausweise und die wichtigen „Anlagen für den visafreien Reiseverkehr" wurden eingezogen.

Uns wurde von einem Polizisten, der Deutsch sprach, erklärt, dass dieser Platz ab sofort für die Ostdeutschen und Tschechoslowaken zum Übernachten genutzt werden dürfe bzw. genutzt werden müsse! Und zwar nur dieser Platz! Allen, die weiterhin versuchten, auf der Magareteninsel zu nächtigen, würde es so ergehen wie uns. Das sollten wir allen erzählen, die wir träfen. Ich fühlte mich nun doch irgendwie wieder wie in der DDR. Der Stacheldraht, der das riesige Gelände am Stadtrand von Budapest umzäunte, war nach innen gerichtet. Nicht zum Schutz der „Gäste". Nein, er war dafür gedacht, dass niemand rauskommt. Ja, das war plötzlich ein Stück DDR mit Mauer im Herzen Ungarns. Die rigorose Vorgehensweise sprach sich schnell herum und zeigte schnellen Erfolg. Die meisten ostdeutschen Jugendlichen und die aus der ČSSR, die im Sommer wieder zu Tausenden nach Ungarn kamen, hielten sich an die Anweisung und schliefen brav im eingezäunten, von bewaffneten Polizisten bewachten „Zonencamp". So wurde es schnell von den meisten Reisenden genannt. Ich aber wollte mein Stück gewonnene Freiheit in Ungarn nicht wieder von Stacheldraht einengen lassen. Darum schliefen ich und ein paar andere unangepasste Ostdeutsche ab dieser Zeit versteckt in Gebüschen hoch oben auf dem Gellértberg. Unseren Schlafplatz im Zentrum von Budapest wollten wir uns einfach nicht nehmen lassen.

Die rabiate Vorgehensweise der ungarischen Polizei hatte mich geschockt, doch es sollte in diesem Jahr noch schlimmer kommen. Die ungarische Jugend empfand ich rebellischer als ihre Altersgenossen in der DDR. Sie waren heißblütig und als Meute ziemlich unaufhaltsam. Beim Béke-Fesztivál 1984 in Pusztavacs erlebte ich eine Auseinandersetzung, die mich für Wochen in einen Schockzustand versetzte. Hundertfünfzigtausend Rockfans waren angereist, um im geografischen Mittelpunkt Ungarns die dortige Woodstock-Variante zu erleben.

Als es zu zeitlichen Verzögerungen des Auftritts der ungarischen Kult-Metal-Band *P. Mobil* kam, wurden viele der Fans ungeduldig. Sie buhten und einige warfen Flaschen in Richtung Bühne. Daraufhin wurde über das Mikrofon der Auftritt der Band komplett abgesagt. Nun war die Rebellion perfekt. Tausende Fans der Band buhten und riefen in lauten Sprechchören: *„P. Mobil! P. Mobil!"* Plötzlich traten ungefähr zwei Hundertschaften Polizisten vor die Bühne und versuchten, mit Gummiknüppeln um sich schlagend die Fans zu vertreiben. Wer das anordnete, kann nur wahnsinnig gewesen sein. Die Polizeikette drängte die Jugendlichen immer mehr zurück. Panisch versuchten viele, vor den brutalen

▲ Ausschreitungen beim Békefesztivál in Pusztavacs 1984

Schlägen zu flüchten. Doch die Massen ließen keine Flucht nach hinten zu. Die Polizei prügelte wild und wahllos in die Menge. Es kam zur Gegenwehr. Die Jugendlichen schlugen zurück. Hunderte Flaschen flogen. Die Staatsmacht sah, dass sie gegen die Übermacht der wütenden Fans nicht gewinnen konnte. Sie blies zum Rückzug. Ich sah mit eigenen Augen, wie ein besonders eifrig wild und brutal um sich schlagender Polizist den Befehl zum Rückzug nicht mitbekam und plötzlich alleine auf die Jugendlichen einprügelte. Diese umzingelten ihn nun und er bekam ihre gesamte Wut zu spüren. Als sie den fehlenden Kollegen bemerkten, prügelten sich etwa fünfzig Polizisten einen Weg durch die wütende Masse. Doch sie kamen zu spät. Sie schleiften den leblos wirkenden Körper des Mannes aus der Menge.

Nun wollte die Polizei Rache. Von der einen Seite kamen Wasserwerfer, von der anderen Seite mit Säbeln bewaffnete Reiter. Diese schlugen gezielt auf die Köpfe der Jugendlichen und ritten im wilden Galopp jeden nieder, der nicht schnell genug zur Seite springen konnte. Ich hatte nur noch Angst. Wegrennen ging nicht. Auf dem Platz befanden sich über hunderttausend Jugendliche. Es entstand Panik. Die Schreie der von den Säbeln Verletzten drangen an mein Ohr. Ich versuchte vorauszuahnen, welche Richtung die Reiter einschlagen würden, um ja nicht unter die Hufe oder die Säbel zu gelangen. Es gab keine Möglichkeit, den Platz zu verlassen. Angst und Wut beherrschten das Geschehen. Immer wieder gab es Gegenwehr. Es wurde zurückgeschlagen.

Ununterbrochen flogen regelrechte Flaschenhagel gegen die Polizisten. Aber gegen die Reiter und Wasserwerfer hatte niemand eine Chance. Es gab keinen Gewinner, aber etliche Verletzte auf beiden Seiten. Die Polizeiführung entschloss sich überraschenderweise plötzlich zur Deeskalation. Über Mikrofon wurde angesagt, dass sich die Polizei zurückziehen werde, wenn die Flaschenwürfe eingestellt würden, und dass die Band *P. Mobil* nun doch spielen dürfe, sobald sich die Lage beruhige. Genau das geschah dann auch. Die Polizei zog sich langsam rückwärtsgehend unter tosendem Beifall der Jugendlichen zurück. *P. Mobil* spielte nun doch noch vor mehr als hunderttausend Fans. Überall sah ich Verletzte mit Verbänden an Köpfen, Armen und sonstigen Körperstellen. Später am Abend machte das Gerücht die Runde, dass es mehrere Tote sowohl unter den Jugendlichen als auch den Polizisten gegeben habe. Die Veranstalter änderten das Nachtkinoprogramm. Statt dem geplanten Friedensfilm *Gandhi* lief nun in der Nacht auf riesiger Kinoleinwand *Krieg der Sterne*.

Ungarn verband ich trotz dieser Erlebnisse immer noch mit fast grenzenloser Freiheit. Doch wurde mir in den folgenden Jahren die Beschaffung der „Anlage für den visafreien Reiseverkehr" erheblich erschwert. Sie wurde nun Jahr für Jahr zunächst für alle beantragten Länder, inklusive der VR Ungarn, abgelehnt. Über Monate beschäftigte ich mich damit, Beschwerden zu verfassen und beim Ministerium des Inneren einzureichen. Nach Ablehnung durch das Ministerium schrieb ich neue Eingaben bis hin zum DDR-Staatsratsvorsitzenden Erich Honecker. Gleichzeitig besuchte ich regelmäßig die zuständige Behörde. Zumeist kurz vor Feierabend. Dort begann ich eine ewig währende Diskussion über den Sinn meiner Reiseablehnung. Die zuständigen Mitarbeiter, die Feierabend machen wollten, schauten ständig auf die Uhr und versuchten, mich abzuwimmeln. Doch ich ging nicht. Sie versuchten, mich zum Gehen zu bewegen. Doch ich wollte nur gehen, wenn ich eine Zusage bekam. Dann versuchten sie, mich rauszuschmeißen. Aber ich ging nicht. Entnervt holten sie dann meistens die Polizei, um mich loszuwerden. Mit meinem speziellen Beantragungsprozedere begann ich nun jedes Jahr schon im Winter. Anfang des Sommers erhielt ich dann meist von den völlig genervten Mitarbeitern der Behörde meine „Anlage für den visafreien Reiseverkehr".

Das war mein Ticket in die zeitlich begrenzte Freiheit. Ich blieb jedes Jahr anstatt der genehmigten dreißig Tage zwei bis drei Monate in Ungarn und schlug mich irgendwie durch. Das war nicht immer einfach. Das Geld, das ich wie alle Ostdeutschen zur Verfügung hatte, reichte, wenn man extrem sparsam damit umging und es für nichts anderes ausgab, um Lebensmittel für etwa zwei Wochen zu kaufen. Mehr durfte man als DDR-Bürger nicht tauschen. Es gab noch den Trick mit den Zollerklärungen. Jeder Ostdeutsche hatte eine dieser Erklärungen zur Verfügung, um einhundert Ostmark in Forint extra tauschen zu dürfen. Als jemand herausfand, dass das dieselben Zollerklärungen waren, die Omas bei Westbesuchen ausfüllen mussten, wurden diese angehalten, die unausgefüllten Zollerklärungen heimlich einzupacken. Denn an der Westgrenze lagen sie zahlreich herum, während Ungarnreisenden nur eine pro Person zugeteilt wurde. Es entstand ein reger Handel mit diesen illegalen und doch legalen Zollerklärungen der Schmuggel-Omas.

Da ich lange bleiben wollte, musste ich zu anderen Überlebensmaßnahmen greifen. Zuerst setzte ich mir selber eine Geldausgabegrenze von achtzehn Forint pro Tag. Das entsprach damals nicht ganz fünfzig Westpfennig. Westdeutsche

Geralf Pochop

Halle/Saale, d. 22.7.87
Thomas-Müntzer-Platz 5

Minister für innere
Angelegenheiten

B e r l i n

1o2o

E i n g a b e

Betr.: Ablehnung meines Antrags vom 2,06.1987 beim Paß- und Meldewesen (Halle-Ost) auf eine Reise in die VR Ungarn im Juli 1987

Meine beantragte Reise in die VR Ungarn wurde am 23.06.1987 abgelehnt.
Auf meine Anfrage beim Paß- und Meldewesen Halle-Ost,am 3o.06.1987 (Leninalee Zi.4),wurde mir weder eine Begründung noch ein § genannt', weshalb ich meine gewünschte Reise in die VR Ungarnnnicht antreten darf.
Stattdessen sagte man mir,auf mein weiteres Anfragen,erst käme ich schon kurz vor der Mittags- zeit (ich kam 11.45 Uhr und 12.oo Uhr ist erst Mittagszeit,wiemmannden Öffnungsschildern ent- nehmen kann) Und wenn ich meinen Mund nicht halte würdeiich raußfliegen.
Durch diesen schroffen Ton,der absolut Unwürdig für dieses Amt ist,sah ich mich veranlaßt das Paß- und Meldewesen zu verlaßen.

Da ich nun schon seid vier Jahren,jedes Jahr ein bis zwei mal,in die VR Ungarn reise(das letzte mal war ich zum Jareswechsel 1986/1987)und da ich dort sehr viele Freunde habe,außerdem auf der Volkshochschule einen Sprachkurs(Ungarisch) besucht habe,finde ich die Ablehnung meines Antrags ungeheuerlich.

Ich verlange das man mich meine Reise in die VR Ungarn nachholen läßt.

Im *Fekete Lyuk* in Budapest 1988

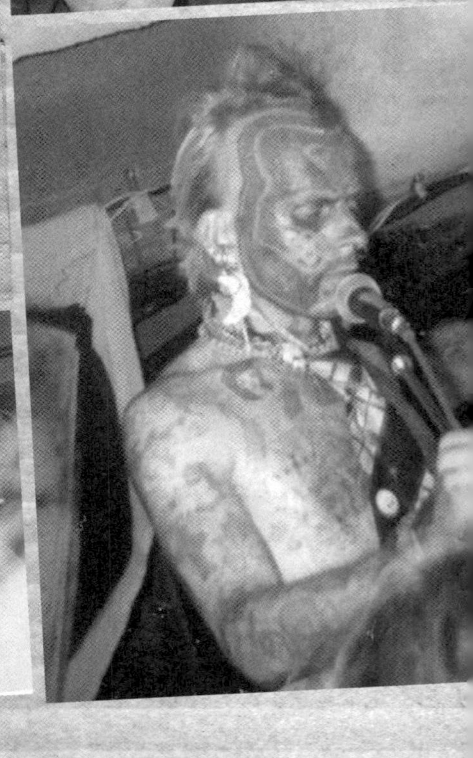

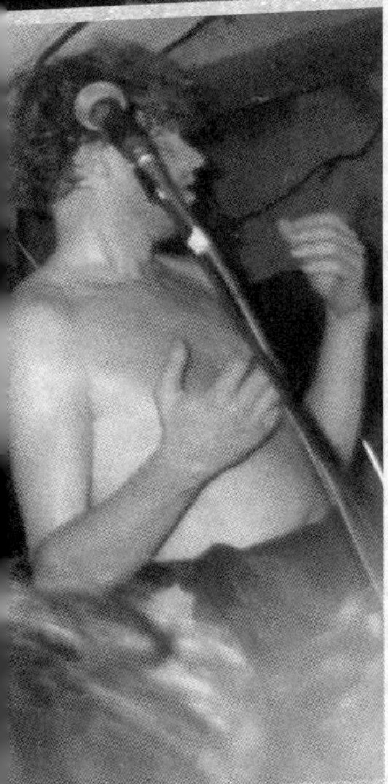

gaben pro Tag in Ungarn etwa das Hundert- bis Zweihundertfache aus! Ich entwickelte viele Strategien, um an Essen zu kommen. So nach und nach kannte ich alle Gaststätten und Pizzabuden Budapests, in welchen BRD-Touristen verkehrten. Meistens bestellten diese viel zu viel, denn Ungarn war für sie ein billiges Reiseland. Ich beobachtete die Tische, auf denen sich das Essen stapelte. Sobald die Westtouris bezahlten, hieß es schnell sein. Bevor die vielen übrig gebliebenen Speisen abgeräumt wurden, rannte ich blitzschnell zum Tisch und nahm mir so viel, wie ich in der kurzen Zeit einpacken konnte. Meine favorisierten Tische waren die, an denen Westfamilien mit verwöhnten übersättigten Kindern saßen. Diese rührten meistens ihr Essen kaum an. Oft ging ich auch zur Volksküche. Es gab in Budapest einige wenige dieser Armenküchen in der Innenstadt. Dort stellte ich mich in die lange Schlange zwischen die vielen hungrigen, meist sehr alten Menschen mit faltigen Gesichtern. Allerdings vertrug ich dieses Essen nicht immer. Bauchkrämpfe, Durchfall oder Brechanfälle waren oft die Begleiterscheinungen der billigen Armengroßküche.

Die angenehmste Art, an Essen zu kommen, war, mich Westdeutschen als Fremdenführer anzubieten. Ich kannte Budapest wie meine Westentasche. So wartete ich oft vor den in westdeutschen Reiseführern empfohlenen Gaststätten. Wenn ich dann alternativ aussehende junge Touristen erspähte, die mit dem Buch in der Hand das empfohlene Restaurant ansteuern wollten, sprach ich sie an. Redegewandt, wie ich war, überzeugte ich sie, dass das Restaurant, in das sie wollten, viel zu teuer sei. Das war nicht gelogen. Die Speisekarten hingen aus und ich zeigte auf die Preise. Dann führte ich sie zu einem der vielen rustikalen, preiswerteren und ursprünglichen ungarischen Gaststätten. Dort war das Essen um ein Vielfaches billiger und um Längen wohlschmeckender. Da ich mir aber auch dort kein Essen leisten konnte, lud man mich meistens dankbar für den Tipp zum Essen ein. Wenn wir uns sympathisch waren, verbrachten wir oft noch den ganzen Tag zusammen und ich zeigte ihnen Budapest. Ich brachte sie in Clubs und zu Konzerten, die ein normaler Westdeutscher nie finden konnte. Oft führte ich sie in meine heimliche Heimat, den Punkclub *Fekete Lyuk*. Dort traf sich jede Nacht die Punk-, Avantgarde-, Gruft- und Independentszene. In dem „schwarzen Loch" feierte der Budapester Underground. Stieg man die vielen Treppenstufen in den Keller hinab, betrat man eine eigene Welt. Dunkel, stickig, feucht, verraucht und immer voll. Jede Nacht wurde zu Independentklängen getanzt und gepogt. Oder es spielte eine der damals angesagten Undergroundbands wie der „verrückte“ selbsternannte Retter der osteuropäischen Kultur Waszlavik „Gazember“ László, die Hardcoreband *A.M.D.* oder Punkbands wie *Aurora*, *Fuck off System* und *Die Trottel*. Dann war dort die Hölle los. Meist waren die verblüfften jungen Westreisenden sehr dankbar für dieses Abenteuer im wilden Osten und den so anderen Einblick in dieses Land, dass die Eintrittskarten und Getränke für mich mit abfielen.

Eine andere für mich wichtige Einnahmequelle hing mit der musikalischen Offenheit Ungarns zusammen. Im Gegensatz zu den anderen Ländern des sozialistischen Weltsystems veranstaltete die VR Ungarn jedes Jahr mehrere Konzerte mit angesagten Rockbands aus dem Westen. Da sich nicht nur die Ungarn, sondern die gesamte osteuropäische Jugend diese Konzerte nicht entgehen lassen wollte, waren die Tickets zumeist schon kurz nach Beginn des Vorverkaufs restlos ausverkauft. Es gab eine lebendige Schwarzmarktszene. Viele windige Gestalten kauften gleich bergeweise die begehrten Eintrittskarten und bauten am Konzerttag vor dem Stadion ihre Schwarzmarktstände auf. Dort konnte man dann die Tickets für ein Vielfaches des Ursprungspreises erstehen. Das brachte mich auf eine Idee. Da ich mich lange genug in Ungarn aufhielt, um ebenfalls am Vorverkauf teilnehmen zu können, kaufte ich mir immer gleich am ersten Vorverkaufstag eine Eintrittskarte für ein angesagtes Konzert. Dieses behütete ich dann einen Monat lang wie einen Schatz. Am Tag des Konzerts sprach ich westdeutsche Rockfans bereits am U-Bahnhof an und verkaufte dann mein Ticket für zwanzig bis fünfundzwanzig Westmark. Diese tauschte ich wieder schwarz zu einem guten Kurs in Forint. Mit diesem Geld konnte ich noch ein paar Wochen länger in Ungarn bleiben.

Da ich zur Ostjugend gehörte und somit nirgendwo sonst die Möglichkeit dazu hatte, wollte ich mir natürlich die Bands auch nicht entgehen lassen. Auch ohne Ticket. Immer versuchten Hunderte Jugendliche, die keine Eintrittskarte bekommen hatten oder sie sich nicht leisten konnten, illegal in das Konzertstadion zu gelangen. Sei es mittels langer Leitern, auf deren Sprossen wir über die Stadionmauern kletterten wie bei den *Scorpions*, oder durch gefälschte Tickets wie bei *Iron Maiden* oder einfach durch schlagartiges, kollektives Losstürmen wie bei *Queen*. Wenn einhundert Jugendliche plötzlich und unerwartet in Richtung Eingang rannten, waren die Einlasser so überrumpelt, dass es sechzig bis achtzig von uns schafften. Die anderen machten allerdings meist schmerzliche Erfahrung mit den Gummiknüppeln der ungarischen Polizei.

Waszlavik „Gazember“ László im *Fekete Lyuk*

Im Sommer 1986 hatte ich das erste Mal ungarisches Geld im Überfluss. Einige Freunde, Ungarnfans wie ich, hatten gehört, dass dort neuerdings Straßenmusik erlaubt war. Sie nahmen daraufhin ihre Instrumente mit auf die Reise. Die Ungarn waren hocherfreut, denn Straßenmusik war auch für sie etwas Neues. Sie überschütteten uns geradezu mit Forint. Wenn wir uns in diesem Jahr auf dem Platz vor dem *Keleti Pályaudvar* zum Frühstück trafen, bestand das Essen nicht wie die Jahre zuvor aus trockenem Weißbrot, sondern aus den herrlichsten Speisen. Statt Leitungswasser tranken wir 1986 schon zum Frühstück Sekt. Es war herrlich und wir lebten wie Könige!

Ein Jahr später spielten dann an jeder Ecke Straßenmusiker. Für die Ungarn hatte das längst keinen Reiz mehr. Es wurden keine Forint mehr in unsere Sammelhüte geworfen und das Luxusleben wich wieder der Suche nach dem täglichen Essen.

Durch den verhältnismäßig liberalen Umgang mit der Jugend gab es in Ungarn ein breites Spektrum an Musikstilen, Konzerten und Festivals. Ständig war in dem kleinen Land irgendwo etwas los. Neben den zahlreichen Heavy-Metal- und Rockkonzerten gab es auch viele andere subkulturelle Events. Besonders spektakulär habe ich ein Avantgarde-Festival in Pomáz in Erinnerung. Krasse, farbenfreudige Industrial-Performances wechselten mit ohrenbetäubenden Kreissägen- und Stahlgeräuschen in totaler Finsternis ab. Selbst *Die Tödliche Doris* und die alten *Einstürzenden Neubauten* hätten hier angesichts der Experimentierfreudigkeit

Underground-Konzert-Plakat an einer Budapester Wand 1986

Im *Fekete Lyuk* 1938

der Musiker wie Waisenknaben ausgesehen. Der Höhepunkt dessen, was ich in meinem Leben bis dahin sehen durfte, bildete der Auftritt des *Albert Einstein Komitees – A. E. Bizottság*. Der Auftritt dieser ungewöhnlichen Avantgarde-Punkband wurde untermalt von einem selbstgedrehten Videofilm. Dieser schockte durch eine Symbiose aus Polizeigewalt, Straßenschlachten und Pornografie. Der Wahnsinn griff um sich! Dieser Film kam selbst im liberalen ungarischen System auf den Index und durfte nicht mehr öffentlich gezeigt werden. *A. E. Bizottság* stammten wie auch Waszlavik „Gazember" László aus der Künstlerstadt Szentendre. Jedes Jahr trat dieser dort auf einem fahrenden Schiff auf der Donau auf. Das Schiff war so klein, dass nur er mit seiner Band darauf passte. Die Zuschauer verfolgten vom Donauufer aus die schräge Performance des „verrückten" Folkpunkers, der sich selber Rock-Schamane nannte. Oft gingen alle nach Ende der Konzerte zu ziemlich wilden, ausschweifenden Partys der Musiker in Szentendre.

Auch mein erstes und einziges Ska & Oi!-Festival der 1980er erlebte ich in Ungarn. Während in der DDR die meisten Punks und Skins Todfeinde waren, da sich in der Deutschen Demokratischen Republik fast alle Skinheads ab Mitte der Achtziger als Faschisten outeten, konnte man in Budapest als Punk zwischen Hunderten Skinheads Ska- und Oi!-Bands ansehen, ohne irgendeine Anfeindung zu erleben.

Ungarn gehörte trotz der vielen Freiheiten, die man dort genoss, zum Ostblock und zum Warschauer Pakt. Das sollte ich 1988 am eigenen Leib zu spüren bekommen. Es gab in der DDR in den 1970ern einen Kinderfilm über einen ungarischen Freiheitskämpfer und eine dazugehörige Zeichengeschichte mit dem Namen *Der Kapitän vom Tenkesberg*. Zusammen mit ein paar Freunden kamen wir auf die Idee, zum Tenkesberg zu trampen, um uns mal anzusehen, wo der Held unserer Kindheit gelebt hatte. Der Tenkesberg liegt in der Nähe des Dorfs Villány, das von einer deutsch-schwäbischen Minderheit bewohnt wird und für seinen guten Wein bekannt ist. Wir trafen uns also in Villány, liefen ein paar Kilometer zum besagten Berg und kletterten hinauf. Dieser Berg entpuppte sich als der Inbegriff des Grauens. Er war vollständig überwuchert und es lebten dort Millionen von blutrünstigen Riesenmücken, die sich über das unverhoffte Mittagessen in Form von jungem, ostdeutschem Subkultur-Blut sehr freuten. Vollkommen zerstochen flohen wir, verfolgt von riesigen Mückenschwärmen, denen ihr Mittagessen nun zu entkommen drohte, in Richtung Zivilisation, in Richtung Villány.

Doch auch die Zivilisation entpuppte sich als die Hölle! Denn plötzlich richteten etwa zehn uniformierte Männer ihre geladenen Maschinengewehre auf uns. Ihr Vorgesetzter schrie wild und lautstark auf uns ein. Ich verstand immer nur die Worte „Német Disznó" – „Deutsche Schweine". Wir fühlten uns bedroht und hatten Angst. Mit erhobenen Händen über dem Kopf, die Maschinengewehre im Rücken wurden wir durch das Dorf getrieben. Die Gardinen der Fenster wackelten ununterbrochen, doch es traute sich kein einziger Dorfbewohner auf die Straße. Es herrschte Angst. Das konnten wir spüren. Wir hatten keine Erklärung für das, was uns da gerade geschah, und zitterten am ganzen Leib.

Unser Ausflug endete in einer Baracke im Bahnhofsgebäude. Wir wurden nacheinander von einem Dolmetscher verhört. Nun erfuhren wir, was uns vorgeworfen wurde. „Sie wollten die Volksrepublik Ungarn auf illegalem Weg in Richtung Westen verlassen", lautete der Vorwurf. Wir wussten gar nicht, was die meinten, erfuhren aber, dass sich Villány nur fünfzehn Kilometer von der jugoslawischen Grenze entfernt befindet. Über so was hatten wir uns keine Gedanken gemacht, noch dazu, wo Jugoslawien ein sozialistisches Land war. Aber das half nichts, wir waren plötzlich wider Willen DDR-Republikflüchtige. Normaler Werdegang: ungarisches Gefängnis, Auslieferung an die DDR-Organe, bis drei Jahre politische Haft im Zuchthaus der Deutschen Demokratischen Republik. Wir steckten ganz gehörig in der Klemme. Aber wir hatten Glück im Unglück, denn zwei unserer Freunde besaßen inzwischen westdeutsche Reisepässe. Sie waren vor ein paar Jahren in die BRD ausgereist. Diese benahmen sich nun auch ganz „westdeutsch". Sie drohten mit diplomatischen Verwicklungen, mit Beschwerde bei der Botschaft und vielem mehr. Jeder wusste, dass die Westdeutschen in Ungarn Narrenfreiheit hatten, da Ungarn unbedingt die Devisen der Touristen brauchte. Der Kaltschnäuzigkeit unserer Freunde hatten wir es zu verdanken, dass wir nach einer Nacht mit auf uns gerichteten Maschinengewehren in der Bahnhofsbaracke am nächsten Morgen alle zusammen in einen Zug nach Budapest gesetzt wurden. Bewacht von mehreren bewaffneten Grenzpolizisten fuhren wir durchs Land. In Budapest durften wir den Zug verlassen und waren wieder frei und überglücklich, mit dem Schrecken davongekommen zu sein. Ab diesem Tag schaute ich mir vor jeder neuen Tramptour in eine unbekannte Gegend auf der Karte der VR Ungarn nun ganz genau an, ob das angesteuerte Ziel nicht zu nah an irgendeiner Grenze, egal ob zum kapitalistischen oder sozialistischem Ausland, lag.

Rennend versuchten wir, den letzten Bus dieser Nacht aus Halle-Neustadt in die Innenstadt zu bekommen. Wir erreichten ihn mit Müh und Not, doch als der Busfahrer uns sah, schloss er einfach die Türen und fuhr los. Vermutlich passte ihm unser Äußeres nicht. Wir waren stocksauer. Nicht nur das! Wir waren jung und stocksauer! Unseren Frust und unsere Wut ließen wir im Schutz der Dunkelheit an dem Buswartehäuschen aus. Es klirrte eine Scheibe. Sofort tauchte wie aus dem Nichts kommend ein Toniwagen der Volkspolizei auf. Wir waren zu dritt und flüchteten erschrocken in drei verschiedene Richtungen in die Dunkelheit des sozialistischen Neubaugebietes. Unsere Tat war nicht besonders rühmlich, aber vielleicht irgendwie ein bisschen verständlich? Zumindest aus der Sicht von drei Jugendlichen, die nach einem feuchtfröhlichen Abend in der Disco bequem per Bus nach Hause wollten und den langen Fußmarsch über die zugige Saalebrücke gen Innenstadt scheuten. Wir rannten, so schnell wir konnten, durch die dunklen Häuserschluchten der DDR-Einheitsbauten, und bald verloren sich die Schritte meiner Freunde in der Nacht. Übrig blieb das heftige Pochen meines Herzens, das wie wild in meinen Ohren hämmerte. Ich hetzte panisch durch die Nacht. Ich rannte, bis ich nicht mehr konnte. Immer wieder versteckte ich mich in Hauseingängen und schaute vorsichtig nach, ob die Verfolger mir noch auf den Fersen waren. Irgendwie schaffte ich es, vor Angst bibbernd durch das Betonghetto zu entkommen. Über viele Umwege kam ich schließlich zu Hause an.

Später erfuhr ich, dass meine zwei Freunde nicht so viel Glück hatten. Sie wurden auf der Flucht in Halle-Neustadt gefasst. Doch die Polizisten verhafteten nicht nur die beiden, sondern noch einen dritten Jugendlichen, der gerade in der Nähe war. Ich kannte ihn flüchtig. Ähnlich sah er mir nicht. Er hatte strohblonde lange glatte Haare, während meinen Kopf kohlrabenschwarze Locken zierten. Doch das war den Behörden nicht wichtig. Wichtig war, dass sie den Fall der zerborstenen Scheibe aufgeklärt hatten und alle drei Täter auf frischer Tat geschnappt wurden. Aufklärungsquote 100 Prozent!

Der zu Unrecht Verhaftete war kein unbeschriebenes Blatt. Er gehörte zu den „negativ denkenden, subversiven, pazifistischen Jugendlichen“. Er war unangepasst und hatte lange Haare. Ob er der Täter war oder nicht, spielte keine Rolle.

Aus offizieller Sicht passte alles, und so wurde ihm der Prozess gemacht. In der Szene erzählte man sich, dass er zu einem Jahr Gefängnis wegen Rowdytums verurteilt wurde. Meine zwei Freunde bekamen aufgrund ihres Alters – sie waren erst sechzehn – in einem Schnellverfahren eine geringere Haftstrafe. Sie mussten für je sechs Wochen in ein Jugendgefängnis.

Mich plagte das schlechte Gewissen! Es saß jemand wegen mir in Haft. Ich konnte nicht mehr richtig schlafen und all meine Gedanken drehten sich ständig um diese Nacht und ihre Folgen. Ich musste etwas tun und kam zu dem Entschluss, mich selbst zu stellen. Damit wollte ich bewirken, dass der zu Unrecht Verurteilte freigelassen wird.

Von meiner inneren Unruhe getrieben, ging ich zu unserem Pfarrer. Ich hoffte, dass er ähnliche Fälle kannte und mir einen Rat geben könnte. Er hörte mir geduldig zu. Riet mir jedoch zu meiner Überraschung davon ab, mich bei der Polizei zu stellen. „Wenn du dich stellst, werden sie ihn trotzdem nicht freilassen", sagte der Pfarrer, „sie werden dir auch noch einen Prozess machen und du wirst dann gleichfalls im Gefängnis sitzen. Keinesfalls werden sie den zu Unrecht Verurteilten freilassen."

Mein Gewissen plagte mich nach wie vor und nach Ansicht des Pfarrers konnte ich gar nichts tun. Das machte mich sehr unglücklich. Ich ging noch zu einigen älteren Oppositionellen, von denen ich gehört hatte, dass sie schon wegen der Proteste gegen die Ausbürgerung von Wolf Biermann mit der DDR-Justiz Bekanntschaft gemacht hatten. Ich offenbarte mich auch ihnen. Ausnahmslos rieten mir alle, mich keinesfalls zu stellen. Jeder war derselben Meinung. Die Verurteilung des Unschuldigen hatte primär mit ganz anderen Dingen zu tun. Alle waren sich einig, dass, auch wenn ich mich stellte, der Verurteilte nicht aus der Haft entlassen würde, ich aber ebenfalls eingesperrt würde.

So entschloss ich mich, von meinem Vorhaben Abstand zu nehmen. Dennoch beschäftigten mich diese Nacht und ihre Folgen immer wieder. Als das Jahr um war und der unschuldig Verurteilte aus der Haft entlassen wurde, traf ich mich mit ihm. Es war eine Begegnung, die mich seelisch ziemlich erschütterte. Ich stellte mir immer wieder vor, was er alles durchgemacht hatte in diesem Jahr im DDR-Gefängnis. Wir sprachen uns aus. Er war nicht böse auf mich. Schon in der Haftzeit wusste er, dass ich es war, für den er einsaß. Meinen Namen nannte er aber nie! Er kannte die DDR-Justiz und wusste, Fehler werden nicht eingestanden, denn: „Die Partei hat immer Recht!"

Anfang der 1980er Jahre lebte in Aschersleben die Konterrevolution in Form einer lebenslustigen Dreizehnjährigen. Sie hieß Dana und erinnerte mich an Pippi Langstrumpf. Wegen ihr wurde Aschersleben von den Sicherheitsorganen vermutlich als „Hochburg der Punkbewegung" eingestuft. Sie muss der Grund dafür gewesen sein, denn es gab damals keine weiteren Punks in dieser spießigen Kleinstadt. Ganz im Gegenteil. Aschersleben war damals der Albtraum eines jeden Punks.

Am Bahnhof fing der Spießrutenlauf schon an. Jedes Mal, wenn wir aus dem Zug stiegen, wurden wir sofort von der Transportpolizei erspäht. Diese nahm uns dann erst mal mit. In ihren Verhörzellen versuchten sie herauszubekommen, was für hinterhältige Anschläge wir denn auf ihr schönes Aschersleben vorhätten. Wurden wir dann nach einigen Stunden endlich wieder freigelassen, hatten wir schon gar keinen Bock mehr, unseren Fuß auch nur einen Meter in diese Stadt zu setzen.

Aber Dana wohnte auf der anderen Seite der Ortschaft, und so mussten wir diese, ob wir wollten oder nicht, einmal komplett durchqueren. Wieder begann ein einzigartiger Spießrutenlauf, denn in Aschersleben schien die Entnazifizierung der Nachkriegszeit nicht besonders gefruchtet zu haben. Im Gegensatz zu anderen Städten, wo wir pro Tag „nur" etwa ein- bis zweimal den Satz: „Euch haben sie wohl vergessen, bei Adolf zu vergasen!" hinter uns herrufen hörten, bekamen wir hier diesen und ähnliche Sprüche aller paar Meter an den Kopf geknallt. Egal ob Oma oder Opa, DDR-Bürger der Kategorie normaler Arbeiter, Knasti oder Assi, ob Männer mit oder ohne SED-Abzeichen oder Armisten, alle waren sich einig: „Bei Adolf hätte es so was nicht gegeben! Ab ins Gas!" Gelegentlich wurden wir auch handfest angegriffen. Irgendwann hatten wir all diese armseligen Kreaturen hinter uns gelassen und erreichten Danas schützendes Haus. Die Welt war wieder in Ordnung.

Mit der Liebe zur Punkmusik waren auch Veränderungen von Haarfrisur und Kleidungsstil verbunden. Doch Abweichungen von der Norm wurden nicht geduldet. Die Politik hatte ganze Arbeit geleistet. Viele Eltern der DDR-Punkkids schämten sich für das Outfit ihrer Kinder so sehr, dass sie sich von ihren Kindern

Dana 1987

lossagten. Im Gegensatz dazu waren wir bei Danas Familie immer gern gesehen. Darum waren wir auch gern dort.

Da wir uns nun trotz aller Strapazen ein- bis zweimal pro Jahr auf den Weg in die „Punk-Hochburg Aschersleben“ machten, kamen die örtlichen Sicherheitsorgane nicht umhin, das Ascherslebener Punkproblem ein für alle Mal auf radikale Art und Weise zu lösen. Sie erteilten Danas Familie Punkverbot für Aschersleben.

Das hieß im Endeffekt, dass Danas Familie massive Probleme angedroht wurden, sollten sich in der Stadt Punks blicken lassen. Und das alles wegen etwa fünf Punks, die Aschersleben ein- bis zweimal im Jahr durchquerten, wenn sie Dana besuchten. Wir wären natürlich keine richtigen Ostpunks gewesen, wenn wir nicht auch hier eine Lösung gefunden hätten. Da wir Danas Familie nicht in Schwierigkeiten bringen wollten, gab es ab da ein besonderes Ritual beim Besuch in der Kleinstadt: Sofort nach Einfahrt des Zuges in den Bahnhof setzten wir uns alle Pudelmützen auf. Mann, sahen wir bescheuert aus!

Der Transportpolizei kamen wir nun seltsamerweise nicht mehr verdächtig vor. Keiner rief uns in der Stadt irgendetwas von „Vergasen!“ hinterher. Niemand wollte uns mehr tätlich angreifen. Als Punks waren wir durch das Verstecken unserer Frisuren für die Kleinstädter nicht mehr zu erkennen. Vermutlich hatten die Bürger von Aschersleben nun einfach nur Mitleid mit den Verrückten, die im Sommer mit Pudelmützen schwitzend durch die Stadt liefen.

Mitte der 1980er Jahre entwickelte sich Aschersleben dann doch noch für kurze Zeit zu einer Hochburg der Punks. Denn die Punkszene wuchs um 200 Prozent an. Auf ganze drei Punks! Der eine war Danas kleiner Bruder, welcher inzwischen alt genug war, sich auch eine Punkfrisur zu schneiden. Der andere war ein junger, großer und dünner Punk, was ihm den Spitznamen „Gräte“ einbrachte. Gräte hatte einen beachtlich langen, mit Zuckerwasser und Eiweiß hochgestylten Hahnenkamm, welcher nicht nur in dieser verspießten Kleinstadt auffiel. Das konnte die Staatsmacht auf keinen Fall zulassen. Punkverbot bleibt Punkverbot. Und ratzfatz saß Gräte in einer Zelle. Er wurde am selben Tag noch vor die Wahl gestellt: mehrere Jahre Knast oder sofortiger Antritt ins Exil. Die Staatsschergen zählten ihm etliche Gummiparagrafen auf, für die sie ihn sofort inhaftieren und verurteilen würden, wenn er in Aschersleben bliebe. Als Alternative bot man ihm gnädigerweise an, die Stadt noch am gleichen Tag zu verlassen und niemals wieder zurückzukommen. Wenn doch, gäbe es nicht noch mal die Wahl, sondern sofort eine Verurteilung zu mehreren Jahren DDR-Gefängnis.

Gräte fuhr noch am selben Tag weg und kam nie wieder. Er zog nach Erfurt und ich traf ihn später beim legendären Punktreffen 1986 in Rudolstadt wieder. Er erzählte mir, immer noch entsetzt und empört, was er in Aschersleben Menschenverachtendes erlebt hatte. Er fühlte sich im Gegensatz zu der von der Stasi erfundenen „Punk-Hochburg Aschersleben" in der wirklichen Punk-Hochburg Erfurt frei. Damals fotografierte ich, wie Gräte und zwei andere Punks neben einer alten Oma friedlich auf einer Bank saßen. Solch ein Foto wäre in Aschersleben nie und nimmer möglich gewesen.

Die von der Stasi angestrebte Endlösung des Punkproblems in Aschersleben ging dann recht unspektakulär vonstatten. Irgendwann zog Dana nach Halle (Saale) und kein Punk der gesamten DDR hatte nun noch irgendeinen Grund, der trostlosen Kleinstadt Aschersleben jemals wieder einen Besuch abzustatten.

Gräte neben Oma beim Punktreffen „Jugend 86" in Rudolstadt

Gräte, Geralf, Dana bei „Jugend 86" Rudolstadt

Selbst Danas Geburtstagsfeiern wurden von der Staatsicherheit dokumentiert.

R[geschwärzt], [geschwärzt]
[geschwärzt] 1969 in Aschersleben
Abt. XII – KK-erf. für KD Aschersleben

unterhält eine Vielzahl von überörtlichen Kontakten und Verbindungen zu Punkerkreisen. Im Nov. 1988 kam es anläßlich des Geburtstages der R. (wie 1987) zu einer Feier überörtlicher Punker (6 – 9 Personen) bei der R.
Die R. [geschwärzt] sind Antragsteller auf ständige Ausreise in die BRD.
Eine Personifizierung der Teilnehmer an diesem Treffen konnte nicht realisiert werden.
Hinweise zu geplanten überörtlichen Treffen der o.g. Personenkreise Jahr 1989 liegen unserer D. nicht vor.

Wie ich den Punksong „Buna, Leuna, Tote Fische in der Saale" von *Arbeitsgeil* in Prag zum Besten gab – Stasibericht KD Aschersleben

Katrin und Dana 1986

BStU
000092

Kreisdienststelle Aschersleben, 21.09.83

Abschrift

Information

Am 20.8.83 lernte ich in Budapest einen Jugendlichen

Vorname: Gerald (evtl. auch Geralf)
ca. 19 Jahre
wh. in Halle, eigenen Angaben zufolge in einer Kommune
von Beruf Fernsehmechaniker
(nähere Angaben zur Person nicht bekannt)

Zwei Tage später traf sich Gerald mit seinem Kumpel

Eicke B[geschwärzt]

Am 26.08. traf ich Gerald vor dem "u flecku" in Prag wieder. In einer hier spontan sich zusammen gefundenen Gruppe Jugendlicher interpretierte er hier mit einer Gitarre Titel, die Probleme des Umweltschutzes und der "Friedensbewegung" zum Inhalt hatten.

gez. 07.09.83 Böttcher

„Wovon hast du eigentlich damals gelebt?", werde ich oft gefragt. In der DDR gab es weder Sozialhilfe noch Hartz IV. Die offizielle DDR-Propaganda vermittelte, dass überall im Arbeiter- und Bauernstaat fröhliche Werktätige mit einem lustigen Lied auf den Lippen ihrer Arbeit nachgingen und durch ihren heldenhaften Einsatz in der sozialistischen Produktion das Land dem Kommunismus Stück für Stück näherbrächten.

Auch der Frieden wurde durch die „Helden der Arbeit" beschützt. „Mein Arbeitsplatz – Kampfplatz für den Frieden!" prangte häufig in riesigen Buchstaben an den Wänden der Werkhallen. Das System ging davon aus, dass jeder DDR-Bürger glücklich darüber sei, einen Arbeitsplatz auf Lebenszeit zu haben. Wer nicht zufrieden damit war, mit seiner Arbeitskraft dem Sozialismus zu dienen, der wurde quasi zum Konterrevolutionär. Der sogenannte „Assiparagraf" § 249 des StGB der DDR regelte das folgendermaßen:

Gefährdung der öffentlichen Ordnung durch asoziales Verhalten.
(1) Wer das gesellschaftliche Zusammenleben der Bürger oder die öffentliche Ordnung dadurch gefährdet, dass er sich aus Arbeitsscheu einer geregelten Arbeit hartnäckig entzieht, obwohl er arbeitsfähig ist (…) oder wer sich auf andere unlautere Weise Mittel zum Unterhalt verschafft, wird mit Verurteilung auf Bewährung oder mit Haftstrafe, Arbeitserziehung oder mit Freiheitsstrafe bis zu zwei Jahren bestraft. Zusätzlich kann auf Aufenthaltsbeschränkung und auf staatliche Kontroll- und Erziehungsaufsicht erkannt werden.

Da sich ein Großteil der Szene bewusst dem sozialistischen Arbeitsprozess entzog, legitimierte dieser Paragraf den Staat dazu, nahezu jeden Punk für bis zu zwei Jahre inhaftieren zu können.

Der Song „Ohne Sinn" der DDR-Punkband *L'Attentat* aus Leipzig drückte damals dieses Lebensgefühl für uns besonders gut aus:

Wenn ich jeden Morgen früh aufsteh
und mich frage, warum das sein muss
hör ich die Kollegen von der SED

1. Mai 1987 Halle (Saale)

und ich weiß, es geht zu Kommunismus
und obwohl ich da so einiges nicht versteh
ich für den Frieden an der Werkbank steh
mein Leben verplant ist bis zum Schluss
schweig ich lieber, denn ich hab ja keinen Einfluss
aber ich will mich nicht befehlen lassen
weil ich doch ein Mensch bin
ich will nicht schuften für die trüben Tassen
die dumme Reden halten ohne Sinn
ich bin alt genug allein zu gehen
ich will die ganze Scheiße nicht mehr sehn
wie ihr meine Zukunft raubt
und für das kämpft, an das ihr selber nicht mehr glaubt.

Mit Glück und Taktik gelang es mir, ohne „Werkbank für den Frieden" durch die Schlupflöcher der Justiz den „Assiparagrafen" zu umgehen und auch ohne geregelte Arbeit in der DDR nicht zu „verhungern".

Nach der Schule machte ich ganz regulär eine Ausbildung zum Funk- und Fernsehmechaniker und beendete diese 1983. Mir machte die Arbeit nicht besonders viel Spaß, aber ich wusste damals auch keine Alternative. So ging ich tagein, tagaus zu meinen leiernden Kassettenrecordern namens *Anett*, *Sonett* oder *Sternradio*, die nicht zu reparieren waren, da die Ersatzteile genauso Gleichlaufschwankungen erzeugten wie die kaputten. Wir bekamen stattdessen die Anweisung, die Schwungmassen der Geräte mit grobem Sandpapier aufzurauen, damit sie wie Zahnräder die Magnettonbänder durch das Gerät zogen und eine Zeit lang dadurch nicht mehr jaulten. Jeder wusste, dass dadurch die Magnetschicht von den Tonbändern abgerieben wurde und die Kassetten nach kurzer Zeit unbrauchbar waren. Der Kassettenhersteller *Orwo-Wolfen* und der Hersteller des Kassettenrecorders, *Sternradio Berlin*, beschuldigten sich gegenseitig, für die kollektiven Gleichlaufschwankungen aller Musikaufnahmen verantwortlich zu sein. Die 90-Minuten-Kassetten von *Orwo-Wolfen* waren dann angeblich Schuld an der Misere. Das Resultat war, dass es jahrelang keine 90er-Kassetten in der DDR zu kaufen gab. Die gab es nur noch von *BASF* oder *Sony* im nach Westen schnuppernden *Intershop* für harte D-Mark.

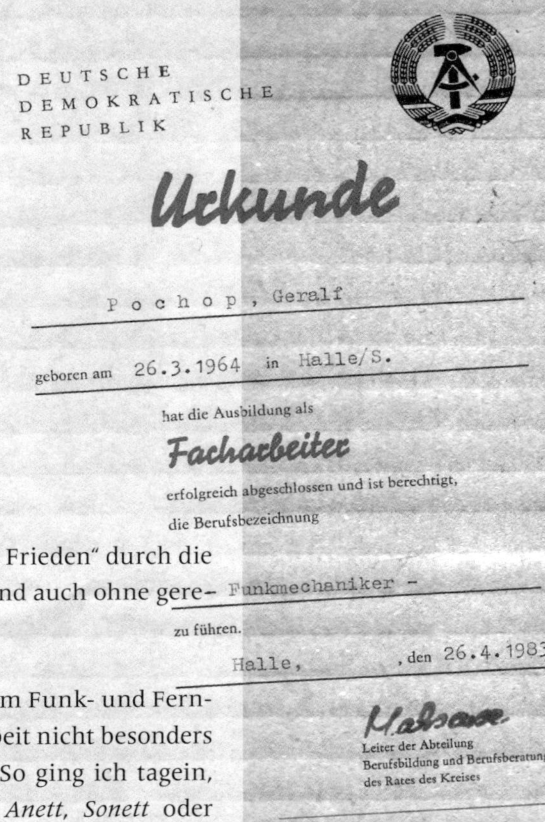
DEUTSCHE
DEMOKRATISCHE
REPUBLIK

Urkunde

Pochop, Geralf

geboren am 26.3.1964 in Halle/S.

hat die Ausbildung als

Facharbeiter

erfolgreich abgeschlossen und ist berechtigt,
die Berufsbezeichnung

– Funkmechaniker –

zu führen.

Halle, den 26.4.1983

Leiter der Abteilung
Berufsbildung und Berufsberatung
des Rates des Kreises

Meine erste Ungarnreise 1983 änderte alles. Wie erwähnt wurden aus den geplanten und genehmigten zwei Wochen Urlaub mehrere ungeplante und ungenehmigte Reisemonate. Die Staatssicherheit mutmaßte bereits, dass ich in das kapitalistische Ausland geflüchtet wäre. Es gab eine Hausdurchsuchung während meiner Abwesenheit und mein Arbeitsplatz wurde an jemand anderen vergeben. Groß war das Staunen der Stasi und meines linientreuen Chefs, als ich nach zwei Monaten quietschvergnügt wieder im sozialistischen Arbeiter- und Bauernstaat auftauchte und willig an meinem Arbeitsplatz erschien.

Mein Chef, der mich schon aufgrund meines Aussehens hasste wie die Pest, hatte nun ein neues Problem: zwei Personen an einem Arbeitsplatz! In der DDR durfte man vom Betrieb nicht gekündigt werden. Man hatte sozusagen, egal was man machte, einen sicheren Arbeitsplatz auf Lebenszeit – too much future! So kam ich nun also täglich mit meinem neuen Arbeitskollegen an meinen auf eine Person ausgerichteten Arbeitsplatz mit nur einem Stuhl und auch nur einem Reparaturtisch und langweilte mich von früh bis spät, denn arbeiten konnte ich dort nichts. Da kam mir eine glänzende Idee und ich nutzte die Gunst der Stunde. Ich ging zu meinem Chef und bot ihm einen Aufhebungsvertrag an. Aber nur unter der Bedingung, dass er es nicht an das Ministerium des Inneren weitermeldete. Denn dies war normalerweise der Werdegang in solch einem Fall. So konnte ich der Bedrohung durch den „Assiparagrafen" entgehen. Dies teilte ich auch unverfroren meinem Chef mit. Zusammen mit einer für ihn fürchterlichen Drohung: „Sie wissen, wenn Sie das dem MdI und der Stasi weitermelden, bin ich sofort wieder hier und Sie haben mich für immer und ewig am Hals."

„Jugend 86" Rudolstadt

Meine Drohung war offenbar wirkungsvoll, denn er meldete die Beendigung meines Arbeitsverhältnisses niemals weiter. So entging ich einem Zwangsarbeitsplatz und der Bestrafung durch den „Assiparagrafen", bekam allerdings eine vernichtende politische Beurteilung mit auf meinen weiteren Lebensweg, die es mir in Zukunft nie mehr erlaubte, als Funkmechaniker zu arbeiten, und inzwischen als Berufsverbot anerkannt wurde.

Nun hatte ich zwar alle Zeit der Welt, aber keinen Pfennig Geld. In dieser Zeit, wir waren alle noch sehr jung, wohnten die meisten aus der Szene bei ihren Eltern. So brachten immer alle, die meine damalige „Chaos-WG" besuchten, etwas zum Essen aus dem elterlichen Haushalt mit. Verhungern musste ich also nicht. Später suchte ich mir meistens einen Job für zwei oder drei Monate im Jahr. Da in der DDR der Lebensunterhalt nicht viel kostete, reichte das dann immer, um das ganze Jahr davon zu leben.

Ich war Galerieaufsicht in der Moritzburg-Galerie, füllte eine Planstelle als Mitarbeiter der Zentralspüle in den Chemiewerken *Leuna* aus, arbeitete als Tellerwäscher in einer Broilerbar, war Paketsortierer bei der Post, druckte als Siebdruckhelfer sozialistische DDR-Kampfparolen auf Transparente und war schließlich als Gasleuchtenwärter für das Anzünden und Auslöschen von Gaslaternen verantwortlich. Jeden Abend zur Dämmerung fuhr ich mit meinem Fahrrad eine Stunde durch den halleschen Stadtteil Kröllwitz und zündete jede einzelne Laterne mit einer langen Stange an. Am Morgen löschte ich dann eine nach der anderen wieder. Diese zwei Stunden wurden als Vollzeitjob berechnet, da sich kein „normaler" Mensch in Halle (Saale) fand, der zu so seltsamen Zeiten arbeiten wollte. Mir und meinem damaligen Lebenswandel kamen sie allerdings sehr entgegen. Zwischen meinen Arbeitszeiten ging ich auf Partys und am Tag schlief ich aus.

Als am aufregendsten habe ich meinen Job als „Planstelle" in Erinnerung. In der DDR wurde immer alles geplant. Das war einer der Gründe dafür, dass die sozialistische Produktion so unflexibel war. Diese Planstelle war eigentlich

Auf dem Weg zum Punktreffen „Jugend 86" in Rudolstadt

vollkommen überflüssig, aber sie war in einem Fünfjahresplan beschlossen worden und somit nicht mehr wegzurationalisieren. Zu dieser Zeit, im Jahr 1985, bauten Arbeiter und Ingenieure aus dem kapitalistischen Feindesland, in diesem Fall Österreich, einen Teil der größten Umweltsünde der DDR neu auf: die *Leuna*-Chemiewerke. Die *Buna*- und *Leuna*-Werke befanden sich unweit von Halle (Saale). Wenn der Wind ungünstig stand, waren der Gestank und die Luftverschmutzung schier unerträglich.

In diesem Vorzeigechemiewerk arbeitete ein Freund von mir als Leiter der Zentralspüle in der Küche, in welcher separates „Westessen" für die Österreicher gekocht wurde. Leiter der Zentralspüle, das war das sozialistisch beschönigende Wort für Chef der Tellerwäscherkolonne. Eines Tages fragte er mich: „Geralf, willst du einen Job als Planstelle? Du brauchst eigentlich nichts zu machen und kannst so viel ‚Westessen' verspeisen, wie du möchtest, und bekommst dazu den vollen Lohn." Das klang so gut, dass ich sogar einen Halbjahresvertrag unterschrieb.

Mein Freund hatte nicht zu viel versprochen. Der Arbeitsalltag bestand hauptsächlich darin, den ganzen Tag feinstes „Westessen", was es nicht im Laden zu kaufen gab, zu verspeisen. Außerdem hatten wir Zeit zum Lesen und Musik hören und uns über subkulturelle Szenedinge auszutauschen. Das alles wurde nur zweimal am Tag kurzzeitig unterbrochen. Immer dann, wenn die Österreicher mit dem Frühstück fertig waren und wenn sie vom Mittagstisch an ihre Arbeitsplätze zurückkehrten. Dann mussten wir die zweihundert Teller abräumen und alle in zwei Geschirrspülmaschinen stellen. Wir waren zehn Mitarbeiter der Zentralspüle. Wenn man die zweihundert Teller durch zehn teilt, kam jeder Mitarbeiter auf zwanzig Teller, die er am Vormittag und mittags abräumen musste. Da einige der Zentralspülenmitarbeiter damit nicht ausgelastet waren, übernahmen sie meist gerne auch meine Teller. Das war ein Arbeitsplatz nach meinem Geschmack und ein richtig sozialistischer noch dazu. Denn diesen Arbeitsplatz gab es nur, weil die Planwirtschaft der DDR zehn Planstellen für diese locker von einer Person zu bewältigende Arbeit festgelegt hatte. Und was im Plan erst mal beschlossen war, konnte erst nach frühestens fünf Jahren bei der Beschließung des kommenden Fünfjahresplans wieder aufgehoben werden. Oder wollte da jemand als Saboteur oder gar als Konterrevolutionär dastehen, wenn er sich schon nach drei Jahren für eine Änderung einer sich als unsinnig erwiesenen Sache aussprach, die im Fünfjahresplan mit wie üblich 100 Prozent der Stimmen der Planer beschlossen worden war?

Geralfs Geburtstagsfeier 1986

Leider gingen die Österreicher nach vier Monaten zurück in ihr Feindesland und die Küche wurde geschlossen.

Da ich aber einen Halbjahresvertrag hatte, wurde ich von der Betriebsleitung in die Broilerbar in Halle (Saale) verbannt, in der ich nun tiefgekühlte Broiler auf Grillspieße stecken sollte. Das war nun gar nicht mehr nach meinem Geschmack. Wir hatten dort sogar Broileressverbot. Aber dies war völlig inakzeptabel. Es war ein beliebter Sport, sich, ohne dass es jemand bemerkte, ein großes Stück Brustfleisch unter der knusprigen Broilerhaut herauszupulen und sich in Sekundenschnelle in den Mund zu stopfen. Oberflächlich sah man dem knusprigen Broiler nichts an. Doch wenn der Gast den Jungvogel essen wollte, war unter der Haut oft kein Fleisch mehr zu finden. Da man aber als Gast in der DDR-Gastronomie rechtlos war, denn es gab kaum Gaststätten und die stets unfreundlichen Kellner entschieden oft nach stundenlangen Wartezeiten, ob man rein durfte oder nicht, traute sich auch niemand, eine berechtigte Beschwerde einzureichen. Danach wäre die Gefahr, wiedererkannt zu werden und beim nächsten geplanten Besuch im einzigen Broilerrestaurant der Stadt keinen Platz zu bekommen, einfach zu hoch gewesen. Das wollte niemand riskieren, und so aß man nach stundenlanger Wartezeit lieber die knusprige Haut und das übrig gebliebene Fleisch, hielt den Mund und hoffte auf ein wohlgenährteres Exemplar beim nächsten Mal.

Trotz des lockenden Brustfleischverzehrs zog ich es vor, meist krankgeschrieben meine Zeit zu Hause zu verbringen. Als auch diese letzten zwei Monate meines Arbeitsvertrags endlich vorbei waren, konnte ich aufatmen und verschwand aus dem Sichtbereich der Broilerbar. Nach genau einem Jahr bekam ich von dort einen Brief, in dem man mir mitteilte, dass ich schon über dreihundert unentschuldigte Fehltage hätte und jetzt endlich wieder zur Arbeit kommen müsse, sonst wende man sich an das Ministerium des Inneren. Das war das letzte Mal, dass ich mich noch einmal dorthin begab, denn diese Weitermeldung musste ich auf jeden Fall verhindern. Das Gespräch verlief unproblematisch, da ich meinen Sechsmonatsvertrag mitbrachte und damit die Chefetage überzeugen konnte, dass der Fehler wohl bei ihnen lag.

Gefährlicher wurde es nach meiner Haftentlassung. Schon im Knast zwang man mir unter der Drohung, mich ansonsten nicht aus dem Gefängnis rauszulassen, einen Arbeitsvertrag als Siebdruckhelfer auf. Nach meiner Haftentlassung dachte ich natürlich nicht im Traum daran, dort hinzugehen. Nach zwei Monaten lud

mich aber das Ministerium des Inneren vor und drohte mir, mich sofort erneut nach § 249 des StGB der DDR zu inhaftieren, wegen „Gefährdung der öffentlichen Ordnung durch asoziales Verhalten". Da ich befürchtete, dass das durchaus ernst gemeint war, ging ich für ein paar Monate zu meinem aufgezwungenen Arbeitsplatz. Auf meinem neuen „Kampfplatz für den Frieden" musste ich politische Parolen auf Kugelschreiber, Wimpel, Fahnen und sonst wohin drucken. Auch hier lernte ich viel über die Planwirtschaft der DDR. Jede Woche wurden fünf große Stahlfässer giftige Verdünnung, ein Fass Kleber und ein Fass mit chemischem Trockenverzögerer in das benachbarte Abrisshaus gekippt. Diese für den Siebdruck unverzichtbaren hochgiftigen Chemikalien, die es in normalen Geschäften nicht zu kaufen gab, weil sie in der DDR Mangelware waren, wurden wöchentlich dank des genialen Fünfjahresplans geliefert und konnten, obwohl extrem rar in der DDR, fünf Jahre nicht abbestellt werden. Warum diese Fässer in so großer, überflüssiger Stückzahl geliefert würden, fragte ich einmal den Chef der Siebdruckwerkstatt, und er meinte lapidar: „Lieber zu viel als zu wenig!"

Als wahrer Segen erwies sich für mich, dass ich dort das Handwerk des Siebdrucks erlernte. Das war ein Glücksfall, denn meine Kreativität wurde durch meine neuen Fähigkeiten und den Zugriff auf die raren Materialien wahrlich

Punktreffen in der Christusgemeinde Halle (Saale) 1987

„Jugend 86" in Rudolstadt

beflügelt. Ich begann, T-Shirts mit „originalen" Westaufdrucken selber herzustellen. Da aber auch T-Shirts in der DDR Mangelware waren, bedruckte ich alles, was ich irgendwie in die Hände bekam und irgendwie zu bedrucken ging. Von hässlicher grauer Herrenunterwäsche bis zu sportlichen, einfarbigen Trägerhemdchen. Alles wurde durch den Druck zu „Westware" umgewandelt. Dafür richtete ich bei mir zu Hause eine kleine Siebdruckwerkstatt ein. Ich entwarf Motive mit „Flaschbier Werner" darauf, der unter dem Schriftzug *Die Toten Hosen* prangte. Auf Flohmärkten und als fliegender Schwarzhändler in der Dresdner Straßenbahn verdiente ich dann mit „original West"-T-Shirts ein kleines Vermögen. Nach einigen Monaten hörte ich in der Siebdruckwerkstatt auf zu arbeiten und wurde zum Glück bis zu meiner Ausreise in den Westen nicht mehr mit Arbeitszwangsangeboten konfrontiert.

Dirk am „Kampfplatz für den Frieden"

Am 17. Oktober 1987 überfielen einige Dutzend Naziskinheads ein alternatives Konzert in der Berliner Zionskirche. Während Sprüche wie „Juden raus aus deutschen Kirchen" und „Sieg heil" fielen, wurden etliche Konzertbesucher krankenhausreif geschlagen. Der Staat wollte mit der Angelegenheit verfahren, wie er es in solchen Fällen immer tat: Die ganze Sache sollte totgeschwiegen werden. In einem antifaschistischen Staat war es ausgeschlossen, dass rechtsradikales Gedankengut in jugendlichen Köpfen existierte. Per Dekret gab es in der DDR keine Nazis.

Die Wende kam erst, als in den Westmedien über den brutalen Überfall in der Zionskirche berichtet wurde. Nun ließ sich die Existenz von Rechtsextremismus in der DDR nicht mehr verheimlichen. In einem Prozess wurden die Neonazis allerdings zu so lächerlichen Strafen verurteilt, dass sich selbst die DDR-Öffentlichkeit empörte. Erst unter diesem Druck wurden die Strafen in den Berufungsverhandlungen drastisch erhöht.

Dass in der DDR faschistisches Gedankengut überlebt hatte, war uns schon lange klar. Nicht zuletzt hatte dieses durch den Umgang des Staates mit Andersdenkenden und Andersaussehenden fruchtbaren Nährboden gefunden.

Auch Rassismus war offiziell nicht existent und doch an der Tagesordnung. Die wenigen „Gastarbeiter" aus den befreundeten Bruderländern verrichteten in Betrieben niedere Arbeiten und wurden in abgeschotteten Wohnblocks isoliert. Ein Kennenlernen zwischen ihnen und den Bürgern der DDR war praktisch nicht möglich und von der Staatsführung auch nicht gewollt. In der Umgangssprache der DDR-Bürger hießen sie „Fidschis", „Mozis" und „Kohle". Ihnen blieb der Zutritt zu normalen Gaststätten verwehrt und im Falle einer Schwangerschaft gab es einen Abtreibungszwang.

„Die VP bittet um Mithilfe ihrer Bürger und in den Kneipen stößt man an auf den Führer", hieß es sinngemäß in der Punkhymne „Leipzig in Trümmern" der Band *Wutanfall* von 1981 (der genaue Wortlaut oben stammt aus der 1985er Version von *L'Attentat*). Als Andersaussehende hörten wir täglich Sprüche wie „Euch hat man wohl bei Hitler vergessen zu vergasen" und Ähnliches. Nicht selten trugen

diejenigen, die das äußerten, sogar das Abzeichen der SED an ihrem Anzugkragen. Doch bis zum Tag des Überfalls auf die Zionskirche war dieses Thema in der DDR tabu. Nicht nur tabu, es führte sogar zur Verfolgung durch staatliche Organe.

In Liedtexten und Sprüchen auf T-Shirts oder Lederjacken machten die Punks seit langem auf diesen Missstand aufmerksam. Der Berliner Band *Namenlos* wurde ihr Song „Nazis wieder in Ostberlin" schon 1983 zum Verhängnis. Auch wurden regelmäßig Lederjacken von Punks beschlagnahmt, auf denen „Nazis raus!" geschrieben stand. Diese mussten oft besagten Spruch unter den Augen der Volkspolizei direkt vor Ort von der Jacke abkratzen. Denn mit „Nazis raus!" behauptete der Jackenträger in den Augen der Behörde, dass es in der DDR Nazis gäbe. Damit würdigte er die antifaschistische Republik aufs Tiefste herab und verleumdete unser sozialistisches Heimatland.

Anfang der Achtziger war das Wort Naziskin noch ein Fremdwort. Damals gab es einige wenige Skinheads. Diese besuchten zusammen mit Punks die Untergrundkonzerte in den Kirchen. Skins waren damals weit davon entfernt, rechtsradikal zu sein. Sie waren eher Punks mit extrem kurzen Haaren. Sie hörten die gleiche Musik wie wir und gingen zu denselben Partys. Mitte der 1980er Jahre berichtete das Westfernsehen über Naziskins und zeigte den Film *Made in Britan*. Die Handlung des Filmes drehte sich um einen englischen Skin mit Hakenkreuztattoo auf der Stirn. Auch schwappte rechte Skinmusik über die Grenze. Etliche DDR-Skinheads fanden das toll. Auch einige Punks rasierten sich den Kopf kahl und schockten fortan mit Naziparolen. Dass das anfangs ideologisch stark gefestigt war, wage ich zu bezweifeln. Skin und rechts zu sein, das war etwas Neues und man konnte damit extrem provozieren, auch in den eigenen Reihen. Beim Provozieren mit Wörtern und Parolen blieb es leider nicht lange. Wenn Skins anwesend waren, war Ärger vorprogrammiert. Immer wieder griffen Naziskins in Gruppen einzelne Punks auf den Konzerten an. Obwohl wir Punks zahlenmäßig immer überlegen waren, setzten wir uns anfangs kaum zur Wehr. Die meisten Punkrocker verachteten Gewalt. Gewalt war etwas, was in der DDR-Gesellschaft an der Tagesordnung war. Prügelstrafen für Kinder waren als Erziehungsmaßnahme in den meisten Familien selbstverständlich. In der Schule mussten wir zur Wehrerziehung. In der Lehre zur vormilitärischen Ausbildung. In den Kneipen gab es häufig Schlägereien und eigentlich endete so gut wie jedes Dorffest und jede Dorfdisco mit einer stimmungsvollen

Massenschlägerei. Manchmal gab es dabei sogar Tote. Die Textzeile von *Wutanfall*: „*... und wieder haben sie einen nach der Disco umgebracht*", hatte einen realen Hintergrund. Wir erlebten Gewalt durch die Volkspolizei. Die Trapo prügelte. Die Staatssicherheit bediente sich neben der körperlichen Gewalt psychologischer Methoden, die darauf zielten, Menschen zu manipulieren, zu unterdrücken und gefügig zu machen. Und nicht zuletzt wurde an der Mauer geschossen.

Wir Punks wollten anders sein. Die meisten von uns lehnten Gewalt und das Militär ab. Ich erinnere mich noch, dass wir einmal jemanden aus der halleschen Punkszene ausschlossen, weil er sich geprügelt hatte. In der Kirche hatten wir unseren Schutzraum gefunden. Schlägereien gab es dort nicht. Umso hilfloser waren wir, als plötzlich Gewalt in Form von prügelnden Skins in unseren Schutzraum Einzug hielt. Viele Punks mutmaßten, dass die Stasi ihre Hände mit im Spiel hatte, denn plötzlich war unser Rückzugsgebiet bedroht. War die ganze Sache vom MfS gesteuert? Wurden die Nazis als Typen fürs Grobe genutzt? Woher kam die Buttersäure, die 1987 für einen Anschlag auf ein Punkkonzert in der halleschen Christuskirche verwendet wurde? Denn zu kaufen gab es so etwas in der DDR nicht ohne Weiteres. Wir hatten viele offene Fragen.

Auffällig war, dass den Naziskins trotz der Tatsache, dass sie in der Öffentlichkeit faschistische Parolen skandierten, eigentlich so gut wie nie etwas passierte. Wenn sie es übertrieben, gab es manchmal eine Anklage wegen Rowdytums oder Körperverletzung. Das war alles. Die Veränderung innerhalb der Skinheadszene war auf jeden Fall das Beste, was der Staatsmacht passieren konnte. Die Skins sorgten für Unruhe in der gesamten Subkulturszene. In den Kirchen fühlten wir uns plötzlich nicht mehr sicher. Die Nazis störten unsere Konzerte, wo sie es nur konnten. Während eines Konzertes im Leipziger *Mockau-Keller*, als *L'Attentat* den Song „Jetzt erst recht!" zum Besten gaben, schrien anwesende Skins im Publikum mit Arm zum Hitlergruß erhoben: „Jetzt erst rechts! Jetzt erst rechts!" *L'Attentat* unterbrachen daraufhin das Konzert. Für die meisten Volkspolizisten waren die Skinheads ordentliche Bürger. Bei Ausweiskontrollen wiesen sie uns des Öfteren darauf hin, wie ordentlich der eine oder andere Expunk im Skinheadoutfit jetzt aussehen würde. Sie trugen schöne, ordentlich kurze Haare und saubere grüne Anoraks. Genau genommen waren das Bomberjacken, oft mit offen gezeigten Nazisymbolen. Aber das störte die Volkspolizei wenig. Hauptsache, ihr Gegenüber sah ordentlich aus. Hinweise darauf, dass das übergroße Symbole der rassistischen südafrikanischen Burenfront oder der faschistischen

White-Power-Bewegung sind, die auf den Jacken prangten, wurden mit: „In der DDR gibt es keine Nazis!“ abgewiegelt.

Am 9. November 1986 wurde ich selbst völlig unerwartet Opfer der Gewalt von Skins. Wir Punks trafen uns zu dieser Zeit hin und wieder in der *Deutschen Friedenseiche*, einer Kneipe in Lieskau. Am besagten Abend waren auch einige Skins vor Ort. Sie saßen an einem eigenen Tisch. Wir kannten uns von früher, hatten aber zu diesem Zeitpunkt nichts mehr miteinander zu schaffen. Ich verließ die Disco etwas eher als meine Freunde. Um zur Bushaltestelle des kleinen Dorfes bei Halle (Saale) zu gelangen, musste man ein dunkles Waldstück durchqueren. Der Weg war mir bekannt. Unbeschwert lief ich durch die Nacht. Plötzlich krachte es und ich bekam einen heftigen Schlag ins Gesicht. Im ersten Moment dachte ich, ich wäre in der Dunkelheit gegen einen Baum gelaufen. Mir wurde schwarz vor Augen. Dann fiel ich in mich zusammen. Stimmen drangen an mein Ohr. Was sie sagten, konnte ich nicht verstehen. Das Krachen der Stiefel, die in mein Gesicht traten, übertönte alles. Mir wurde klar: Die Skins haben mich abgepasst. Ich lag auf dem Boden, aber sie traten immer weiter auf mich ein. Meine Sinne waren inzwischen wie ausgeschaltet. Jeder Tritt kam bei mir nur noch als lauter Knall an. Ich hörte weit entfernt meine Knochen splittern. Gespürt habe ich davon nichts mehr. Die Skins entfernten sich laut lachend und verschwanden in der Dunkelheit der Nacht. Ich blieb liegen. Eine Freundin, die alles mit angesehen hatte, holte schließlich Hilfe. Die anderen Punks aus der *Deutschen Friedenseiche* brachten mich in die Klinik. Im Krankenhaus wurde ich mehrere Stunden lang operiert. Knochensplitter wurden aus meinen Augenhöhlen entfernt. Als ich wieder ansprechbar war, sagte mir der operierende Arzt, dass ich großes Glück gehabt hätte. Ihm war es gelungen, mein Auge zu retten, das er schon verloren geglaubt hatte. Der Schock in der halleschen Punkszene saß tief. Mit Gewalt in solchen Dimensionen hatte bis zu diesem Ereignis niemand Erfahrung. Bisher waren die Provokationen und Auseinandersetzungen in unserer Stadt nur verbal geführt worden.

Die Überfälle nahmen in der gesamten DDR immer mehr zu. Auch in Sachen Brutalität gab es kaum noch Grenzen. So kam es nach und nach in der Punkszene zu einem Umdenken, was Gewaltanwendung zur Selbstverteidigung betraf. Das erste Mal, dass ich eine richtige Gegenwehr erlebte, war bei einer Punkwerkstatt im Frühjahr 1987 in Jena. Dort waren etwa dreißig Skinheads unter den Konzertgästen. Immer wieder griffen sie einzelne Punks heraus, um sie zu verprügeln. Meistens passierte dies unbemerkt im Hof des Geländes, während die anderen Punks sich im Gemeindehaus die Bands ansahen. Die überwiegende Zahl der Punks hatte damals schlichtweg kein Interesse an Schlägereien. Es gab pro Jahr höchstens eine Handvoll Punkkonzerte in der gesamten DDR. Dort wollten wir uns mit Freunden treffen, die Punkbands ansehen und pogen. Für Schlägereien war da kein Platz.

Für die Skins dagegen war Gewalt ein Teil ihres Lebens. Die meisten waren kampferprobt und durchtrainiert. Normalerweise hatte ein Punk da keine Chance. Doch als sie am besagten Tag Torsten, einen Freund aus Halle (Saale), herausgriffen, wendete sich das Blatt. Er schlug zurück! Der damalige Oberfascho der Region, der als unbesiegbar galt, hatte ihn persönlich als Opfer ausgesucht. Vielleicht weil er gerade einen besonders langen Iro trug, der auch noch lila leuchtete. Torsten fand sich nicht mit der ihm zugedachten Opferrolle ab und stellte sich dem oberkörperfreien Muskelprotz entgegen. Es fielen die Worte: „Mann gegen Mann!" Der kampferprobte Skin war sich eines leichten Sieges sicher und befahl den anderen Naziskins zurückzutreten. Sie bildeten aus ihren Körpern einen Kreis ähnlich einem Kampfring. Doch Torsten gewann! Der Nazi musste so viele Schläge einstecken, dass nun die anderen Skinheads eingreifen wollten. Das war ja üblich. Möglichst viele Naziskins schlugen einen einzelnen wehrlosen Punk zusammen. Doch diesmal hielten sich die Punks nicht mehr zurück. Torsten hatte ihnen Mut gegeben und gezeigt, dass diese Muskelprotze nicht unbesiegbar waren und dass nur Gegenwehr hilft. Sie gingen auf die Skins, die ihrem Obernazi zu Hilfe eilen wollten, los und hielten sie zurück: „Mann gegen Mann war ausgemacht." Die Skins sahen die Entschlossenheit der Punks zum Widerstand. Ihnen war bewusst, dass sie diesmal nicht gewinnen würden, und so zogen sie sich zurück. Der Anführer der Faschos lag am Boden und der Kampf war beendet.

Nach dem ganzen Theater hatten die halleschen Punks keinen Bock mehr auf das Konzert und fuhren gemeinsam mit dem Zug zurück in die Händelstadt. Nur ich blieb. Kurze Zeit später sah ich die gesamte Naziskinmeute geschlossen über das Gemeindegelände laufen. Sie hatten Bierflaschen zerschlagen und wollten mit den Flaschenhälsen, die sie wie Messer in den Händen hielten, Torsten erstechen. Ermutigt durch die Gegenwehr und im Bewusstsein, dass den Nazis nur durch aktiven und auch körperlichen Widerstand Einhalt geboten werden

DIY-Postkarte
L'Attentat 1984

BSTU
0104

VPKA Halle/S.
Kriminalpolizei

Halle, 06.11.1987
Herzog, Oltn.d.K.

Information

über Jugendliche/Jungerwachsene, welche als Anhänger von Punks, Skynheads, Heavy-Metal-Rock usw. zu betrachten sind

1. Namentliche Aufstellung von Personen, welche in dieser Hinsicht als aktiver Kern, Wortführer usw. bekannt wurden

BSTU
0105

-
geb.
wh. Halle,

-
geb.
wh. Halle,

-
geb.
wh. Halle-Neustadt,

-
geb.
wh. Halle,

-
geb.
wh. Halle-Neustadt,

-
geb.
wh. Halle,

-
ge.
wh. Halle,

2. Aktuelle Erscheinungsformen

Nach wie vor ist markant, daß viele Punker überörtliche Verbindungen unterhalten, d.h. sie werden in anderen Orten in illegalen Quartieren oder auf Punker-Feten festgestellt bzw. treten selbst als Quartiergeber bzw. Veranstalter von Partys in Erscheinung.
Gleiches trifft auch für Großveranstaltungen (Pressefest der Freiheit") oder Rock-Konzernte zu, wo dieses überörtliche Verbindungssystem in Kraft tritt.

Im Freizeitbereich bestehen untereinander in verschiednen Gruppen in der Stärke von maximal 10 Personen engere Kontakte und bisher wurden nur bei Veranstaltungen größere Konzentrationen festgestellt.

Die meisten Punker gehen einem Kontakt mit den Sicherheitsorganen aus dem Wege. Den in verschiednen Fällen gegebenen Weisungen kommen sie nach.
Anderenseits gibt es unter ihnen eine Minderheit, für die ein aggressives Verhalten charakteristisch ist. Diese Personen treten durch provokatorisches Verhalten in Erscheinung und sie suchen regelrecht die Konfrontation mit den Sicherheitsorganen, insbesondere der Schutzpolizei. Verschiedene Vorkommnisse bei Großveranstaltungen zeigten, daß sie dann in der Lage sind, andere negativ-dekadente Personen ebenfalls zu Provokationen mitzureißen.

- 3 -

Verschiedene Vorkommnisse der letzten Zeit beweisen, daß die Punker, hierbei vor allem die "Skynheads" und Heavy-Metal-Fans eine Basis zur Verbreitung von faschistischen Ideologien sind. Das zeigte sich vor allem in brutalen Formen der Gewaltanwendung und in offener Verherrlichung des Faschismus.

BSTU
0106

3. Besondere Vorkommnisse aus dem Zeitraum 1986 und 1987

FDv:

Kreisdienststelle Halle

15558

Halle, den 10. 11. 1986
küh-schu

BSTU
0049

Operative Information zu Verhaltensweisen von Vertretern der Skinheads-Kahlköpfe, einer von der Pank-Bewegung abgeleiteten Erscheinungsform

26.11.8

2

BSTU
0050

Am 09. 11. 1986 besuchten die bereits 4 Genannten Skinheads gemeinsam eine Disko-Veranstaltung in Lieskau. Im Verlauf dieser Veranstaltung suchten sie sich zielgerichtet einen Jugendlichen aus, welcher ihrer Meinung nach ein Sympatisant der Pank-Bewegung war, um diesen vorsätzlich nach Beendigung der Veranstaltung zusammenzuschlagen.
Entsprechend der derzeit vorliegenden Erkenntnisse sollte diese Handlung der Skinheads ihre Abneigung gegenüber Pankern zum Ausdruck bringen und nochmals ihre Brutalität und Aggressivität gegenüber jedermann dokumentieren.
Bei der geschädigten Person handelt es sich um den Jugendlichen

Pochop, Geralf
26. 03. 1964 Halle -415325
Halle, Th.-Müntzer-Platz 05
VSH erfaßt KD Halle Panker-Sympatisant

H0862877272

Der Genannte wurde auf dem nach Hause Weg zur Bushaltestelle von den 4 Skinheads abgepaßt und brutal zusammegeschlagen. Im Anschluß daran raubte man dem P. ein von ihm mitgeführten Walk-Man im Wert von 130,-- Mark.

konnte, fingen wir an, uns zu bewaffnen. Ich lief nun Tag für Tag mit einer schweren Stahlkugel in einem Strumpf verknotet durch die Stadt. Im Ernstfall hätte ich damit wie mit einem Morgenstern um mich schlagen können. Ich hatte mir geschworen, mich bekommt keiner mehr, und wenn doch, dann fallen wenigstens einige von denen mit mir. Zum Glück kam es niemals zu diesem Ernstfall.

Einmal, im Sommer 1988, dachte ich, es wäre soweit. Angeheizt durch eine Massenschlägerei im nahen Merseburg glich die Stimmung in Halle (Saale) zu dieser Zeit einem Pulverfass. Bei einer Party waren plötzlich Skins aus der Saalestadt aufgetaucht. Die Situation eskalierte. Die Polizei, die die Party beobachtete, war sofort zur Stelle. Allerdings verhaftete sie nicht die Skins, sondern, wie sollte es auch anders sein, viele Punks und verurteilte einige von ihnen zu langen Haftstrafen.

Flyer der Kirche von Unten

Wenige Tage nach dieser Party saß ich in einer Straßenbahn am Reileck. Auf der anderen Straßenseite sah ich eine Gruppe Skins direkt auf die Bahn zukommen. Unter ihnen befanden sich auch Täter von meinem Überfall. Ich war mir nicht sicher, ob sie mich gesehen hatten. Ich hielt die Stahlkugel in meiner Faust umklammert und zitterte am ganzen Körper. Ich war fest entschlossen, sie zu benutzen. Noch einen Meter, dann würden sie die Bahn erreichen. Entweder würde ich tot am Boden liegend enden oder im Gefängnis landen. Doch die Straßenbahntür schloss und die Bahn fuhr los. Ich beruhigte mich nur langsam wieder und schwor mir während der Fahrt, in Zukunft noch vorsichtiger zu sein.

Nun tauchte ich in den richtigen Untergrund ab. Es gingen Gerüchte über eine Todesliste in der Szene um. Es hieß, mein Name stehe auf Platz zwei dieser Liste. Die Nummer eins sei Torsten. Meine Wohnung war stadtbekannt und wurde deshalb zum Unsicherheitsfaktor für mich. Ich übergab sie Dana aus Aschersleben, die nicht mehr in ihrer miefigen Kleinstadt wohnen wollte. Dann zog ich in ein Haus, von dem niemand etwas wusste. Niemand außer einem einzigen Freund und meiner Freundin. Niemand sonst sollte meine Adresse kennen. Damals war ich so vorsichtig, dass nicht mal die Staatssicherheit von meinem neuen Wohnraum erfuhr.

1988 sollte der zweite DDR-weite „Kirchentag von Unten" in Halle (Saale) stattfinden. Vermutlich 95 Prozent der Skins in der DDR waren inzwischen Naziskins oder sympathisierten mit deren Ideologie. Damit wollten wir einfach nichts zu tun haben. Um wenigstens unseren Schutzraum in der Kirche wiederzuerlangen, mussten wir etwas tun, was uns eigentlich zuwider war. Es gab lange und intensive Diskussionen, weil wir niemanden aufgrund seines Äußeren diskriminieren oder ausschließen wollten. Das kannten wir ja selber zur Genüge. Aber wir wussten keinen anderen Weg, um unsere Veranstaltungen und Konzerte zu schützen. So beschlossen wir zum „Kirchentag von Unten", zu dem auch etliche Punkbands von *Schleimkeim* über *Müllstation* bis *Küchenspione* eingeladen waren, erstmals, dass Skinheads der Eintritt verwehrt werden sollte. Wir erfuhren auch, dass die Nazis am Vorabend zu einer großen Party geladen hatten, um möglichst viele Skinheads nach Halle (Saale) zu locken. Doch wie sollten wir das beschlossene Skinheadverbot durchsetzen? Security gab es damals nicht und wir waren nicht kampferprobt genug, um uns gegen eine große Zahl Naziskins erfolgreich zur Wehr setzen zu können. Es gab jedoch zu dieser Zeit in Berlin bereits erste Ansätze, sich militant und organisiert gegen die brutalen Naziüberfälle zu wehren. Eine Gruppe kräftig gebauter und inzwischen kampferprobter Punks hatte sich in einer losen Gruppierung mit dem Namen ANL zusammengeschlossen. Die Anti-Nazi-Liga hatte inzwischen den Ruf, im Kampf gegen das rechte Gesocks ziemlich schlagkräftig und erfolgreich zu sein. Bei Konzerten, auf denen die Punks mit dem ANL-Schriftzug auf dem Rücken auftauchten, fühlten sich die meisten Punks sicher. Wir stellten den Kontakt her und hofften, dass sie kommen würden.

Geralf 1988

Am 26. Juni 1988 war es soweit. Der „Kirchentag von Unten" begann. Viele Besucher waren gekommen. Die ANL auch. Wir atmeten auf. Wie viele Nazis sich inzwischen in unserer Stadt aufhielten, wussten wir nicht. Aber wir waren für den Ernstfall gewappnet. Einige kräftige Punks der ANL standen immer am Eingangstor auf dem Hof der Christusgemeinde. Der Schriftzug auf den Jacken war von Weitem zu sehen. Dann rückten sie an. Vielleicht fünfzig Naziskins mit kahlen Schädeln und grünen Bomberjacken kamen auf die Christus zumarschiert. Die Punks formierten sich ebenfalls auf dem Gelände. Ganz vorn stand die ANL und zeigte keine Angst. Das machte auch uns anderen Mut. Die Skins waren bis auf etwa zehn Meter vor das Gelände aufgerückt. Als sie die zu allem entschlossenen Punks und die vielen ANL-Schriftzüge auf dem Hof der Christusgemeinde sahen, zogen sie es vor, kampflos den Rückzug anzutreten. Wir hatten ohne einen einzigen Schlagabtausch gewonnen. Der „Kirchentag von Unten" verlief ohne Störung. Weder von Seiten der Naziskins noch von Seiten der Staatsorgane.

Quietschende Autoreifen. Ein Auto stoppt direkt neben mir. Es springen vier Männer in langen Ledermänteln heraus. Sie rennen auf mich zu und zerren mich in den Wagen. Dies war keine Szene aus einem James-Bond-Film, sondern Halle (Saale) an einem hellichten Tag im Winter 1986/87. Keiner der Männer verzog eine Miene oder sprach ein Wort. Es musste ein Auto der Stasi sein.

Sie fuhren mich in einen Wald am Rande der Stadt. Dort zwangen sie mich auszusteigen. Ein eiskalter Wind streifte mein Gesicht. Der kahle Wald strahlte eine düstere und bedrohliche Atmosphäre aus. Für mich als Stadtkind eine vollkommen fremde Umgebung. Zwischen dunklen Bäumen, umgeben vom Bösen. Ich hatte inzwischen zwar viele Stasiverhöre erlebt, aber das war eine völlig neue Dimension.

Es war das erste Mal, dass mir seit meiner Stasiverhaftung 1983 wieder mächtig mulmig zumute war, dass ich Angst hatte, mir könnte etwas passieren. Ich konnte mir nicht erklären, warum ich in dieses abgelegene Waldgrundstück gefahren wurde. Warum war ich nicht wie üblich in einer normalen Verhörzelle? Was wollten die hier mit mir im Wald? Die Gedanken rotierten in meinem Kopf.

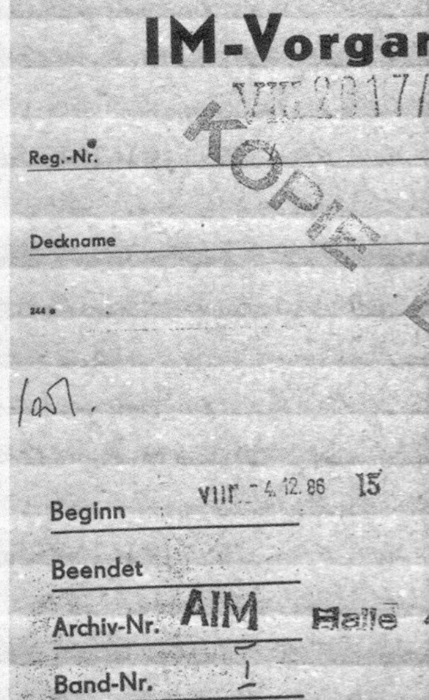

IM-Vorgar

VIII 2017/

Reg.-Nr.

Deckname

Beginn VIII -4.12.86 15

Beendet

Archiv-Nr. AIM Halle

Band-Nr. 1

Dann begannen sie zu reden. Zunächst versuchten sie, mich in einem noch recht ruhigen Ton für die Stasi als Informeller Mitarbeiter anzuwerben. Da ich kein IM werden wollte, wurde der Ton schärfer. Sie drohten mir, dass ich in Haft käme. Sie drohten mir, mich zur NVA einzuziehen. Auch das kam einer mehrjährigen Haftstrafe gleich, war meine totale Wehrdienstverweigerung doch beschlossene Sache. Auch danach, so drohten sie, würden sie mir mein Leben weiter schwer machen. Und schließlich sagten sie klar, dass mir hier im Wald auch etwas passieren könnte.

Jetzt hatte ich wirklich Angst. Ich wusste nicht, wie das enden sollte. Ich zitterte am ganzen Körper. Immer wieder drängten sie mich, als IM zu unterschreiben. Sie wurden immer aggressiver. Was, wenn sie mich hier einfach zusammenschlugen? Was, wenn sie mich direkt hier aus dem Weg schaffen würden? Mitten im Wald und ohne Zeugen. Ihre Versuche, mich zum Stasi-IM zu machen, wurden immer bedrohlicher. Mein Gehirn ratterte, ich hatte Probleme, einen klaren Gedanken zu fassen. Entweder würde es damit enden, dass ich blutend im Wald liege, oder ich müsste als Verräter mit der unterschriebenen IM-Verpflichtung meine besten Freunde aushorchen. Das hieße, mein Leben aufzugeben, innerlich ausgelöscht und leer wie ein Zombie umherzuwandeln. Ich wusste, wer einmal unterschreibt, kommt da nie wieder raus.

Ich blieb standhaft und unterschrieb nichts. Nach einigen Stunden, vielleicht waren es auch nur Minuten, die sich wie eine Ewigkeit anfühlten, stiegen die Männer wieder in das Auto. Sie erkannten, dass ihre Drohungen vergebens waren. Sie sagten noch, dass sie sich jetzt öfter bei mir blicken lassen würden, und fuhren davon.

Da stand ich nun allein im Wald und konnte kaum glauben, dass ich so glimpflich davongekommen war. Die Angst, die Männer würden zurückkommen, blieb noch lange. Ich lief tiefer in den Wald und versteckte mich dort. Vor meinem inneren Auge zog nun im Schnelldurchlauf alles vorbei, was irgendwie mit dem Thema Stasi und Punkszene zu tun hatte. Die vielen Verhöre, die ich schon über mich ergehen lassen musste, das Wissen, dass Leute aus der Szene als IMs ihre Freunde verrieten. Das Misstrauen, das immer im Raum war. Egal wo wir waren, wir wussten, die Stasi hört mit. Wir wussten, einer aus der Szene, den man zum Verrat gezwungen hatte, schrieb Berichte. Ich wollte auf keinen Fall zum Verräter werden. Das war für mich das Wichtigste. Ich hätte so nicht in den Spiegel schauen, so nicht leben können. Es war für mich das Abscheulichste, was ich mir vorstellen konnte. Tiefer konnte man nicht sinken.

Als ich in der Dämmerung zu Fuß den langen Weg nach Hause ging, zitterte ich immer noch am ganzen Körper. Immer wieder sah ich zurück, ob sie mir nicht doch noch irgendwo auflauerten.

In den nächsten Tagen wirkte ich wohl ziemlich verstört. Als mich meine gute Freundin Dana fragte, was mit mir wäre, machte mir schon diese Frage Angst – Angst, sie könnte etwas gemerkt haben, Angst, dass ich noch den Gestank der Stasi an mir trug. So gerne hätte ich ihr mein Herz ausgeschüttet. Aber ich durfte mit niemandem darüber reden. Vielleicht wäre jemand auf die Idee gekommen, dass ich vielleicht doch irgendetwas unterschrieben hätte und jetzt Freunde ausspionieren würde. So einen Anfangsverdacht bekam man in der Szene nie wieder ganz weg. Das wusste ich genau.

Kurze Zeit später fand ich in meinem Briefkasten eine seltsame Vorladung zum ABV. Mir war diese nicht geheuer. Mein siebter Sinn sagte mir, dass der Brief etwas mit der versuchten IM-Anwerbung zu tun hatte. Ich überlegte nicht lange,

Abt. XX/2

134

Halle, den 18.12.86

Wohngebietsermittlung

über
Pochop, Gerald
geb. am: 26.03.64 - 415325 in Halle
wh.: Halle, Thomas-Müntzer-Platz 5

1. Wohn.- Familien und Freizeitinteressen

Der P. wohnt in der 1. Etage in einer 2-Raum Altbauwohnung
welche laut Aussagen der Auskunftspersonen spärlich eingerichtet
ist. An den Wänden und Türen sind große Poster angebracht.
Der P. ist ledig. Die Eltern des P. wurden im Wohnhaus noch
nicht gesehen.
In seiner Freizeit hält sich der P. selten in seiner Wohnung auf.
Wo er sich aufhält, konnte nicht in Erfahrung gebracht werden.
Es wurde beobachtet, daß er sich desöfteren von 15⁰⁰ - ca. 24⁰⁰
nicht im Haus aufhält. Weiterhin werden auch in seiner Wohnung
hin und wieder Feten gefeiert. Diese ziehen sich dann meist
bis in die Morgenstunden hin. Es kam auch vor, daß die
Ruhe der anderen Bürger gestört wurde. Er wurde auch schon
mehrfach darauf hingewiesen, dieses zu unterlassen.
An der Reinigung der Treppe (Hausordnung) beteiligt der P.
sich nicht.

2. Hinweise auf Kontakte und Verbindungen

Den Auskunftspersonen ist aufgefallen, daß der P. meist an den
Wochenenden von 5 jungen Männern besucht wird. Um wen
es sich handelt, ist nicht bekannt. Sie fallen durch ihre

äußere Erscheinung auf (Irokesenschnitt, Ohrringe, schmutzige Kleidung).
Sie feiern dann stets in der Wohnung des P. Weibliche Besucher
wurde bisher eine rothaarige junge Frau festgestellt, die eben
falls unregelmäßig den P. besucht. Innerhalb des Wohngrund-
stückes unterhält der P. keine persönlichen Verbindungen.

3. Politische Einstellung

Ob der P. einer Partei oder Organisation angehört, ist den Aus-
kunftspersonen nicht bekannt. Er selbst hat sich zu diesem
Problem nicht geäußert. Von Seiten der Auskunftsperson konnte
die pol. Einstellung nicht eingeschätzt werden, es muß jedoch
beachtet werden, daß er sich mit dem Anarchismus identifi-
ziert, da an seinem Namensschild dieses Zeichen angebracht ist
(GER Ⓐ LF).
An Staatsfeiertagen oder zu anderen politischen und gesellschaft-
lichen Höhepunkten waren die Fenster seiner Wohnung bisher nicht
mit Fahnen geschmückt.

4. Hinweise zu Beruf, Arbeitsstelle und Arbeitszeit

Aus dem Hausbuch ist ersichtlich, daß der P. Funkmechaniker ist.
Jedoch konnte beobachtet werden, daß er keine geregelte Arbeit
nachgeht. Er wurde desöfteren in einigen Gaststätten (u.a. „Piccolo
Bar“) als Hilfskraft gesehen.

5. Vermögen, Hobbys und Neigungen

Von den Auskunftspersonen wurde eingeschätzt, daß er keine nen-
nenswerte Besitzverhältnisse hat. Ein Gartengrundstück, Wochen-
endhaus oder PKW besitzt er nicht. Schulden wurden im
Wohngebiet bisher nicht wahrgenommen. Bekannt ist, daß

er Anhänger der Punk-Bewegung ist. Weitere Hobbys oder Interessen
wurden nicht bekannt.

6. Äußeres Erscheinungsbild

Der P. ist ca 1,80 m groß und von normaler Gestalt. Er
hat dunkles, schulterlanges Haar. Seine Kleidung ist oft
schmutzig. Er legt kein Wert auf ein gepflegtes Äußeres.

Inwieweit der P. über Kontakte in das NSW verfügt ist den
Auskunftspersonen nicht bekannt.
Die Auskunftspersonen informierte, daß der P. vor ca. 2 Wochen
aus einem Krankenhaus entlassen wurde und noch Wunden
im Gesicht zu erkennen sind. Seit der Entlassung aus dem
Krankenhaus wurden keine Besuche bei dem P. festgestellt.
Ebenfalls erfolgte keine Lärmbelästigung durch laute Musik.

Quellen: Frau [geschwärzt] (Hausbuchführerin und Nachbar des P.)

[Unterschrift]

lief schnurstracks zum Arzt, ließ mich mit einer vorgetäuschten schweren Gastritis zwei Wochen krankschreiben und verließ blitzartig die Stadt.

Ein paar Tage, nachdem ich wieder in Halle (Saale) auftauchte, fing man mich erneut von der Straße weg. Es war immer noch Winter und ich befand mich gerade auf dem Weg zu meiner Arbeit als Gasleuchtenwärter, mit dem ich mich zu dieser Zeit über Wasser hielt. Wieder hielt ein Auto direkt neben mir. Wieder sprangen vier Männer in langen Ledermänteln heraus und zerrten mich ins Auto. Da ich ständig damit gerechnet hatte, dass sie wiederkommen würden, war ich diesmal innerlich vorbereitet und hatte erst einmal keine besonders große Angst. Diesmal hielten die Stasischergen vor einem zerfallenen Abrisshaus. Solche Häuser gab es in Halle (Saale) in den 1980ern reichlich. Sie zerrten mich in die leerstehende Ruine. In der zweiten Etage des abgewrackten Treppenhauses sah ich plötzlich eine nagelneue Stahltür. Sie machten die Tür auf. Wie die meisten Stahltüren des Geheimdienstes hatte sie innen keine Klinke, sodass man die Tür nur von außen öffnen konnte. Mit einem lauten Knall fiel die Tür ins Schloss. Jetzt bekam ich Panik. Ich stand in einem Raum voller hochmoderner Technik, um mich herum mehrere Bewacher. Ein Mann im grauen Anzug saß hinter einem Schreibtisch voller Akten.

Schnell überkam mich wieder die Angst. Mir schoss durch den Kopf: Du bist jetzt Mitwisser ... Du weißt jetzt, wo dieses geheime Büro ist ... Die lassen dich hier nie mehr raus! Ich war verzweifelt. Du unterschreibst jetzt oder du gehst für Jahre ins Gefängnis, war die Botschaft, die dieser Raum für mich ausstrahlte. Keine Türklinke, also auch keine Chance zu entkommen. Es gab nie eine Chance, den Klauen der Stasi zu entkommen.

Der Druck, mich zum Unterschreiben der IM-Verpflichtung zu zwingen, war kaum zu ertragen, doch ich blieb auch diesmal standhaft. Zu unterschreiben hätte für mich das Ende meines Lebens bedeutet, das Ende von allem, wofür ich einstand. Ich fand mich schon damit ab, ins Gefängnis oder in die verschärfte Haft ins Zuchthaus geschleppt zu werden und damit die nächsten Jahre meines

Geralf und Iltis 1988

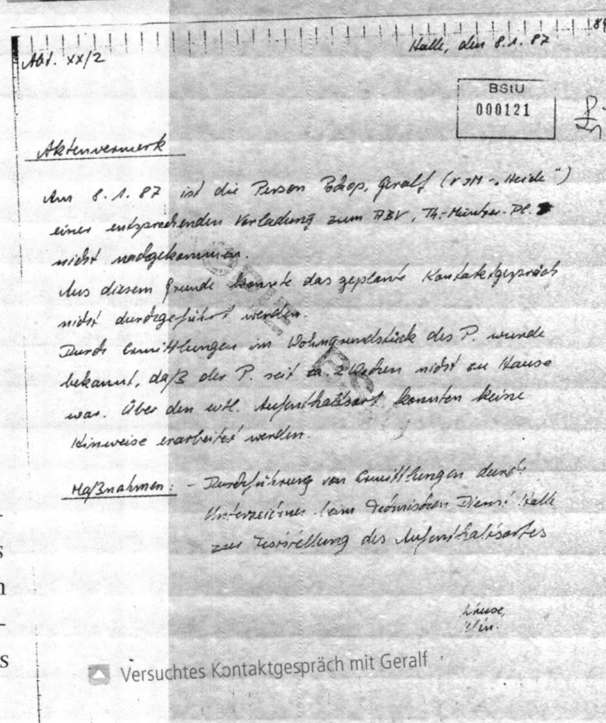

Abt. XX/2

Halle, den 8.1.87

BStU 000121

Aktenvermerk

Am 8.1.87 ist die Person Pop, Geralf (r IM „Heide") einer entsprechenden Vorladung zum ABV, Th.-Müntzer-Pl. nicht nachgekommen.
Aus diesem Grunde konnte das geplante Kontaktgespräch nicht durchgeführt werden.
Durch Ermittlungen im Wohngrundstück des P. wurde bekannt, daß der P. seit ca. 2 Wochen nicht zu Hause war. Über den evtl. Aufenthaltsort konnten keine Hinweise erarbeitet werden.

Maßnahmen: – Durchführung von Ermittlungen durch Unterzeichner beim Technischen Dienst Halle zur Feststellung des Aufenthaltsortes

Krause, Utn.

Versuchtes Kontaktgespräch mit Geralf

Lebens zu verlieren. Aber wenigstens würde ich mir selbst immer noch in die Augen sehen können. Meine Sicherheit ließ mich nach und nach ruhiger werden. Ich kam mir vor wie in einem Film. Ein Film, in dem ich die Hauptrolle spielte. Die Drohgebärden der verhörenden Offiziere sah ich nur noch wie durch einen Dunstschleier. Auch ihre Stimmen drangen nach einigen Stunden nur noch als dumpfe Geräuschkulisse an mein Ohr. Ich nahm gar nicht mehr wahr, was gesagt wurde. Ich war nicht mehr beteiligt, sondern verfolgte das ganze Geschehen nur noch von außen. Als hätte ich meinen Körper verlassen und könnte frei wie ein Vogel die ganze Situation von oben aus beobachten.

Doch plötzlich schloss ein Offizier die Stahltür auf und ließ mich einfach gehen. Ich wusste nicht, wie mir geschah. Erst traute ich mich nicht, den Raum zu verlassen. Ich traute mich nicht, den Stasileuten den Rücken zuzukehren. Ich

Geralf Pochop

4o2o Halle/S., den 16.o3.87
Thomas-Müntzer-Platz 5

Rat des Stadtbezirkes Ost
Abteilung Inneres

Betr. Antrag auf ~~Aberkennung~~ Entlassung aus der Staatsbürgerschaft der DDR mit anschließender Übersiedlung nach Berlin-West.

Hiermit stelle ich einen Antrag auf ~~Aberkennung~~ Entlassung aus der Staatsbürgerschaft der DDR mit anschließender Übersiedlung nach Berlin-West. Dieser Antrag soll in keiner Weise als staatsfeindlich gelten, er beruht lediglich auf persönlichen Erfahrungen und Erlebnissen und soll die weitere Gestaltung meines Lebens beeinflußen. Nach dem Staatsbürgerschaftsgesetz vom 2o.o2.1967, Gesetzblatt Nr. 2 Pg. 3, 9, 1o, 15, 17, besteht die Möglichkeit der ~~Aberkennung~~ Entlassung aus der Staatsbürgerschaft der DDR mit Übersiedlung in ein anderes Land (in diesem Falle Berlin-West), die ich hiermit beantrage. Ich hoffe auf einen baldigen positiven Bescheid in dieser Angelegenheit.

Geralf Pochop

Ausreiseantrag

Beschluss der Staatsicherheit – Nichteignung als IM

P

Index über Personen [1]

BStU 000008

Name	Pochop
Geburtsname/weitere Namen	
Vorname	Geralf
PKZ [2]	2 6 0 3 6 4 4 1 5 3 2 5
Geburtsort/Staatsangeh.	Halle / DDR
Anschrift	Halle, Th.-Müntzer-Platz 5
Beruf/Tätigkeit	Funkmechaniker
Arbeitsstelle	VEB RFT Industr. Halle
Partei-zugehörigkeit	

Bearbeitungsvermerk der Abt. XII VIII 4.12.86 15

MfS/BV Halle
Diensteinheit XX/2
Mitarbeiter Kruse

Halle, den 02.02.87

Beschluß

über die Archivierung des IM-Vorlaufes/~~IM-Vorganges/der GMS-Akte~~ [3]

Abbruchsgrund Nichteignung als IM (gem. Richtlinie 1/79)

Anzahl der Bände: x Teil I; Teil II; Teil III

Anzahl der Blätter: 92

Der Vorgang ist als ~~gesperrt~~/nicht gesperrt abzulegen. Die Arbeitsakte des Vorganges kann nach der Ersatzverfilmung [4]
– vernichtet werden, ausgenommen folgende Bände ____ /Blätter ____
– nicht vernichtet werden.

bestätigt 3.2.87 (Datum) [Unterschrift] (Unterschriftsberechtigter)

1 für weitere Personen ist ein zusätzlicher Personenindex von der Abt. XII abzufordern
2 PKZ bei DDR-Bürgern vollständig, bei Ausländern Geburtsdatum angeben
3 Nichtzutreffendes streichen
4 trifft nur für IM-Vorgänge zu

erwartete jeden Moment einen Schlag oder einen Schuss ins Genick. Ich war ja nun Mitwisser über diesen geheimen Raum mitten in einem Abrisshaus. Irgendwann nach mehreren Aufforderungen, den Raum zu verlassen, lief ich langsam los. Im Zeitlupentempo, wie ein Schaf auf dem Weg zur Schlachtbank. Die Treppe hinunter. Stufe für Stufe. Die Treppe schien mir endlos lang. Ich erwartete jeden Moment irgendeinen Akt der Gewalt. „Die lassen dich nicht gehen! Die lassen dich niemals gehen! Die holen dich zurück! Die schlagen dich zusammen und sperren dich weg!", spukte es in meinem Kopf umher.

Doch nichts passierte. Ich war frei! Völlig verstört lief ich durch meine Heimatstadt. Der Schrecken saß mir noch im Nacken. Ich war mir sicher, dass das nicht der letzte Anwerbeversuch der Stasi gewesen war. An diesem Tag entschloss ich mich, einen Ausreiseantrag zu stellen. Irgendwann würde ich nicht mehr so glimpflich davonkommen. Irgendwann würde ich im Knast landen oder mir würde sonst etwas Schlimmes passieren. Das war sowieso jedem klar, der als Punk in der DDR versuchte, seine Träume zu verwirklichen und ein Leben auf eigene Art zu leben. Die Situation war also nicht neu, aber nach dieser Verhaftung war die Bedrohung viel konkreter als sonst. Sie war verdammt real.

Mein Entschluss stand fest. Ich wusste nun, was ich zu tun hatte. Die Entscheidung, einen Ausreiseantrag zu stellen, war in diesem Moment etwas Befreiendes. Mit diesem Gefühl lief ich weiter durch das triste und graue Halle (Saale). Nun sah ich plötzlich eine Zukunft. Eine Zukunft ohne Stasiverhöre. Eine Zukunft ohne Angst, ohne Volkspolizei, ohne Trapo, ohne NVA, ohne Schikane, ohne Mauer und ohne Stacheldraht. Ich fühlte mich in diesem Moment so frei wie nie zuvor.

Wie frei ich an diesem Tag wirklich war, las ich erst viele Jahre später in meinen Stasiakten.

Dort fand ich eine IM-Vorläuferakte, in der zu lesen war, dass ich damals von mehreren Offizieren und Majoren als idealer IM vorgeschlagen wurde. Jeder von ihnen begründete seitenlang, warum sie dachten, ich könne ein getreuer Verräter sein. Die eifrigen Stasimitarbeiter hatten sogar schon einen IM-Decknamen für mich erfunden. „Heide" sollte ich heißen. Nach dem Treffen im Abrisshaus schloss man allerdings meine IM-Vorläuferakte mit dem Stempel „ungeeignet". Ungeeignet war in diesem Fall ein anderes Wort für „frei", zumindest frei von weiteren IM-Anwerbeversuchen.

WESTPUNK IM OSTBLOCK – DIE TOTEN HOSEN 1987 IN PILSEN

Am 28. Februar 1986 wurde der schwedische Ministerpräsident Olof Palme Opfer eines feigen Attentats. Die Welt war beunruhigt und trauerte. Olof Palme galt sowohl in der BRD als auch in der DDR als Hoffnungsträger der Friedensbewegung, da er ein kernwaffenfreies Europa befürwortete, Abrüstungsinitiativen vorantrieb und als scharfer Kritiker des Vietnamkrieges aufgetreten war. Im September 1987 initiierten verschiedene internationale Friedensbewegungen einen mehrere Wochen dauernden länder- und gesellschaftssystemübergreifenden „Olof-Palme-Friedensmarsch" durch die BRD, die DDR und die ČSSR. Eine Station dieses Marsches war Dresden.

Die Toten Hosen und die *Einstürzenden Neubauten* kamen auf die groteske Idee, anlässlich dieses Marsches dort auftreten zu können. Natürlich wurde dieses kühne Vorhaben von den DDR-Behörden sofort im Keim erstickt und so wich man auf das Nachbarland Tschechoslowakei aus. Am 15. September 1987 sollte das besagte Konzert zum „Olof-Palme-Friedensmarsch" stattfinden. Durch das Westradio wurde der Termin bekannt. Alle Punks in der DDR munkelten nun, dass Campino die Jugend des Ostens herzlich eingeladen hätte, zu besagtem Event zu kommen. Natürlich war uns Ostzonen-Punks klar, dass die Regierung der DDR alles daran setzen würde, dass an diesem Tag nicht ein einziger subkultureller Jugendlicher die Grenze zur ČSSR würde passieren können. Dennoch konnten wir uns diesen Höhepunkt nicht entgehen lassen, und so ersannen einige Gewiefte unter uns diverseste Ideen, um den Grenzübertritt für sich zu ermöglichen und das Konzert zu erleben.

Tote-Hosen-Fans aus Pilsen

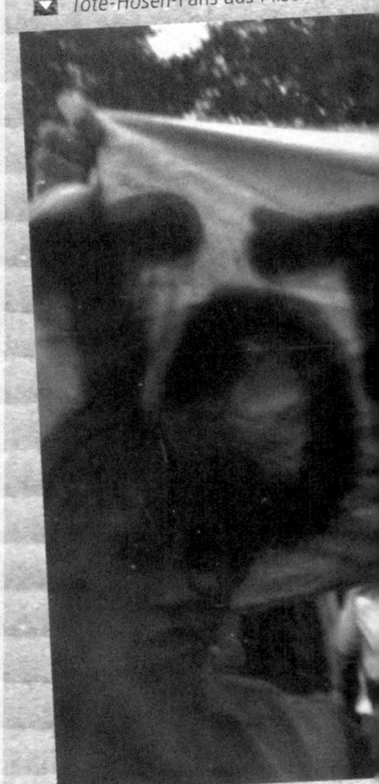

Ich war zu dieser Zeit als Gaslaternenanzünder in Halle (Saale) tätig. Als ersten Schritt meines „perfiden, besonders staatsfeindlichen" Planes ließ ich mich wegen einer vorgetäuschten Gastritis mit Erfolg krankschreiben. Mit dem Schein in der Tasche machte ich mich direkt vom Arztzimmer auf den Weg gen Osten, in Richtung ČSSR. Den Krankenschein schickte ich als Einschreiben an meinen Betrieb und genau dieses Einschreiben sollte mir einige Tage später die Tür zur

ČSSR öffnen. Ich war mir sicher, dass ich auf keinen Fall im Zug über die Grenze kam. Denn schon ohne Ausnahmezustand wurde streng kontrolliert und ausgesiebt. Zum jetzigen Zeitpunkt würden alle Jugendlichen, ob Punk oder nicht, aus dem Zug geholt werden. Das war klar. Ein Auto besaß niemand in der Szene, sodass nur noch Trampen zur Alternative stand. Mir war auch klar, dass ich nicht einfach so auf direktem Weg nach Pilsen trampen konnte. Mit zweihundertprozentiger Sicherheit ließen die Beamten keine Person durch, die auch nur im Geringsten irgendwie den Anschein erweckte, zum *Tote-Hosen*-Konzert zu wollen. So suchte ich auf der Karte den Grenzübergang aus, der am weitesten von Pilsen entfernt war.

Sabine, eine Freundin aus Leipzig, die zu dieser Zeit in Berlin wohnte, machte sich gemeinsam mit mir auf den langen Weg. Mit dem Daumen im Wind bewegten wir uns per Anhalter Stück für Stück in Richtung ČSSR. Die letzten Kilometer fuhren wir mit einem türkischen LKW. Für uns Ostzonen-Tramper war das allein schon ein Erlebnis, was an Exotik seinesgleichen suchte. Einen Türken, also einen echten, hatte von uns damals noch niemand kennengelernt. Wir

Die *Toten Hosen* in Pilsen 1987

DDR-Bürger wussten zwar, dass irgendwo im nichtsozialistischen Ausland ein Staat namens Türkei existiert, aber das war es dann auch schon. Der türkische Truckfahrer hielt unterwegs an und lud uns zum Tee ein. Das Besondere war, dass er das landestypische Getränk neben seinem Fahrzeug kochte und sehr stark süßte. Der erste türkische Tee in unserem Leben wirkte noch lange nach. Wir fühlten uns, als wären wir irgendwo frei in der weiten Welt und nicht eingesperrt in der grauen DDR.

Kurz vor der Grenze ließ er uns raus. Es dämmerte schon. Sich zu dieser Zeit in Grenznähe herumzutreiben war sehr verdächtig. Also suchten wir nach einem unauffälligen Schlafplatz und entdeckten ein Hotel. Geld für ein Zimmer hatten wir natürlich nicht. Im Schutz der Dunkelheit fanden wir eine unverschlossene Tür. Sie führte in den Keller des Hotels, in dem ausgelagerte Betten standen. Es dauerte nicht lange und wir schliefen fest und träumten von dem ersehnten Konzert. Der Traum zerplatzte wie eine Seifenblase, als der Hausmeister uns unsanft weckte. Er rief die VP und schon saßen wir mit Erklärungsnot auf einer Polizeiwache. Da wir eigentlich nichts verbrochen hatten, ließen sie uns nach einer Weile wieder laufen. Nun liefen wir schnurstracks zur Grenze.

Wir hatten weiße Hemden und Mützen zur Tarnung im Gepäck, damit man weder meine bunten Haare und ihren roten Irokesenschnitt noch unsere Punkklamotten sehen konnte. Schon weit vor der Grenze entfernten wir unsere Ohrringe, setzten die „Tarnmützen" auf unsere Köpfe und schmissen uns in die schicken, weißen Hemden. Wir sahen so „scheiße" aus wie noch nie zuvor im Leben. Es fiel uns schwer, ernst zu bleiben ob dieser Verkleidung. Wir dachten, wir hätten genau das richtige sozialistische Outfit für die Grenze. Weit gefehlt! Die Grenzer hatten an allen Grenzübergängen zum Bruderland ČSSR vermutlich die strenge Anweisung, bis zum besagten Konzerttag gar keine Jugendlichen über die sozialistische Friedensgrenze zu lassen. Wir trampten von Grenzübergang zu Grenzübergang, hatten aber keine Chance. Der Tag des Konzertes war inzwischen angebrochen und wir versuchten ohne viel Hoffnung ein weiteres Mal, die Grenze zum Bruderland zu überqueren. Aber auch hier saßen wir im Grenzraum fest und wurden ewig befragt, wohin wir wollten. Wie üblich antworteten wir brav, dass wir gemeinsam in den Urlaub fahren wollten und nannten als Ziel einen touristischen Ort weit weg von Pilsen. Man durchsuchte mich gründlich und fand dabei die Einschreibequittung. Die deutschen Bewacher der Friedensgrenze begutachteten das Stück Papier intensiv und fragten mich danach aus,

II/18/716/87

Abteilung M/1

Berlin, 28. 9. 1987
zi-lo/M/1/6665/87

BStU
000107

Hauptabteilung II/18
Leiter

Operatives Material zur Entscheidung

Es wurde bekannt, daß eine

Wenke, Sabine
PKZ 090568-5-24938 / Leipzig
diakonische Helferin
Heim Gotteschutz
wh.: 1034 Berlin
Kopernikusstr. 10
(lt. PM 1 von 1987)

einen

Thomas [geschwärzt]

über die Vorkommnisse beim Rockkonzert in Plzen berichtet. Sie war selbst an den Auseinandersetzungen beteiligt und schildert den Einsatz der Polizei.
Sie ist Antragsteller auf Übersiedlung und hat vermutlich auch Verbindung zu Personen des politischen Untergrundes der DDR.
Aus einem 2. Informationsträger, der an die

"Toten Hosen"
Ronsdorfer Str. 74
4000 Düsseldorf

gerichtet ist, bittet sie um Hilfe bei der Beschaffung von Partnern zwecks Scheinehe für 3 DDR-Bürger.
Sie hoffen dadurch die DDR schneller verlassen zu können.

Operatives Material über das *Tote-Hosen*-Konzert und Sabines Kontaktaufnahme zur Band

Gräte und Sabine

was das genau wäre. Nun gab es nur noch die Flucht nach vorn. Ich erzählte nichts von der Krankschreibung, sondern gab ziemlich überzeugend an, dass ich der Chef für die Stadtbeleuchtung im Stadtgebiet Halle (Saale) wäre und vor Antritt meines Urlaubs noch kontrolliert hätte, welche Laternen repariert werden müssten. Den Auftrag zur Reparatur der defekten Lampen hätte ich in diesem Einschreiben erteilt. Nun schluckten die Grenzbeamten und holten einen Vorgesetzten. Der musterte uns in unseren weißen Hemden, gestikulierte wedelnd mit meiner Briefeinschreibequittung umher und fragte als erstes, ob ich in der Kommunistischen Partei, der SED, wäre. Diese Lüge wollte ich ihm nun nicht auch noch auftischen und verneinte. Allerdings erzählte ich immer wieder, dass ich Chef der Stadtbeleuchtung von Halle (Saale) sei und meinen wohlverdienten Urlaub in der Tschechoslowakei verbringen wolle. Dem Grenzbeamten war die ganze Sache nicht geheuer. Anrufen war am Wochenende zum Glück nicht möglich. Wahrscheinlich um sich keinen Ärger mit der halleschen Stadtbeleuchtung und irgendwelchen kommunistischen Führungskadern einzuhandeln, ließ er mich lieber nebst meiner Freundin Sabine in die ČSSR einreisen. Man weiß ja nie, welche Beziehungen so ein Chef der halleschen Stadtbeleuchtung zu wichtigen sozialistischen Persönlichkeiten pflegt. Innerlich hatten wir Blut und Wasser geschwitzt. Wenn auch nur einer der Grenzpolizisten auf die Idee gekommen wäre, dass wir unsere unpassenden Mützen im Verhörraum abnehmen sollten, wären wir aufgeflogen.

Wir kamen rechtzeitig in Pilsen an. Das Konzertgelände befand sich in einem abgelegenen Waldstück am Rande der Bierstadt. Zwischen den einheimischen Jugendlichen erkannten wir sofort um die dreißig Punks aus der DDR. Wir fielen uns in die Arme, glücklich, es über die Grenze geschafft zu haben. Jeder hatte seine eigene, ganz persönliche Geschichte, wie er die Grenzbeamten überlistet hatte, und war stolz wie Oskar, es geschafft zu haben. Darauf konnte auch jeder stolz sein, denn wir waren dreißig – dreißig von tausend oder mehr, die es versucht hatten.

„Disco in Moskau!", schrie Campino ins Mikro. Über meinen ganzen Körper legte sich eine Gänsehaut! *Die Toten Hosen* fingen an zu spielen. Es war meine erste westdeutsche Punkband, die ich als DDR-Punk live gesehen habe. Wir pogten wie verrückt und sangen, nein grölten jeden Song textsicher mit. Es gibt wohl sogar Filmaufnahmen dieses historischen Moments, die mich auf der Bühne mit den *Toten Hosen* beim Pogen zeigen. Campino lief nach dem Auftritt durch die Menge und holte jeden Einzelnen der DDR-Punks in den Backstage-Bereich. Wir saßen dort wie im Traum. Zusammen mit den *Einstürzenden Neubauten* und den *Toten Hosen*. Campino verteilte Bier an uns. Blixa Bargeld verschenkte *Einstürzende-Neubauten*-T-Shirts zur gerade erschienenen LP *Fünf auf der nach oben offenen Richterskala*. Das war für einen Ostpunk viel mehr als Weihnachten und Ostern zusammen. So etwas kam selbst in unseren kühnsten Träumen nicht vor. Stolz trug ich mein T-Shirt jahrelang und fühlte mich wie einer der Fünf, die auf der nach oben offenen Richterskala klettern.

Draußen vor der Bühne bewarfen einheimische Punks und normale Jugendliche die fürchterliche Discoband, die nach den *Toten Hosen* spielte, mit Bier und anderen Wurfgeschossen. Die Polizei, die auf so einen Zwischenfall nur gewartet hatte, baute sich sofort mit gezogenen Gummiknüppeln und Hunden in einer Linie wie eine Mauer auf. Die Konzertbesucher stellten sich ihnen als geschlossene Front entgegen. Die Situation wirkte bedrohlich. Ein Funke konnte alles entzünden. Jugendliche und Polizisten brüllten sich gegenseitig auf Tschechisch an. Bei Worten blieb es nicht. Plötzlich schlugen Uniformierte mit Gummiknüppeln auf Konzertbesucher ein. Sabine schrie in Richtung der Polizei: „Nazis!" und „No fascism!" Jetzt wurde sie gezielt gejagt. Ein Polizist schaffte es, sie am Arm zu packen. Er zerrte an ihr. In mir bohrte nur ein Gedanke: „Wenn sie sie jetzt mitnehmen, geht es böse aus!" Sie riss sich mit aller Kraft los. Diese Schlappe wollten die Polizisten nicht auf sich sitzen lassen. Sie versuchten, die Flüchtende mit allen Mitteln zu schnappen. Die anderen Punks stellten sich schützend vor sie. Die Polizei kam einfach nicht durch. Da halfen auch ihre Gummiknüppel nicht, mit denen sie sich den Weg freiprügeln wollten. Sabine schaffte es, in der Masse unterzutauchen.

Draußen tobte der Krieg. Die Polizei knüppelte alle Jugendlichen brutal vom Konzertgelände. Sie drangen auch in den Backstage-Bereich ein und zerrten sowohl an den DDR-Punks als auch an den Musikern herum. Sie wussten die Personen einfach nicht zuzuordnen. Es kam zu seltsamen Szenen. An einem Musiker der *Einstürzenden Neubauten*, ich glaube es war FM Einheit, zerrten mehrere Polizisten an der einen Seite und die DDR-Punks an der anderen. Im Backstage gewannen wir. Drinnen konnte nicht ein Einziger verhaftet werden, da wir mehr Kraft und Durchhaltevermögen beim Tau- bzw. Menschenziehen hatten. Das Konzert war beendet und die *Einstürzenden Neubauten* durften leider nicht mehr auftreten. Sie standen wütend und enttäuscht mit ihren vielen avantgardistischen Stahlinstrumenten vor dem Bandbus. Einige Zeit später fuhren die beiden Bands eskortiert von der Polizei in Richtung Westen. Wir blieben. Logisch.

Übernachten konnten wir in einer Pilsener Punk- und Anarchisten-WG. Nun erlebten wir, dass die Repression gegenüber Punks in der ČSSR noch viel schlimmer war als in unserer Heimat. Die Punks dort konnten nicht einmal normal am Abend auf der Straße herumlaufen. Sie rannten mit ihren Irokesenhaarschnitten von Hauseingang zu Hauseingang und sahen sich immer wieder um, dass ja keine Polizei zu sehen war. Sie sagten uns, wenn die Polizei sie sehen würde, würden sie sofort verhaftet, verprügelt und man würde ihnen die Iros abrasieren.

Am nächsten Tag versuchten wir einkaufen zu gehen. Leider ohne Erfolg. Mit Sabines gestyltem Iro kamen wir in keinen einzigen Laden rein. Sobald wir ein Geschäft betraten, kamen die Verkäufer und schoben uns wieder raus. Dazu hatten wir noch zwei zivile Beobachter im Rücken, die uns aus einigen Metern Abstand auf Schritt und Tritt wie ein kaum sichtbarer, aber gefährlicher Schatten begleiteten. Vermutlich waren sie vom tschechoslowakischen Geheimdienst. Diese bedrohliche Situation nahmen wir sehr ernst. Als wir in einer Kneipe nach dem Weg zur Trampstelle fragten, wurden wir als Nazis beschimpft. Nun mussten wir auch noch vor den aggressiven Stinos flüchten. Unsere Stimmung im sozialistischen Bruderland war inzwischen auf den absoluten Tiefpunkt gesunken. So schnell wir konnten, verließen wir die Bierstadt Pilsen. Diesmal allerdings auf flottestem und kürzestem Wege.

Geralf kurz vor seiner Inhaftierung am 7. Oktober 1987

22.01.1988

Rat des Stadtbezirks
Berlin - Friedrichshain
Bereich Inneres
Abt. Genehmigungsangelegenheiten

Zwischeneinschätzung

W e n k e, Sabine 090568 - 5 - 2493 8
verehelichte Langheinrich
88

Die W. unternahm mit Schreiben vom 21.09.1987 erstmals einen Versuch zur Erreichung der Übersiedlung nach Berlin(West).

Sie begründete ihre Übersiedlungsabsicht mit den staatlichen Zwängen, auf die man hier immer und überall stoße. Sie habe das Leben unter sölchen Bedingungen satt, wolle endlich ein freies Leben nach ihren eigenen Vorstellungen leben.
Darüberhinaus habe sie eine Reihe von Freunden und Bekannten in WB, bei denen es sich überwiegend um ehemalige DDR - Bürger handele.
Zu diesem Bekanntenkreis wolle sie den direkten Kontakt behalten, der gegenwärtig nicht möglich ist.

Die W. stellt sich in eine absolute Opposition zur Gesellschafts- und Staatsordnung der DDR.
Ihre Haltung kann als verfestigt eingeschätzt werden.
Es kann davon ausgegangen werden, daß die innerliche Bereitschaft zur Durchsetzung ihrer Übersiedlungsabsicht unter jedweden Bedingungen besteht. Dabei sind auch Verstöße gegen die Rechtsvorschriften der DDR nicht auszuschließen.

Nach den gegenwärtigen Erkenntnissen gehört die W. zu einer losen Gruppierung von "Punk's", die überwiegend ebenfalls einen Versuch zur Erreichung der Übersiedlung unternommen haben.
Dabei handelt es sich um die Friedrichshainer Bürger ████, Jörg; ████, Ina und Jörn; ████, Doreen und Thomas (geb. ████) und ████, Rene´. Darüberhinaus hat sie Verbindungen in die ganze Republik u.a. zu dem Ersuchenden Pochop, Geralf aus Halle. Andere Personen sind gegenwärtig namentlich nicht bekannt.
Zu diesem Personenkreis gehört auch der in Prenzlauer Begr mit IA 30 erfaßte ████ aus der Lychener Straße.

Mit der W. wurden in unserer Abteilung vier geplante Gespräche geführt, die in Bezug auf die Einstellung der W. zu ihrer Übersiedlu keine Veränderung bewirkten.
Eine Einflußnahme auf anderem Weg ist nicht möglich, da die W. keiner geregelten Tätigkeit nachgeht und nach eigenen Angaben auch nicht die Absicht hat, ein festes ARV aufzunehmen. Arbeitsrechtsverhältnis
Sie bestreitet nach eigenen Angaben ihren Lebensunterhalt von Pauschaltätigkeiten, z.Bsp. als Abwäscher im Gaststättenwesen.

Es wird empfohlen, alle im Zusammenhang mit der W. geplanten Maßnahmen mit der Kreisdienststelle des MfS abzustimmen.

G e i s l e r

Ergänzung: Die W. wurde bei ihrem letzten Gespräch in unserer Abteilung darauf hingewiesen, daß ihr Anliegen nach erfolgter polizeilicher Ummeldung von der Abt. GA in Pr.Berg bearbeitet wird.

Bericht der Staatsicherheit über Sabine

Die nagenden Punkratten am Fundament des DDR-Sozialismus

Die Eisentür knallt mit lautem Getöse ins Schloss. Sechs Monate Freiheitsentzug – so lautet das Urteil. Der Schließer verriegelt ein Schloss nach dem anderen. Ein Geräusch, das mir inzwischen wohlvertraut war. In den letzten Wochen war es eines der wenigen Geräusche, das ich in meiner Isolationszelle hören konnte. Ich lasse die Geschehnisse der letzten Wochen noch einmal Revue passieren.

Am 7. Oktober 1987 wurde in der DDR der 38. Jahrestag der DDR gefeiert. Wie seit vielen Jahren üblich standen auch dieses Jahr zwei Stasileute als Aufpasser vor meinem Haus. Sie beobachteten mich, wenn ich das Gebäude verließ, und folgten mir in einem Abstand von ungefähr fünfzig Metern. Das war ich gewohnt. An jedem 1. Mai und an jedem 7. Oktober, den meistbejubelten Feiertagen unseres sozialistischen „Friedensstaates", wiederholte sich dieses Spiel. Man sollte sich beobachtet fühlen und ja nicht auf die Idee kommen, die DDR-Feierlichkeiten an diesem Tag auf irgendeine Art zu stören. Und wie jedes Jahr reagierten wir auf unsere eigene Art und Weise auf diese Überwachung und brachten den Staat so zur Weißglut. Wir machten uns über unsere Bewacher lustig und ließen sie das auch spüren.

Wir Punks trafen uns alle, und schnell verdoppelte sich die Zahl unserer Beobachter. Wir stellten uns vor sie und gestikulierten wild mit den Händen und fuchtelten mit unseren Armen herum. Wir zeigten mit den Fingern auf sie und erklärten laut und für jeden hörbar, welcher von den Beobachtern für wen von uns zuständig sei, und lachten uns dabei halbtot. An ihren hochroten Köpfen und ihren wütenden Gesichtern sahen wir, dass sie darüber alles andere als erfreut waren. Wenn wir eine große Gruppe waren und das Glück hatten, in eine Kneipe reingelassen zu werden, bestellte dort jeder von uns ein Bier und unsere Überwacher kotzten so richtig ab, denn für so viele Staatssicherheitsbeamte in Zivil gab es einfach nicht genug Plätze. Diese waren ja stets Mangelware in den HO-Gaststätten. Und so standen sich unsere Bewacher vor der Kneipe mit trockenen Kehlen die Füße wund, während alle anderen DDR-Bürger ihren Feiertag genossen. Wir machten uns die ganze Zeit darüber lustig und prosteten ihnen immer mal wieder zu.

Am 1. Mai 1987, also ein halbes Jahr zuvor, trafen wir uns am Rande der SED-Feierlichkeiten zum „Tag der Arbeit“ in der Innenstadt. Wir besuchten den Massenaufmarsch natürlich nicht, um der Parteispitze vor der großen roten Fahne unseren Kampfeswillen zu bekunden. „Die Partei sie lebe hoch! Hoch! Hoch!“, tönte es lautstark aus Tausenden weit aufgerissenen Mündern gleichzeitig. In dieser fast schon bedrohlich wirkenden Stimmung wollten wir einfach nur auffallen und unseren Spaß haben. Und so tanzten etwa dreißig Punks ausgelassen und wild zu den Stimmungskapellen, welche zur Volksbelustigung auf einer Bühne spielten. So etwas hatten die braven Bürger unserer Saalestadt noch nie gesehen. Die Passanten blieben gaffend stehen. Es gab einen Menschenauflauf von Hunderten Hallensern, die sich nur noch für die Tanzkünste der „bunten Vögel“ interessierten und nicht mehr für das offizielle Kulturprogramm zum „Tag der Arbeit“.

Trotz der großen Menschentraube verlief alles ohne Zwischenfälle und erstaunlicherweise auch ohne Polizeieinsatz. Es war ein sehr lustiger Tag und so mancher hallesche Bürger dachte bestimmt, die Glasnost wäre inzwischen auch in der DDR ausgebrochen. Tanzende Punks mitten in der Innenstadt von Halle (Saale). An einem Staatsfeiertag. Das wäre einige Jahre zuvor noch undenkbar gewesen.

Gaffende Menge am 1.Mai 1987 in Halle (Saale)

Punks in Halle (Saale) 1. Mai 1987

Am 7. Oktober 1987 dagegen hatten die Ordnungskräfte vermutlich die Anweisung, bei jeglichem subversiven Aufbegehren sofort einzugreifen. Unbekümmert lief unsere bunte Punkmeute in Richtung Innenstadt. Wie immer unter den Augen der VP und der Staatssicherheit. Dort, zwischen der überdimensionalen roten Fahne aus Beton am Hansering und den riesigen, noch viel mächtigeren Fäusten aus Stein auf dem Thälmannplatz (heute Riebeckplatz), wurde der DDR-Geburtstag immer besonders zelebriert. Auf einer Bühne spielte gerade die lokale Gruftieband *Revange*, als mich plötzlich zwei Polizisten zu einem kleinen Scherbenhaufen zerrten. Rüde und in barschem Ton forderten sie mich auf, die Scherben zu beseitigen. Da der Haufen nicht von mir stammte, weigerte ich mich den Glasbruch aufzuheben. Daraufhin verdrehte einer der Volkspolizisten meinen Arm und zerrte mich so einige Meter in Richtung eines bereitstehenden Polizeiwagens. Mein Arm schmerzte. Sie warfen mich zu Boden. Ich hatte Angst, dass sie mich zusammenschlagen würden, da ich so etwas schon des Öfteren erlebt hatte, und rief laut: „Nicht schlagen!" Einer der Polizisten sprang nun auf mich und drückte mit seinem Knie meinen Kopf fest zu Boden. Mein Arm war die ganze Zeit immer noch qualvoll auf meinen Rücken gedreht. Stechende Schmerzen und ein knackendes Geräusch ließen mich befürchten, dass er auskugelt oder bricht. Ich hörte, wie die Polizisten von herumstehenden Bürgern aufgefordert wurden, nicht so brutal vorzugehen. Unter den Protestrufen der anwesenden Punks und auch denen der normalen Bevölkerung zerrte man mich in den Polizeiwagen und raste davon.

Aus Erzählungen erfuhr ich später, dass es zu einem regelrechten Tumult der Bevölkerung kam und dass dabei wohl auch einige Polizeimützen durch die Gegend flogen. Die Polizei griff nun hart durch. Jeder, der anders aussah und nicht schnell genug flüchten konnte, wurde festgenommen. Alle verhafteten Jugendlichen wurden auf einen Polizeihof gebracht, wo wir gemeinsam breitbeinig in Fliegerstellung in Reihe an der Wand einen Großteil der Nacht verbringen mussten. Ich war ja schon oft zugeführt worden, aber diesmal wusste ich, dass es ernst war. Denn im VP-Revier wurde ich von zivil gekleideten Stasileuten mit dem Satz empfangen: „Dieses Weihnachten wirst du nicht zu Hause verbringen. Jetzt haben wir dich!" „Sie sind eine nagende Ratte am Fundament des Sozialismus!", brüllte der verhörende Offizier wütend in meine Richtung.

In den Vernehmungen ging es zunächst stundenlang um meine Arbeit in der kirchlichen Friedensbewegung, um meine negative Einstellung zur NVA, um meine organisatorische Mitwirkung bei sogenannten „negativ-dekadenten Musikveranstaltungen" in der Christusgemeinde Halle (Saale) und um meinen im März 1987 gestellten Ausreiseantrag. Erst nach vielen, vielen Stunden ununterbrochener Verhöre, vielleicht waren es auch Tage, wurden mir plötzlich mehrere frei erfundene, von mir nicht getätigte Aussprüche vorgeworfen. Ich sollte gemeinsam mit einem Freund und meiner damaligen Freundin folgende Worte laut gerufen haben: „Scheiß Staat! Honeckers Knüppelgarde! Das kann man ja nur bei Honecker machen! Die wollen mich schlagen!" Man stellte einen Haftbefehl gegen mich und meine zwei Freunde aus. Der Tatvorwurf lautete: „Öffentliche Herabwürdigung", § 220 Abs. 1, „Verleumdung und Beleidigung des Staates, staatlicher Institutionen sowie ihrer Mitarbeiter", § 138 und § 137. Noch am selben Tag wurden mir die Haare abrasiert. Nun musste ich mit ansehen, wie die U-Haft-Beamten es sichtlich genossen, mir, dem „negativ-dekadenten Element", eine sozialistische Haarfrisur zu schneiden. Das war für einen in der subkulturellen Szene der DDR beheimateten Jugendlichen so ziemlich das Schlimmste und Demütigendste, was er sich vorstellen konnte. *„Zeigt eure Meinung an der Länge eurer Haare – Verehrt euren Haarschnitt!"* lieferte in einer Endlosschleife die *Deutsch Amerikanische Freundschaft* (*DAF*) den passenden Soundtrack in meinem Kopf zu diesem Willkürakt.

Diese Praxis war nicht neu und wurde schon in den 1960er Jahren bei den Beatfans und in den 1970ern bei den langhaarigen Bluesern und Kunden angewendet. Jetzt sah ich genauso scheiße aus, wie das sozialistische System auf mich wirkte, und passte optisch super hinein. Aus Sicht des Staates war nun aus einem subversiven Element eine sozialistische Persönlichkeit erschaffen worden. Wenn auch mit Gewalt. So viel Macht traute man einer Haarfrisur zu! So viel Macht, dass man als ersten und wichtigsten Schritt, noch vor irgendeiner Verhandlung oder Verurteilung, dem Gefangenen die nicht staatskonforme Frisur abrasierte.

Mit den Worten: „Du träumst wohl!" wurde mir in der U-Haft das Recht auf meine Wunschanwälte Dr. Schnur, der im Umfeld der evangelischen Kirche agierte, oder Dr. Vogel, der bekannt war als Unterhändler für den Häftlingsfreikauf politischer Gefangener der DDR durch die BRD, verweigert. Diese beiden Anwälte waren in der DDR die Einzigen, die wenigstens einen kleinen Schimmer Hoffnung für politische Gefangene in den Haftzellen der DDR-Gefängnisse ausstrahlten. Man leitete meine geschriebene Post an die Anwälte meiner Wahl einfach nicht weiter. Ich musste die ganze U-Haft tatenlos in einer Einzelzelle in Isolationshaft verbringen. Mir wurde mein Recht auf ein Buch verweigert

Aus dem Urteil

- 2 -

BStU
000049

r Recht erkannt:

Der Angeklagte Pcchcp wird wegen öffentlicher Herab-
würdigung in Tateinheit mit Beleidigung und Verleumdung
-Vergehen gem. §§ 22c Abs. 1, 137, 138, 139 Abs. 3 StGB -

zu einer Haftstrafe von s e c h s Mcnaten verurteilt.

Die Angeklagte ██████ wird wegen Widerstand
gegen staatliche Maßnahmen in Tateinheit mit öffentlicher
Herabwürdigung und Beleidigung - Vergehen gem. §§ 212 Abs.1,
22c Abs. 1, 137, 139 Abs. 3 StGB zu

einer Haftstrafe von s e c h s Mcnaten verurteilt.

. Der Angeklagte ██████ wird wegen Widerstand gegen staat-
liche Maßnahmen in Tateinheit mit öffentlicher Herabwürdigung
und Beleidigung - Vergehen gem. §§ 212 Abs. 1, 22c Abs. 1,
137, 139 Abs. 3 StGB -

zu einer Haftstrafe von s e c hs Mcnaten verurteilt.

., Die Auslagen des Verfahrens haben die Angeklagten zu tragen.

r ü n d e

Der 23jährige, nicht vorbestrafte Angeklagte Pcchcp erreichte den
Schulabschluß der 1o. Klasse der POB. Anschließend absolvierte
er erfolgreich eine Lehre als Funkmechaniker. Seit 19.1. 1987
ist er im VEB Technischer Dienst Halle als Gasleuchtenwärter
beschäftigt. In der Vergangenheit kam es bei ihm zu mehr-
fachen Verletzungen der sozialistischen Arbeitsdisziplin. Des-
halb wurde ihm nach mehrmaligen erfolglosen Aussprachen ein
strenger Verweis erteilt.

██████

Weil sich El-que für mich einsetzte, wurde auch sie zu sechs Monaten Haft verurteilt

Die „nagenden Ratten" Tobi, Geralf, Dana und Klaus kurz vor der Inhaftierung am 7. Oktober 1987

und ich musste von früh bis spät bei grellem Licht, von dem die Augen schmerzten, in der kleinen Zelle stehen oder sitzen. Das Bett durfte erst in der Nacht heruntergeklappt werden. Etwas Tageslicht fiel durch die milchigen Glasbausteine hoch oben an der Zellenwand. Einmal versuchte ich, diese Wand emporzuklettern in der Hoffnung, ich könnte einen Blick auf die Außenwelt erhaschen. Zur Strafe wurde ich für mehrere Tage in eine Arrestzelle in den Keller gesteckt. Dort bekam ich kaum etwas zu essen und mir wurde angedroht, dass ich Tag und Nacht ans Zwischengitter gekettet würde, falls ich noch mal versuchen sollte, durch ein Fenster zu sehen. Ich versuchte es nicht noch einmal. Was sollte ich auch schon sehen können durch undurchsichtige Glasbausteine.

Aus heutiger Sicht war das Isolationsfolter. Aus DDR-Sicht war es der ganz normale Umgang mit einem Element, welches einen falschen Haarschnitt hatte und die falsche Musik hörte. Es war auch nicht wichtig, ob man etwas getan hatte oder nicht. Die Zeit in der U-Haft-Zelle wurde nur durch die Verhöre unterbrochen. Ab und zu durfte ich aufgrund internationaler Konventionen zum überwachten Freigang an die frische Luft. Für sehr kurze Zeit, isoliert von den anderen Gefangenen, durfte ich in einer kleinen, betonierten Freigangzelle im Hof im Kreis laufen. Auf diesen kurzen Ausflügen an die frische Luft, umgeben von hohen Mauern, ging mir immer wieder der Refrain des Songs „Ich bin ein Mörder" der Band *Freygang* durch den Kopf. Später erfuhr ich, dass in diesen Isolationszellen, in denen wir saßen, normalerweise tatsächlich nur Mörder verwahrt wurden, jedenfalls erzählten sich das die Gefangenen.

Ich trotzte meiner Isolation mit Punk. Ich sang einen Song nach dem anderen lautstark in meiner Zelle. Songs von *L'Attentat, Namenlos, Wutanfall, Canal Terror, Toxoplasma, Die Toten Hosen, Daily Terror, Tollwut, A+P, Schleimkeim*. Ich schrie die Mauern mit den Punksongs an und versuchte so, meiner Lebensweise treu zu bleiben und nicht verrückt zu werden. Am schlimmsten war, dass ich mich so hilflos ausgeliefert fühlte und jegliches Zeitgefühl verlor. Ich hatte keine Uhr oder irgendetwas anderes, womit ich die Zeit hätte messen können. Ich hatte nichts in dieser Zelle!

Man sagte mir, dass ich einen halleschen Anwalt nehmen müsse. Einen anderen bekäme ich nicht. Der Rechtsanwalt, den man mir nach vielen Tagen in der Einzelzelle und ohne Kontakt zur Außenwelt aufschwatzte, war Stasi-IM, wie ich später in den Akten las. Es gab de facto keine Verteidigung. Der „Verteidiger" erschien für etwa fünf Minuten in der U-Haft und sagte mir, er melde sich wieder, sobald die Anklageschrift vorläge. Dies tat er aber nicht, trotz meiner schriftlichen Bitte, da mein Gerichtstermin kurz bevorstand. Die Verhandlung fand wie bei politischen Prozessen üblich unter Ausschluss der Öffentlichkeit statt.

Ich sah den „Stasirechtsanwalt" erst im Gerichtssaal wieder. Ich sagte ihm, dass ich viele Entlastungszeugen hätte. Er erwiderte, dass wir keine Zeugen bräuchten. Es gäbe zwei Volkspolizei-Aussagen und da könne man so viele Zeugen vorladen, wie man will, das interessiere das Gericht nicht. Ich solle mich jetzt schnell entscheiden, ob ich eine hohe Haftstrafe bekommen möchte, indem ich die Vorwürfe abstreite, oder eine geringe Haftstrafe, indem ich alles zugebe. Das alles wurde mir von meinem „Verteidiger" drei Minuten vor Verhandlungsbeginn im Gerichtssaal im Beisein von zwei Gefängnispolizisten gesagt. Da ich keinesfalls ein paar Jahre ins DDR-Gefängnis wollte, wo nicht sicher war, ob man überhaupt überlebte, aber ich auch nichts zugeben wollte, was ich nicht gemacht hatte, entschied ich mich für eine Zwischenlösung. Ich sagte, dass ich etwas getrunken hätte und mich nicht richtig erinnern könne. Der Richter fragte dann immer, ob es so gewesen sei, wie es die beiden Volkspolizisten sagten, und ich antwortete dann immer: „Ich denke nicht, aber angesichts der zwei Polizeiaussagen besteht die Möglichkeit, dass es so gewesen sein könnte."

Als Höhepunkt der ganzen Verhandlung gab es noch zwei „zivile" Zeugen. Ich bin mir ziemlich sicher, dass auch diese beiden Stasimitarbeiter waren. Vermutlich zwei unserer Bewacher vom 7. Oktober, über die wir uns immer lustig machten. Diese beiden Zeugen der Anklage bestätigten natürlich jedes Wort der zwei Volkspolizisten. Der Richter war, wie inzwischen bekannt wurde, ebenfalls ein Stasi-IM. Viele politische Gefangene der DDR-Diktatur behaupten immer wieder, dass die Urteile schon geschrieben waren, bevor der Prozess überhaupt anfing. Auch mein Urteil war für die Seitenanzahl des beschriebenen Papiers viel zu schnell fertig, aber das sind nur Mutmaßungen. Sicher ist dagegen, dass schon einige Zeit vor meiner Verhaftung ein streng vertraulicher Erfassungsbeleg ZPDB der Staatssicherheit folgende Auffälligkeiten zu meiner Person dokumentiert: „Kontakt zu Übersiedlern im nicht sozialistischen Ausland, Kontakt zu UE in DDR, Kontakt zu negativ kirchlichen Kräften in DDR, Kontakt zu politischem Untergrund in DDR." Als Vorschlag zur Lösung des Problems wurde „Strafmaß ... bis 6 Monate Haft" vorgeschlagen.

Und so kam es dann auch, wie es in der DDR kommen musste: Meine Freunde und ich wurden zu je sechs Monaten Haft verurteilt.

Dreißig Augen mustern mich, als ich den düsteren Raum betrete. Meine neue, vom Staat verordnete Bleibe auf Zeit in Magdeburg. Eine Zelle für sechzehn Strafgefangene, bis auf das Bett für mich voll belegt. Die Häftlinge beobachten mich genau. Sie checken den Neuen ab. Manche Augen starren leer, manche kalt, manche versprühen Brutalität. Viele der Gefangenen haben Narben im Gesicht. Vielen fehlen Zähne. Grobe, selbstgestochene Tätowierungen verunstalten ihre Körper.

Meine Nerven liegen blank. Ein lautes metallisches Geräusch lässt mich zusammenzucken. Blitzschnell drehe ich mich um. Entwarnung! Es ist „nur" der Wärter. Er schließt mit lautem Klappern alle Schlösser der Zellentür sorgsam ab.

Ich war in einer Zelle für Langstrafer gelandet. Langstrafer – das Wort der DDR-Knastszene für Schwerkriminelle, Mörder und Verbrecher, die eine Haftstrafe von über drei Jahren absitzen mussten. Alle in meiner Zelle saßen schon mindestens fünf Jahre hinter Gittern, so wurde mir später erzählt. Einige verbüßten lebenslänglich. Warum man mich mit meiner vergleichsweise kurzen Strafe von „nur" sechs Monaten in diese Zelle steckte, ist mir bis jetzt unklar. Vielleicht wollte man mich weiter einschüchtern. Vielleicht aber hatte es auch mit der Jubelamnestie zu tun, die am 7. Oktober 1987, dem 38. Jahrestag der DDR, von der Regierung erlassen wurde.

1. Mai 1987 – noch in Freiheit

Zur anstehenden KSZE-Folgekonferenz in Wien wollte man verkünden, dass es in der DDR keine politischen Häftlinge gäbe. Da es politische Straftaten in der DDR offiziell sowieso nicht gab, konnte man keine Amnestie politischer Gefangener anordnen. So wurden kurzerhand fast alle Gefangenen amnestiert. Leere Gefängnisse waren ein Garant dafür, jeden Vorwurf von außerhalb auf politisch Inhaftierte zurückzuweisen. Die Häftlinge mit kurzen Strafen waren schon alle auf freiem Fuß. Mord und andere schwerste Straftaten fielen nicht unter die Amnestie. Die meisten Verwahrräume waren vermutlich größtenteils leer.

Die verschlossene Stahltür im Rücken, vor mir die vielen feindlichen Augenpaare, dachte ich immer wieder: „Hier überlebe ich keine Woche!" Einer der Häftlinge, ihm fehlten die vorderen Schneidezähne und er hatte viele Falten im Gesicht, trat auf mich zu. Er zeigte mir mein Bett. Ich ging schlotternd mit und richtete mich ein. Im Gegensatz zu allen anderen war er nicht tätowiert, das fiel mir zwar auf, aber ich konnte es noch nicht einordnen. Draußen, in der Freiheit, waren 99 Prozent der damals Tätowierten unsere Feinde. DDR-Punks waren so gut wie nie tätowiert. Die Tätowierten waren meistens Knaster, Kleinkriminelle, Alkoholiker und stadtbekannte Schläger. Sie waren in der freien Wildbahn die Hauptfeinde der Punks. Wir machten, wenn irgendwie möglich, immer einen großen Bogen um sie, denn aus irgendwelchen unerfindlichen Gründen waren sie der Meinung, bunte Strubbelhaare seien unnatürlich. Das war Grund genug, Punks anzugreifen und verprügeln zu wollen.

Nun stand ich in einer Zelle, die für einige Zeit mein Lebensraum werden sollte, mit genau dieser Art Menschen. Das konnte nur schiefgehen. Plötzlich fragte mich der Häftling ohne Tätowierungen, ob ich Schach spielen könne. Ich bejahte. Hatte ja sogar mal in meiner Kindheit bei einer Meisterschaft eine Bronzemedaille gewonnen. Er strahlte. Das sah fürchterlich aus, denn ich sah nun wieder das Zahnfleisch, wo eigentlich die Schneidezähne hingehörten. Doch nun fiel mir auf, dass seine Augen im Gegensatz zu den vielen Falten im Gesicht etwas Jugendliches und Freundliches versprühten. Beim Schachspielen erfuhr ich die tragische Geschichte dieses Häftlings.

Er war Arzt und ebenfalls ein politischer Gefangener. Er saß wegen „Kontaktaufnahme mit westlichen Staatsmächten, ungesetzliche Verbindungsaufnahme etc." bereits fünf Jahre in Haft. Sein Vergehen war ein Brief an Freunde in der BRD, in dem er ihnen mitteilte, dass er einen Ausreiseantrag gestellt hätte. Ärzte wurden in solch einem Fall als besonders schlimme Verräter des Sozialismus

Selbstporträt Geralf in Haft – Ostern 1988

behandelt, da sie ihre Ausbildung der DDR verdankten und nun diesem lebenswerten System den Rücken kehren wollten. Er erzählte mir, wie er von dem gefürchteten Gefängniswärter, den alle nur den „Roten Terror" nannten, schikaniert und geschlagen wurde. Er erzählte mir im Laufe der nächsten Wochen, wie er immer wieder auf dem Gefängnisflur sitzen musste und mit Sätzen wie „Was wollen Sie sein? Ein Arzt! Sie sind ein Schwein!" gedemütigt wurde, wie ihm die Zähne im gefürchteten Zuchthaus in Cottbus von Gefängniswärtern rausgeprügelt wurden. Ich hatte großes Glück, diesen Menschen im Gefängnis zu treffen, denn ich stand unter seinem Schutz. Er hatte wohl auch erkannt, dass ich kleiner, dürrer Hänfling hier nicht sehr lange überlebt hätte.

Vor dem Arzt hatten alle Respekt. Er war der einzige, der von den Mitgefangenen mit „Sie" angesprochen wurde. Der Grund war sehr einfach. In den Haftanstalten gab es keine ausreichende medizinische Betreuung, sodass ihm allein sein Beruf Autorität verlieh. Jeder war froh, einen Arzt als Gefangenen mit auf der Zelle zu haben, der einem im Notfall das Leben retten konnte. Er selbst machte sich über diese höfliche Anrede nur lustig. Wir verbrachten plaudernd und Schach spielend viel Zeit miteinander, aber eines Tages ging es für mich weiter. Ich kam auf Transport. Eine Zelle, so groß wie mein Körper, wurde auf einem umgebauten Fahrzeug aufgeschlossen. Dort kam ich mit Handschellen gefesselt hinein. Das Blech umschloss mich vollends. Bewegen konnte ich mich dort drin nicht. Die Ungewissheit über meinen weiteren Verbleib zerrte an meinen Nerven. Wir fuhren ewig. Ein Fenster gab es nicht. Aber ich konnte bei den Stopps heraushören, dass immer wieder neue Gefangene entweder eingeladen oder ausgeladen wurden. Vor dem nächsten Gefängnis hatte ich nicht mehr so viel Angst. Ich war durch die Erfahrungen, die ich in Magdeburg gesammelt hatte, in mir selber gewachsen. Meine Hoffnung bestand nun darin, dass ich nach Karl-Marx-Stadt kam. Wenn du erst dort bist, kommst du im Westen wieder raus, hieß es.

Doch als ich an der Reihe war auszusteigen, waren wir nicht in Karl-Marx-Stadt, sondern in Thale. Ein Gefängnis im Harz, dessen Häftlingszahlen, der Amnestie sei Dank, gegen null tendierte. Sechs Neueingesperrte waren schon da, sodass ich die legendäre Häftlingszahl 007 bekam. James Bond lässt grüßen! Mein Name wurde gegen diese Zahl getauscht und ab jetzt war ich 007. Vielleicht hat die Staatssicherheit diese Nummer mit Absicht gewählt, denn sie wollte mich nun ein weiteres Mal zum Agenten machen. Agent 007. Klingt gut! Wieder wurde ich von Stasioffizieren verhört, die versuchten, mich zur Mitarbeit zu bewegen.

Ich sollte unter den Mitgefangenen spionieren. Doch auch hier bissen sie sich die Zähne an mir aus. Ihr Angebot von Hafterleichterungen, der eventuellen vorzeitigen Entlassung aus der Haft, die Aussicht auf eine neue schicke Wohnung nach meiner Haftentlassung und eine Arbeit zum Glücklichwerden in der Diktatur des Proletariats ließen mich kalt. Ich hatte nur noch den einen Wunsch: die DDR für immer und ewig zu verlassen. Da kam ihre nächste Forderung, die nach Rückzug meines Ausreiseantrags in die BRD, gerade recht. Nun kehrte ich den Spieß einfach um. Ich bot an, den Ausreiseantrag zurückzuziehen, wenn ich in die VR Ungarn übersiedeln dürfte. Als Begründung nannte ich, dass es in der VR Ungarn „Zigeuner" gebe und ich bei diesen leben möchte. Da es in der DDR keine „Zigeuner" gebe, wäre es mir also nicht möglich, weiter in der DDR zu leben. Der einzig mögliche Weg, aus der DDR nach Ungarn zu ziehen, war der Umweg einer Übersiedlung in die BRD. Von dort aus könnte ich dann nach Ungarn ziehen. Ich merkte, wie nach und nach die Kinnladen der mich bearbeitenden Stasihäscher herunterklappten. Ich bin mir sicher, sie hielten mich für nicht mehr zurechnungsfähig. Aber genau das war mein Ziel.

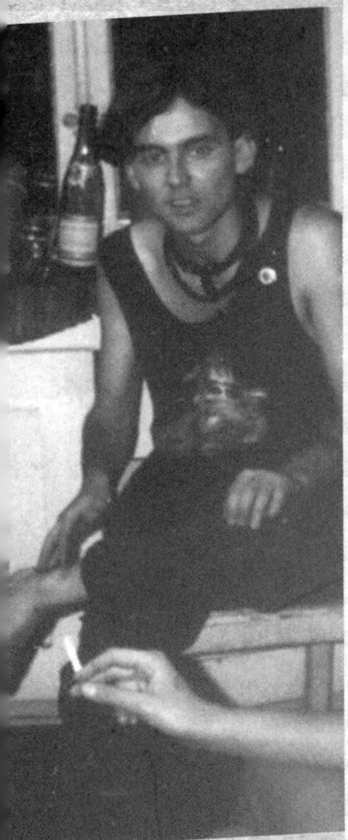

Ab diesem Tag ließen sie mich die restliche Haftzeit in Ruhe. Naja, fast in Ruhe. Es gab noch einmal eine Aussprache, als der Liedermacher Stephan Krawczyk zusammen mit seiner Frau, der Regisseurin Freya Klier, in der DDR für Unruhe sorgte. Das ging so weit, dass im *Neuen Deutschland*, dem politischen Sprachorgan der SED, ein ganz kleiner Artikel stand, der mir sofort ins Auge stach. Darin war sinngemäß zu lesen, dass entgegen westlicher Falschmeldungen in Berlin überhaupt nichts los sei. Als ich diesen Artikel las, war mir sofort klar, dass es in der DDR gerade mächtig brodelte. Denn noch nie stand solch eine Art Artikel in einer DDR-Zeitung. Und prompt bekam ich am selben Tag Besuch von der Staatssicherheit. Man erteilte mir das Verbot, die Hauptstadt der DDR nach meiner Haftentlassung zu betreten. Des Weiteren bekam ich Postsperre, durfte also keine Briefe mehr von draußen bekommen. Das war natürlich idiotisch, da ich sowieso nur zensierte Briefe erhielt oder bei Nichtgefallen eben nicht, da sie dann beschlagnahmt wurden. Auch bekam ich komplette Nachrichtensperre. Ich durfte keine Zeitung mehr lesen und die DDR-Nachrichtensendung *Aktuelle Kamera* nicht mehr sehen. Normalerweise war das eine Pflichtfernsehsendung für alle Häftlinge, die zur politischen Weiterbildung von allen gemeinsam geguckt werden musste. Meine Antwort war kurz und sarkastisch: „Ach, das Berlin-Verbot und die Post- und Nachrichtensperre bekomme ich sicherlich, weil entgegen westlicher Meldungen in Berlin nichts los ist. Das hatte ich heute Morgen schon im *Neuen Deutschland* gelesen." Sie reagierten nicht auf meinen Satz, sahen mich nur grimmig an und ließen mich zurück in meine Zelle schließen.

Aber zurück zu meiner Ankunft in Thale. Von den sechs anderen Häftlingen sprach mich gleich einer an und sagte: „Hallo, ich bin mit dir mal 1984 nach Jena zum Punkkonzert gefahren. Damals hatte ich noch einen Iro. Erinnerst du dich an mich?" Ich erinnerte mich nicht, war aber froh, einen Punk hier drinnen zu treffen. Der Knast füllte sich ziemlich schnell und die Häftlingszahlen stiegen rasch von sieben auf einige Hundert an. Man brauchte die Arbeitskräfte in den Fabriken, in denen die Häftlinge schuften mussten, und so sperrte man in der Zeit nach der Amnestie viel schneller und mehr ein als sonst.

Als politischer Gefangener, noch dazu mit Ausreiseantrag, galt ich als potentieller Aufwiegler. Ich und der andere Punk, der aus Dessau stammte und wegen seines Ausreiseantrags hier gelandet war, wurden in eine Zelle für zweiunddreißig Häftlinge gesperrt. In unserer Zelle sammelte sich so nach und nach alles, was nicht in die normale Knastwelt passte. Größtenteils waren hier Analphabeten und Menschen untergebracht, die ganz offensichtlich psychiatrischer Behandlung bedurften.

An einen dieser Gefangenen erinnere ich mich sehr lebhaft. Er malte immer Bilder von *Modern Talking* mit Monsterköpfen, Messern im Körper und viel Blut. Tag für Tag! Nachts schlief er im Sitzen. Er hatte meistens eine Rasierklinge in der Hand und schaukelte seinen Körper hin und her. Rasierklingen durfte man besitzen, da das tägliche Rasieren als eine der schikanierenden Pflichtübungen zur Erziehung sozialistischer Persönlichkeiten betrieben wurde. So manche Nacht

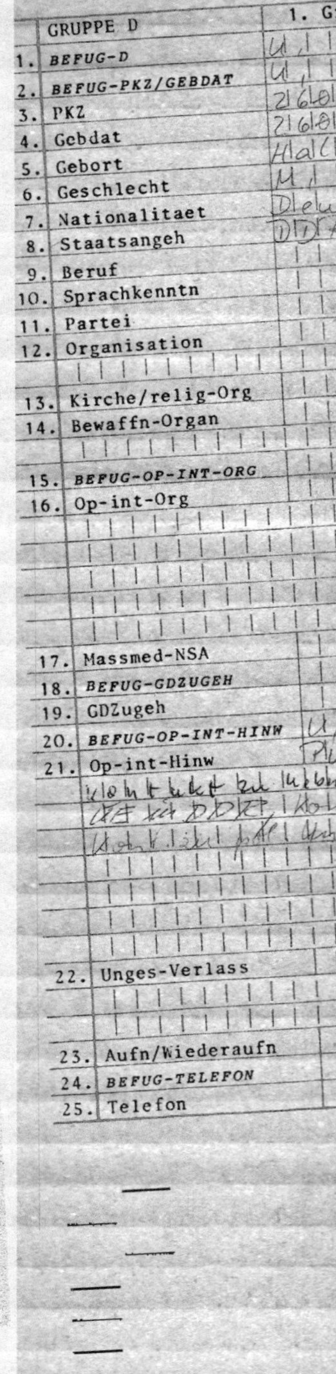

GRUPPE D

1. BEFUG-D
2. BEFUG-PKZ/GEBDAT
3. PKZ
4. Gebdat
5. Gebort
6. Geschlecht
7. Nationalitaet
8. Staatsangeh
9. Beruf
10. Sprachkenntn
11. Partei
12. Organisation
13. Kirche/relig-Org
14. Bewaffn-Organ
15. BEFUG-OP-INT-ORG
16. Op-int-Org
17. Massmed-NSA
18. BEFUG-GDZUGEH
19. GDZugeh
20. BEFUG-OP-INT-HINW
21. Op-int-Hinw
22. Unges-Verlass
23. Aufn/Wiederaufn
24. BEFUG-TELEFON
25. Telefon

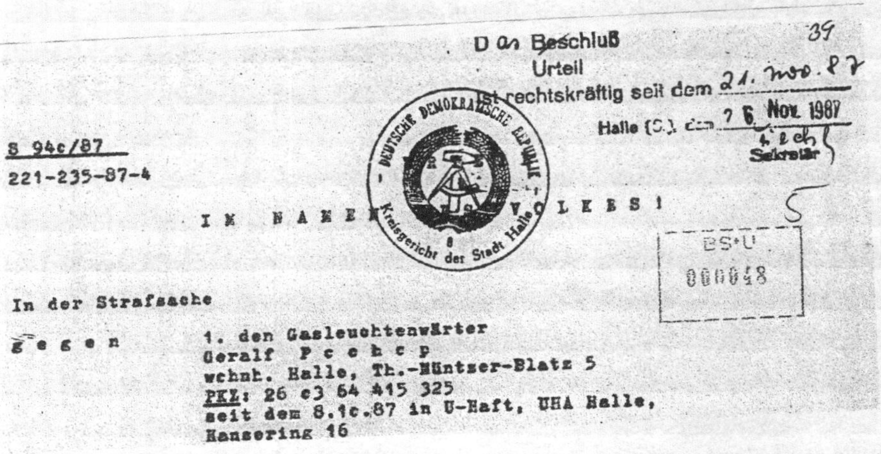

Das Urteil ist rechtskräftig seit dem 21. Nov. 87

Halle (S.), den 26. Nov. 1987

Sekretär

S 94c/87

221-235-87-4

I M N A M E N D E S V O L K E S !

Kreisgericht der Stadt Halle

BStU 000048

In der Strafsache

g e g e n 1. den Gasleuchtenwärter Geralf P e c h e p

wohnh. Halle, Th.-Müntzer-Platz 5

PKZ: 26 03 64 415 325

seit dem 8.10.87 in U-Haft, UHA Halle,

Hansering 16

blieb ich wach und beobachtete ihn unauffällig ganz genau. Ich hatte große Angst, dass er eines Nachts in unserer Zelle umhergeht und allen im Schlaf die Kehlen aufschlitzt.

Den zweitgrößten Teil der Gefangenen machten die politischen Häftlinge aus. Dann gab es noch einige Gefangene, die schon ein oder mehrmals aus verschiedenen Knästen geflüchtet waren oder diverse Fluchtversuche hinter sich hatten. Inzwischen war unsere Punk- und Subkulturgruppe schon auf sieben Personen angestiegen, von denen ich fünf von draußen aus der Punk- und Anarchoszene kannte. Wir bildeten so eine Art Gang, mit der die anderen Knaster nichts so richtig anfangen konnten. Da sie uns irgendwie nicht einschätzen und beurteilen konnten, hatten wir Ruhe vor ihnen. Wir nutzten unsere Fähigkeiten und unsere Kreativität, um uns das Knastleben angenehmer zu machen. Dank der Zeichenkünste des Dessauer Punks kamen wir ziemlich gut über die Runden. Er fertigte Entwürfe für Tätowierungen und ich verkaufte die Bilder gegen Lebensmittel, Kaffee und schwarzen Tee. Die Tattoos wurden dann mit einer großen, heißen Nadel und Schuhsohlen, die man über Feuer erhitzte und die so eine Art Gummitinte ergaben, in die Körper unserer Mitgefangenen getrieben. So landeten die Zeichnungen auf oder besser gesagt in der Haut der Häftlinge. Das war im Knast natürlich streng verboten. Jedes neu am Körper entdeckte Tattoo wurde bestraft. Das störte unsere Kunden jedoch nicht. Stolz ließen sie sich nach Fertigstellung in die Arrestzellen sperren. Als Tätowierbilder-Verkäufer erlangten wir einen hohen Status in der Knasthierarchie. Das ermöglichte es uns sogar, andere Mithäftlinge aus der Subkulturszene außerhalb unserer Zelle zu beschützen.

Die meisten Gefangenen unserer Haftanstalt arbeiteten in einem Stahlwerk. Auch ich musste in dieses Werk. Dort arbeiteten wir unter unmenschlichen Bedingungen ohne Arbeitsschutzkleidung mit glühendem Stahl. Wir stellten Spaten her. Meine Aufgabe war es, glühendes Eisen aus dem Feuer zu ziehen und in einer Form zu einem Spaten zu pressen. Alle um mich herum hatten verbrannte, rote Haut, die sich vom Körper löste. So wie nach einem schlimmen Sonnenbrand. Die Arbeit war viel zu schwer für mich, da ich extrem untergewichtig war. Nach meiner Haft erfuhr ich, dass ich mit nur einem Kilo weniger als haftuntauglich hätte entlassen werden müssen. Ich konnte die schweren Zangen, mit denen ich das Eisen aus dem Feuer holen sollte, einfach nicht halten. Immer wieder fielen sie mir aus den Händen und die glühenden Stahlstücke krachten laut tosend in die untere Etage und schlugen kurz neben anderen Häftlingen ein. Ein Wunder, dass dabei niemand verletzt wurde. Ich bekam kaum Luft und drohte unter der schweren Arbeit zusammenzubrechen. Die Norm von etwa eintausend Spaten pro Schicht konnte ich nicht erfüllen. Ich kam vielleicht auf einhundert. Das wiederum brachte nicht nur die staatlichen Aufpasser in Rage, sondern auch den sogenannten Pritscher. Der Pritscher war in jeder Brigade ein von den Bewachern eingesetzter, als brutal geltender Häftling. Er hatte die Aufgabe, die Normerfüllung mit allen Mitteln durchzusetzen. Er erhielt Vergünstigungen bis hin zu Freigängen, wenn die Arbeitsnorm erfüllt wurde. Andererseits bekam er viel Ärger, wenn die Arbeit nicht wie gewünscht lief. Ich hatte nun Druck von dem wütenden Pritscher und den Aufsichtskräften und konnte mich dazu kaum auf den Beinen halten. Mein ganzer Körper zitterte nur noch und ich bekam diese schweren Zangen mit dem Stahl einfach nicht mehr hoch. Ich rang nach Luft und das Feuer brannte in meinem Gesicht. Es half nur noch die Flucht nach vorn.

Ich hatte zwar riesige Angst, doch ich verweigerte die Arbeit. Ich wusste nicht, was sie mir antun würden, doch wenn ich weiter in diesem Stahlwerk bliebe, würde ich die Haft nicht überstehen. Vermutlich sah ich so schlimm und ausgemergelt aus, dass man meiner Forderung, mit jemandem aus der Gefängnisleitung zu sprechen, nachkam. Dieser hatte erstaunlicherweise einige menschliche Züge und betrachtete sich meine Haftkartei. „Na, hast du einen VP-Angehörigen mit Nazi beschimpft?", fragte er freundlich und grinste mich dabei an. „Nein, ich habe überhaupt nichts gemacht!", antwortete ich ihm. Er fragte nicht weiter nach. Vielleicht war er jemand, der auch nicht mehr an das System glaubte?!? Auf jeden Fall nahm er mich irgendwie unter seinen Schutz. Ich kam zum Haftarzt. Dieser untersuchte mich und schickte mich zurück. Ich erfuhr nun, dass ich schon bei meiner Einlieferung in den Strafvollzug in die schlechteste Gesundheitsstufe eingestuft worden war. Mit dieser durfte man normalerweise nicht im Stahlwerk arbeiten. Außerdem galt ich wegen meines Ausreiseantrags als fluchtgefährdet. Aus diesen zwei Gründen war es sogar verboten, mich aus dem Gefängnis ins Stahlwerk zu transportieren.

Dass man mich dennoch in das Werk gefahren hatte, hing vermutlich mit den Folgen der Amnestie zusammen. Das Stahlwerk hatte wie viele andere Werke auch durch die Haftentlassung von insgesamt mehr als 32.000 Gefangenen keine Arbeitskräfte mehr. Ganze Produktionshallen standen still. Irgendwie versuchte man, die wichtigsten Produktionsstätten wenigstens teilweise am Laufen zu

▼ Weihnachten 1987 saß ich in Haft. Zum Glück hatten wir unsere Punkweihnacht schon im September gefe

Persönliche Einladung aus Leipzig

halten, indem man alles, was eingesperrt wurde, zum Arbeiten dorthin karrte. Ich sah sogar, dass selbst die Gefängniswärter, die kaum noch Gefangene zu bewachen hatten, einige Zeit lang Arbeiten verrichteten, die sonst Gefangenen vorbehalten waren. Für mich aber war ab diesem Zeitpunkt das Stahlwerk tabu. Ich durfte nicht mehr aus den Gefängnismauern heraustransportiert werden und war unendlich froh darüber.

Ab sofort arbeitete ich auf der gefängniseigenen Baustelle. Da ich mit der schlechten Gesundheitsstufe aber auch dort zu nichts zu gebrauchen war, bestand meine tägliche Aufgabe darin, auf dem Gefängnishof gesiebten Sand zu sieben. Dies tat ich aber nur, wenn ein Aufseher in der Nähe war. Ansonsten schob ich einfach von Zeit zu Zeit das Sieb an eine andere Stelle des Sandhaufens, sodass es aussah, als hätte ich schon richtig viel geschafft. Ab und an mussten auch andere Gefangene an meinem Sandhaufen gesiebten Sand sieben. Diese nahmen die Aufgabe meist sehr ernst und siebten den ganzen Sandhaufen in Windeseile, während ich danebenstand und sie zur Langsamkeit aufforderte. So mancher machte sich lustig über mich und meine Taktik des Nichtsiebens. Als ein Mitgefangener mich besonders gestenreich nachäffte und das Sieb im Sandhaufen demonstrativ umstellte, um sich lustig über mich zu machen, wurde er von den Gefängniswärtern beobachtet. Anschließend wurde er der Arbeitsverweigerung bezichtigt und kam für seinen kurzen Spaß in die Arrestzelle.

Als man mich Monate später wieder beim Haftarzt wog, glaubte dieser erst, seine Waage spinne. Im Gegensatz zu allen anderen Häftlingen hatte ich durch das regelmäßige Nichtstun am Sandhaufen zehn Kilo zugenommen. Andere Häftlinge dagegen waren oft durch die viel zu schwere Arbeit und das schlechte Essen in der Haftzeit so abgemagert, dass sie vor ihrer Haftentlassung wochenlang mit Vitaminspritzen aufgepäppelt werden mussten.

Dank meiner schlechten Gesundheitsstufe und unserer kleinen Punkgemeinschaft kam ich relativ unbeschadet durch meine Haftzeit. So wurde ich nach sechs Monaten mit zehn Kilo Mehrgewicht wieder in die Freiheit entlassen. Na ja, die Freiheit hatte ich mir anders vorgestellt, denn ich hatte auf eine Haftentlassung in den Westen gehofft. Nun war ich zwar wieder auf freiem Fuß, doch immer noch eingesperrt in dem kleinen Land mit der riesigen Mauer. Für mich begann nun ein neues Kapitel meines Lebens. Es gab nur noch einen einzigen Gedanken, der nun mein Leben beherrschte: Ich will hier raus! Ich muss hier raus! Koste es, was es wolle!

Am 8. April 1988 wurde ich aus der Haft entlassen. Mich empfing die Freiheit der DDR, eingezwängt zwischen Mauern mit Stacheldraht in den Grenzen des Arbeiter- und Bauernstaats. Im Gepäck hatte ich außer dem Geld für eine Fahrkarte nach Halle (Saale) auch ein Berlin-Verbot und einen Arbeitsvertrag mit meiner Unterschrift, erpresst durch die Androhung sofortiger erneuter Inhaftierung wegen asozialen Verhaltens.

Nach sechsmonatiger Haft fühlte sich die Freiheit sehr seltsam an. Alles überforderte mich. Bus-, Zug- und Straßenbahnfahrten bewirkten ein ungekanntes Kribbeln im Bauch. Die einfachsten Sachen, wie zum Bäcker oder einkaufen zu gehen, blockierten mich. Das empfand ich als sehr unangenehm und es machte mir Angst. Dann traf ich die ersten Freunde wieder. Sie erzählten mir, dass am kommenden Wochenende in Karl-Marx-Stadt ein Punktreffen stattfinden würde. Es sollten wie gehabt die verbotenen Punkbands dort spielen. Meine Gedanken drehten sich ununterbrochen um dieses Konzert. Kann ich es mir leisten, kurz nach meiner Haftentlassung sofort wieder zu einer Veranstaltung zu fahren? Kann ich ein Kirchengelände besuchen, das von der Staatssicherheit observiert werden wird? Setze ich damit möglicherweise meine Freiheit gleich wieder aufs Spiel?

Natürlich siegte meine Abenteuerlust und ich fuhr hin. Das war die beste Entscheidung, die ich treffen konnte. Inmitten meiner Freunde, der vielen pogenden Punks und der wütenden Musik vergaß ich alles. Ich war wieder in der Freiheit angekommen.

Artikel aus der Jungen Welt 1988

Es war auffällig, dass bei dem Konzert sehr viele neue junge Gesichter zu sehen waren. Schon im Gefängnis hatte ich bemerkt, dass sich etwas geändert hatte. Denn im Haftradio, welches uns mit Propaganda beschallte, lief eines Tages etwas, was sich ein wenig wie Punk anhörte. Ich konnte es kaum glauben, da ja eigentlich alles, was mit Punk zu tun hatte, strikt verboten war. Der Radiosprecher nannte den Namen der Band: *Die Skeptiker*. Ich verstand die Welt nicht mehr. Nach meiner Haftentlassung erfuhr ich den Grund.

Der Staat begriff so langsam, dass er mit seiner harten Linie gegen die Punkszene nicht wirklich etwas erreichte. Nicht nur, dass die Punks als Reaktion auf die Repressalien immer politisch engagierter und staatsfeindlicher wurden, auch wuchs die Zahl der „negativ dekadenten Subjekte“ rasant an. So hatte die Regierung eine neue Linie im Umgang mit der Subkultur beschlossen. Punk wurde jetzt nicht mehr grundsätzlich verteufelt. In Folge hörten wir immer wieder bei den weiterhin häufig stattfindenden Ausweiskontrollen den auswendig gelernten, von Politagitatoren eingetrichterten, neuen Satz: „Es sind ja nicht alle so, wie sie aussehen!“

„Frühlingsfest“, Erlöserkirche Berlin, 22. April 1988

Plötzlich wurden wir nicht mehr wie hundertprozentige Staatsfeinde behandelt – nur wegen einer ungewöhnlichen Frisur. Es bestand für jeden von uns bei der Begegnung mit der Staatsmacht die Chance, eventuell zu denen zu gehören, „die nicht so sind, wie sie aussehen“. Das fühlte sich sehr seltsam an und kam um Jahre zu spät. Der Staat hatte uns über etliche Jahre wegen unseres Musikgeschmacks und unseres Äußeren wie Feinde behandelt. Diese Rolle hatten wir inzwischen angenommen. Wir hatten uns stark politisiert und nutzten unsere schwer erkämpften Freiräume nicht mehr nur, um unser Lebensgefühl auszukosten, sondern hatten inzwischen ein Netz aus komplett autonomen Strukturen aufgebaut. Der Staat hatte uns durch die Verbote und die Verfolgung in diese Ecke gedrängt, und nun brauchten und wollten wir dessen Strukturen nicht mehr. Wir hatten Wege gefunden, auch ohne die dazu notwendige Einstufung Musik zu machen und zu veröffentlichen. Wir hatten in der Kirche einen Platz gefunden, um inzwischen auch vor recht großem Publikum auftreten zu können, ganz ohne FDJ-Jugendclubs. Wir besetzten Wohnungen und hatten so jederzeit auch ohne staatliche Zuweisung Wohnraum. Wir umgingen sogar das heiligste Gut der DDR: die gesetzlich vorgeschriebene Arbeitspflicht im Arbeiter- und Bauernstaat. Wir hatten Wege gefunden, den Wehrdienst zu verweigern, unsere Meinung auch öffentlich zu sagen, und wir redeten, wie uns der Schnabel gewachsen war. Wir gingen nicht zur Wahl, weil wir diese nicht als solche anerkannten. Unserer Kompromisslosigkeit hatte der Staat nichts wirklich Dauerhaftes entgegenzusetzen. Und da wir alle noch sehr jung waren und keine Familien hatten, konnte auch die in der DDR beliebte Drohung des Entzugs der Kinder, mit der man viele Querdenker einzuschüchtern versuchte, nicht eingesetzt werden.

Die neue Strategie des Staates hieß Unterwanderung. Junge Bands, die Punkmusik spielten, durften plötzlich eine Einstufung erhalten und offiziell in FDJ-Jugendclubs auftreten. Die Bedingung war, dass sie keine staatsfeindlichen Texte sangen. Es wurden sogar einige Schallplatten mit Hilfe eines FDJ-Fördervertrags mit den „anderen Bands" produziert und veröffentlicht. Es gab nun etwas, was es eigentlich nicht geben konnte: FDJ-Punk!

Wir Altpunks konnten mit dieser neuen Art Punkmusik, die nicht zu unserem Lebensgefühl passte, nicht viel anfangen und machten uns lustig über die meisten Bands. Für uns waren die meisten angepasste Punkverräter, die sich das Maul verbieten ließen, nur um eine Einstufung zu bekommen. Aber es gab auch für uns mehrere positive Nebeneffekte dieser neuen Politik. Plötzlich durften wir in ganz normale DDR-Jugendclubs. Vor ein paar Monaten noch undenkbar, spielten darin nun sogar ab und zu „Punk"-Bands. Auch wenn wir die meisten nur verachteten, war es eine unheimliche Erweiterung an Örtlichkeiten, die wir plötzlich frequentieren durften. Es gab noch einen weiteren Nebeneffekt: Die Punks wurden plötzlich immer mehr, denn viele Jugendliche der Achtziger sprach diese Musik an.

Es gab natürlich weiterhin auch die „richtigen" Punkbands. Bands wie *Schleimkeim*, *L'Attentat* oder *Müllstation*. Die Texte ihrer Songs kannten keine Kompromisse. Sie waren weiterhin die unangefochtenen Stars der Punkbewegung und spielten wie eh und je nur bei verbotenen Veranstaltungen auf den Kirchengeländen besonders mutiger Pfarrer. Plötzlich jedoch explodierte die

mOAning-star-Artikel von Geralf 1988

Bericht über ein Konzert in der Weinbergmensa von Halle

Am 12. Mai 1988 erschien in der Universitätszeitung,
der M.- Luther- Universität Halle/ Wittenberg ein Artikel,
in dem es z.Bsp. wörtlich hieß:
"Zuerst spielte die Band "Herbst in Peking", anschließend die
Band "Firma". Die Texte, die wir dabei zu hören bekamen,
entsprachen keineswegs dem Niveau sonstiger Bands auf
Veranstaltungen der verschiedenen Studentenclubs. So wurde
mehrere Male davon gesungen, daß die Welt bald untergehen würde.
Ein Lied ihres Programms widmete die Gruppe Leo Trotzki.
Es handelte sich hierbei um eine eigentümliche Interpredation
des Themas, weiß doch jeder, daß die Gründung der RA per
Dekret, unterzeichnet von Lenin selbst, erfolgte.
Danach trat "Die Firma" mit ihrem Programmteil auf.
Die Texte wurden nunmehr gänzlich unverständlich. Während
des Konzerts flippten einige Fans aus, warfen Flaschen und
Gläser zu Boden, schliefen später auf den Treppen.
Wir finden, daß solch eine Veranstaltung am Vorabend des
1. Mai nicht in unsere Kulturlandschaft paßt."

Gedanken dazu von einem dagewesenen "Nichtstudenten".
In dieser,sonst so verkappten, Weinbergmensa spielte endlich
mal eine vernünftige Band, nicht wie sonst so'ne langweilige
beim Bier- trinken- weg- Hör- Kapelle.
Das Konzert war recht gut, eigentlich nichts außergewöhnliches,
bis auf den Film (Ausschnitte der "Dicken Trulla) der mit
chaotischen Klangcola g en der Bands untermalt wurde.

Aber nicht dieses stand im Kreuzfeuer der UZ, sondern die
politische Aussage der Bands.
"Weil der Mensch ein Mensch ist, hat er Stiefel im Gesicht
nicht gern" - logisch, da fehlt jede Art politische
Aussage.
Auf welcher Seite stehen die denn ?
"Und darum tritt ein in die Einheitsfront, weil du auch
ein Arbeiter bist".
Zitat von Dr. Petra Sitte, 2. Sekretär der FDJ- Kreisleitung
aus derselben Zeitung dazu:
"Nun steht nicht so sehr das musikalische,wohl aber das
politische Konzept der Gruppen im Kreuzfeuer der Meinungen.
Offen blieb nämlich, mit welcher politischen Grundhaltung bz
Gesinnung hier Aussagen getroffen werden. Und an diesem
Punkt setzen die Zweifel zahlreicher Studenten ein."
Was nun die angeblichen Ausschreitungen (Gläser zerschmeißen
und auf den Treppen schlafende Punks und Heavys, von denen
ich nichts zu sehen bekam) anbelangt, muß ich wohl schon
geschlafen haben. Fakt ist, daß keine Stühle vorhanden
waren und vom Tanzen Erschöpfte sich eben auf den Treppen
ausruhten.
Ein Gutes hatte der Artikel in der UZ ja, "Firma"
kann wieder den Kopf etwas höher tragen (Kicher) und die
Leute, die die UZ gelesen haben , werden sicherlich alles d
setzen, das nächste Konzert von "Herbst in Peking" und
"Firma" nicht zu versäumen.

Der Nichtstudent schlägt der Weinbergmensa vor, progressive
Bands (wenns denn schon sein muß) nur noch mit chinesischen
und ähnlich sprachigen Texten spielen zu lassen.
(Damit man eine klare politische Linie erkennt)

AG "Just for Fun"

Population der jüngeren Punkbands, die kompromisslos in die Fußstapfen der Altpunks traten und in ihren Songs die ganze Wut auf das verlogene DDR-System rausbrüllten und Missstände anprangerten. In Halle (Saale) gründeten sich die Bands *KVD*, *Gossenbonzen*, *Erledigt* und *Rote Zora*. *KVD* wurden die neuen Punkrockhelden der Saalestadt, die auch bei uns Altpunks Kultstatus erreichten.

Die Bandmitglieder bestanden aus den sogenannten Händelpunks. Das waren Jungpunks, die es in Halle (Saale) etwa ab 1986 gab. Sie trafen sich regelmäßig am Händel-Denkmal auf dem Markt. Wir empfingen sie anfangs keinesfalls mit offenen Armen. Es dauerte ziemlich lange, bis wir Altpunks irgendwie akzeptierten, dass es nun auch eine nachfolgende Generation gab. Wir beäugten den Nachwuchs lange Zeit skeptisch. Die Jungpunks respektierten uns „Alte" und irgendwann durften sie nach einem frei erfundenen „Punkeinstand" bei den „Alten" mitmachen. Ab da waren sie auch in unseren Augen „richtige" Punks.

Die Zahl der Konzerte explodierte 1988. Immer mehr Kirchen öffneten ihre Türen und Gelände für Punkkonzerte und immer mehr der alten und neuen Punkbands wollten spielen. Hinzu kamen immer mehr Bands mit Einstufung, die sogenannten „anderen Bands" oder, wie wir sie nannten, „die FDJ-Punks".

Halle (Saale)-Punks mit Weihnachtsmann 1986

Bei ihren Konzerten trafen sich die immer zahlreicher werdenden Kidpunks und erfuhren dort von uns Altpunks von den verbotenen Bands und den „richtigen“ Punkkonzerten. So wurde die Punkszene immer größer. Es gab auch einige wenige Ausnahmebands wie *Feeling B* oder *Die Firma*, die von der gesamten Szene akzeptiert wurden und in Kirchen und Jugendclubs spielten.

Parallel dazu gab es inzwischen auch noch eine Gruftiszene, die damals mit den Punks in trauter Eintracht abhing. Die „schwarze Traube“, wie wir sie nannten, weil sie immer in großen Gruppen anzutreffen waren, in denen die Farbe Schwarz dominierte, hatte mit denselben Vorurteilen der normalen DDR-Bevölkerung zu kämpfen. Ihr Aussehen provozierte genau wie unseres und es gab viele musikalische Überschneidungen. In den Jugendclubs, in die sie eingelassen wurden, beispielsweise *Eule* und *Bummi* im Neubauviertel Silberhöhe und der *Schmetterling* auf dem Felsen über der Saale, waren auch wir oft Gast. Die Subkultur explodierte in ihrer Zahl und in ihrem Facettenreichtum.

So hatte sich die Staatsmacht die Auswirkungen des neuen lockeren Umgangs bestimmt nicht vorgestellt, als sie im Januar 1989 den ersten Sekretär des Zentralrats der FDJ Eberhard Aurich nach Halle (Saale) schickte, um Gespräche mit den Punks aufzunehmen. Wir Altpunks wollten aber keine Gespräche mehr mit dem Staat. Dazu hatten wir zu viel erlebt. Trotz stundenlangen Suchens in und um stadtbekannte Szenetreffs fand die FDJ keinen einzigen gestandenen Punk in

Usg Partizan – hallesche Punk-Fußballmannschaft

der Saalestadt, der bereit war, mit dem FDJ-Chef zu sprechen. Schließlich wurde ein 14-jähriger Kidpunk im Gespräch mit dem Chef der Kommunistischen Jugend in der halleschen Tageszeitung *Freiheit* abgelichtet.

Wir nutzten unsere neuen Freiheiten, besuchten die vielen Konzerte, die es plötzlich gab, und gingen in Jugendclubs, die nun ihre Pforten, wenn auch nur zögerlich, für uns aufmachten. Aber viel wichtiger war, dass das von uns 1986 eröffnete Christuscafé in unserer Punkkirche nun von immer mehr Kids frequentiert wurde. Dieses quasi selbstverwaltete Projekt, das unter dem Schutz unseres Pfarrers Siegfried Neher stand, bot einen regelmäßigen Treffpunkt für Punks, Grufties, Heavy Metaler, Blueser und sonstige subkulturelle Jugendliche. Während *KVD* und *Müllstation* im Nebenraum probten, übten wir von hier aus den Widerstand. Wir veranstalteten nicht nur Konzerte und feierten feuchtfröhliche Punkpartys, sondern organisierten auch Solidaritätsaktionen für die verfolgten Dresdner Punks, besprachen, wie wir im militaristischen „Friedensstaat" den Wehrdienst total verweigern könnten, und tauschten anarchistische Ideen à la Bakunin aus. Dort hörten wir Punkschallplatten und borgten uns von anderen verbotene Bücher, wie Wolfgang Leonhards *Die Revolution entlässt ihre Kinder,* George Orwells Meisterwerk *1984* oder Bücher über die Geschichte der

Iltis und Bessy – Halle (Saale) Neubaugebiet Silberhöhe

KVD im Proberaum der Christusgemeinde 1988

ukrainischen anarchistischen Machno-Bewegung. 1988 wurde von hier aus ein Großteil des „Kirchentag von Unten" mitorganisiert. Auch die ersten Versuche, einen antifaschistischen Widerstand gegen die immer zahlreicher werdenden Übergriffe auf Punks und Punkkonzerte durch Naziskinheads zu organisieren, sind hier zu finden.

Ich schrieb damals einige Artikel für die Untergrundzeitung *mOAning star* und war dessen Verteiler in Halle (Saale). Wenn ich die neue Ausgabe mitbrachte, reichten die für die Saalestadt bereitgestellten Exemplare nie aus. Die Nachfrage war einfach zu groß. Wir waren inzwischen eine so große Meute, dass wir nicht mehr zu übersehen waren. Das gab uns Kraft und Mut.

Trotz dieser positiven Wandlung und der extrem anwachsenden Szene- und Konzertlandschaft sah ich für mich persönlich keine Zukunft mehr in der DDR. Es war klar, irgendwann würde ich wieder in Haft kommen, sei es wegen meiner konsequenten Totalverweigerung des Wehrdienstes bei der Volksarmee, sei es aus anderen oder einfach frei erfundenen Gründen. Dass aus der Szene immer wieder jemand eingesperrt wurde, war für uns Normalität. Auch bot mir das Leben in der DDR keine Perspektive mehr, da ich mehr erleben und sehen wollte, als mir das Territorium zwischen den Staatsgrenzen der DDR bot. Ich wollte meinen eigenen Horizont erweitern. Außerdem hatten inzwischen schon viele meiner Freunde das Land verlassen und lebten nun in Westberlin und Westdeutschland. Von den noch in der DDR Verbliebenen hatte ein immer größer werdender Teil bereits einen Ausreiseantrag gestellt und wartete genau wie ich nur noch darauf, das Land verlassen zu dürfen.

Bis sich jemand dafür entschied, die DDR zu verlassen und allen Freunden und der Familie für immer Lebewohl zu sagen, war es immer ein langer Prozess. Als Ausreiseantragsteller war man in der DDR genauso vogelfrei wie als Punk. Wenn ein Punk einen Ausreiseantrag stellte, verspielte er seine Rechte gleich zweimal. Es war nur eine Frage der Zeit, bis er inhaftiert wurde. Da war es nicht wichtig, ob es einen Grund gab oder nicht. Irgendetwas ließ sich immer finden, mit dem der Staat einen Punk oder Antragsteller hinter Gitter bringen konnte. Insgeheim hoffte jeder von uns Antragstellern aber doch, noch vor der drohenden Inhaftierung, die immer wie ein Damoklesschwert über einem schwebte, in den Westen übersiedeln zu können.

Um schneller in den Westen zu kommen, gab es eine Taktik, die wir, die sowieso nichts mehr zu verlieren hatten, gerne und häufig anwandten und damit die DDR-Obrigkeit noch viel mehr als ohnehin schon nervten. Wir nannten es „schwarze Punkte sammeln". Das bedeutete für uns, so oft wie möglich negativ beim Staatssicherheitsdienst aufzufallen. Egal, ob wir etwas gemacht hatten oder nicht. Egal, ob wir bei irgendeiner staatsfeindlichen Aktion dabei waren oder nicht. Wichtig war, immer wieder in Erscheinung zu treten. Der Staat sollte die Schnauze von uns so voll haben, dass er mich und meine Freunde schnellstmöglich in den Westen entließ, um die Unruhe stiftenden Störenfriede endlich los zu sein.

Bis zum Stellen des Ausreiseantrags war meine oberste Priorität bei den zahlreichen Verhören der Stasi, des MdI, der Volkspolizei und der Trapo, niemals Namen preiszugeben. Das ging in der Punkszene recht gut, denn die meisten Punks hatten ja Spitznamen. Wenn ich also bei den Verhören gefragt wurde, wer denn bei den Konzerten oder bei irgendwelchen Treffen der Punkszene dabei gewesen sei, erfand ich einfach irgendwelche bescheuerten Spitznamen wie Ziehpopel oder Mülltonne. Fortan suchte man, natürlich erfolglos, nach Punks, die Mülltonne oder Ziehpopel hießen. Dementsprechend karg ist auch ein Bericht in meinen Stasiakten, der meinen Freundeskreis aufdecken sollte und in dem als Ergebnis des so allwissenden und gefürchteten Geheimdienstes zu lesen ist, dass ich einen Virus (richtiger Name unbekannt) kenne und dass bei

Prokop, Geralf

PKZ: 20 03 64 41 53 25 in Halle
wh.: Halle, Thomas-Müntzer-Platz
ohne ARV
KK, KD Halle
verantwortlich: Ltn. [illegible]
AS/

Aktivitäten:

- Teilnehmer Nachtgebete
- ständiger Teilnehmer der Veranstaltungen der Basisgemeinde
- Mitglied AG "Gesprächskreis"
- Unterzeichner mehrerer Eingaben und Protesterklärungen der Basisgemeinde

vorgeschlagene Maßnahmen:

- Prüfung der Möglichkeit einer kurzfristigen ÜS aus politis operativen Gründen
- Prüfung einer Scheinkontaktierung
- Einbeziehung Abteilung Inneres (Prüfung § 249 StGB)

Termin: 14. 03. 1989

▲ Kurz nach meiner Haftentlassung – Geralf und Dirk

Ausreiseantragsbekräftigung – April 1988

Rat der Stadt Halle-Ost
Abteilung Innere Angelegenheiten
Leninallee
Halle/S.
4020

Geralf Pochop
T.-Müntzer-Platz 5
Halle/S.
4020

Halle/S.,den 27.4.88

Betrifft:Entlassung aus der Staatsbürgerschaft der DDR und Über-
siedlung nach Berlin(West)

Hiermit möchte ich mein Schreiben* betreffs meiner Entlassung aus
der Staatsbürgerschaft der DDR und meiner Übersiedlung nach
Berlin(West) nochmals bekräftigen(meine letzte Bekräftigung in die-
ser Angelegenheit schickte ich im Februar1988 aus dem Strafvollzug
Thale).
Ich möchte nochmals darauf hinweisen,daß meine persöhnlichen Vor-
stellungen der weiteren Gestaltung meines Lebens nur in die Wirk-
lichkeit umgesetzt werden können,wenn ich endlich aus der Staats-
bürgerschaft der DDR entlassen werde und nach Berlin(West) übersie-
deln kann.Auf Grund meiner Lebensvorstellungen sehe ich für mich
keine andere Alternative als meine Ausreise.Die Gründe habe ich den
Bearbeitern dieser Angelegenheit schon mehrmals ausführlich darge-
legt.
Weiterhin möchte ich nochmals auf §10(1) des Staatsbürgerschaftsgesetzes
vom20.02.1967 G.B.2 aufmerksam machen,worin geschrieben steht:
"Ein Staatsbürger der DDR kann auf Antrag aus der Staatsbürgerschaft
der DDR entlassen werden,wenn er seinen Wohnsitz mit Genehmigung
der zuständigen staatlichen Organe der DDR,außerhalb der DDR hat
oder nehmen will,er eine andere Staatsbürgerschaft besitzt oder er-
werben will,und der Entlassung aus der Staatsbürgerschaft der DDR
keine zwingenden Gründe entgegenstehen."
Ich bin der Meinung,daß meiner Ausreise keinesfalls zwingende Gründe
entgegenstehen.Dazu möchte ich einige Beispiele aufführen,die dies,
so denke ich,belegen.
Am 26.11.1984 wurde mir vom Leiter des VPKA als Ordnungsstrafmaßnah-
me ein Verweis ausgesprochen:
"Sie haben am 7.Oktober 1984 eine Ordnungswidrigkeit begangen,indem
Sie gegen 9.00 Uhr in Halle,Friedemann-Bach-Platz an einer Zusammen-
kunft,die geeignet ist,die öffentliche Ordnung und Sicherheit zu be-
einträchtigen,mitwirkten."
Ordnungswidrigkeit nach §4 Abs.1 Ziff.3 der Verordnung über Ordnungs-
widrigkeiten vom 22.03.84(GBl.1 Nr.14)
Weiterhin wurde mir am 30.04.1985 durch ein Schreiben des Paß-und
Meldewesens mein gewünschter VR Ungarn-Urlaub ohne Begründung abge-
lehnt.Auch meine geplanten Reisen in die SR Rumänien und die VR Bul-
garien konnte ich nicht antreten,da auch diese mir 1985 begründungslos
abgelehnt wurden.Am 23.06.1987 wurde durch ein Schreiben vom Paß-und
Meldewesen wiederum eine Urlaubsfahrt in die VR Ungarn ohne jegliche
Begründung verhindert.

*) vom 16.3.1987

Geralf Pochop

Betrifft:Entlassung aus der Staatsbürgerschaft der DDR und Über-
siedlung nach Berlin(West)
Bekräftigungsschreiben vom 27.4.1988,Blatt 2

Auf meine Eingabe vom 22.7.1987 an das Ministerium für Innere An-
gelegenheiten in Berlin schaffte ich es zwar,bei einem Vertreter
des Leiters vom Paß-und Meldewesen Halle vorzusprechen(am 25.8.87),
was allerdings nichts an der Tatsache änderte,meinen Urlaub in der
VR Ungarn verbringen zu dürfen.Trotz langer Diskussion wurde mir
keine Begründung in dieser Sache gegeben.Es wurde mir nur gesagt,
daß ich die Würde der DDR im Ausland nicht vertreten würde.
Weiterhin wurde ich am 7.Oktober 1987 in Polizeigewahrsam genommen,
am 8.Oktober wurde ein Haftbefehl gegen mich erlassen und am
13.November wurde ich nach §137,§138,§139 Abs.3 und §220 Abs.1 des
SGB zu einer 6monatigen Haftstrafe verurteilt,die ich in der Straf-
vollzugseinrichtung Thale verbüßen mußte.
Während dieser Zeit sind nun auch noch so gut wie alle der letzten
noch hier weilenden Freunde(mein Bekanntenkreis hatte sich ja so-
wieso zum größten Teil schon in die BRD und nach Berlin(West) ver-
lagert)in die BRD bzw. nach Berlin(West)übergesiedelt.
So z.B.:Gerd S[geschwärzt]
Hartmut S[geschwärzt]
Igor Tatschke
Janette Tatschke
Lisa L[geschwärzt]

Ich möchte nochmals unterstreichen,daß alles hier genannte auf mei-
nen persöhnlichen Erfahrungen und meiner persöhnlichen Meinung be-
ruht und auf keinen Fall staatsfeindlich sein soll.
Ich hoffe auf baldige Bearbeitung und einen positiven Bescheid in
dieser Angelegenheit.

Geralf Pochop

Mit Freunden zwischen Haft und Ausreise

mir ansonsten namentlich nicht bekannte subversive, negativ-dekadente Elemente ein- und ausgehen würden. Zwar ist der Spitzname Virus nicht erfunden, aber als Recherche eines so gefürchteten Geheimdienstes war das Ergebnis doch irgendwie sehr spärlich.

Nachdem ich aber den Ausreiseantrag gestellt hatte, war ich plötzlich bei den Verhören immer unheimlich redselig. Sobald sie mir irgendetwas vorwarfen, gestand ich sofort: „Ja, da war ich dabei und alle meine Freunde auch." Ich zählte dann namentlich alle diese Freunde auf und zu jedem Einzelnen sagte ich: „Der hat übrigens auch einen Ausreiseantrag gestellt." Selbst wenn bei einer Protesterklärung nur drei Personen unterschrieben hatten, zählte ich sofort zehn bis fünfzehn Namen auf und behauptete, „ganz sicher" zu wissen, dass diese auf jeden Fall alle auch mit unterschrieben hätten. Oder wenn bei einer staatsfeindlichen Zusammenrottung – nach DDR-Gesetz war das schon ein Treffen ab drei Personen – nur fünf Leute dabei waren, wussten ich und meine Freunde ganz genau, dass die anderen fünfzehn ausreisewilligen Freunde todsicher auch mit dabei gewesen waren. Die meisten von ihnen waren an den vorgeworfenen Sachen natürlich nicht beteiligt oder gar an dem Tag, um den es ging, überhaupt nicht in der Stadt. Aber genau das war unsere Taktik. Alle Ausreiseantragsteller im Freundeskreis hatten sich abgesprochen, dass wir, egal was wir gefragt werden, immer wieder alle Namen der Antragsteller aufzählen. Damit wollten wir möglichst oft als unberechenbares, negativ-dekadentes Element auftauchen, das der DDR zu nichts mehr nutze ist und nur Ärger macht.

Wir riskierten beim Sammeln der „schwarzen Punkte" alles. Aber uns war es egal. Wir hatten hier sowieso keine Zukunft in diesem Land. No future in the GDR! Wir sammelten bis zum Umfallen für ein menschenwürdiges Leben in Freiheit.

POCHOP

Name

Geburtsname

Frühere Namen

Geralf

Vorname

26.3.64

Geb. am — in

Halle, Th.-Müntzer-Pl. 5

Wohnanschrift

VORG

Erf. in Inf.-Speicher/Erf.-Nr.
ZMA/9729/89

Ablage XII/89

DOKNR/PI

Diensteinheit/Mitarbeiter

Erfaßt am

F 402 am

an

Schlagwort/Kurzfassung – SV/ Maßnahmen/Entscheidungen (auch Rückseite benutzen)

AR 28.4.89

ZKG – VSH

KOPIE BStU AR 2 25.7.00

ÜSE, PUNK
12x neg. Personenzusammenschluß
Verb. zu pol. Untergrund

SLK: 4431 /87

.4.89Vorschl.MfS 10/3

Geralf 1988

171

Halle/S., den 14.11.1988

Geralf Pochop
Th.- Münzer - Platz 5
Halle/Saale
4020

Rat der Stadt Halle
Abteilung Ausreisebearbeitung

Mir wurde bei der Abt. Innere Angelegenheiten im Juli gesagt, daß mein Sachverhalt ihnen vorgelegt wurden sei und es durchaus möglich sein kann, daß Anfang Juli (1988) eine Entscheidung fällt. Ich solle mich jedenfalls Anfang Juli in Halle aufhalten.

Allerdings wurde ich nicht angeschrieben und am 15. Juli 1988 war ich deswegen wieder bei Inneres. Dort wurde mir gesagt, daß noch keine Entscheidung getroffen wurden sei. Ich war noch einige Male da, aber man sagte mir jedesmal das gleiche. Heute ist der 14.11.1988 und ich möchte nun endlich in Kenntnis gesetzt werden, wann ich nach Berlin (West) übersiedeln kann.

In diesem Jahr hat sich der klägliche Rest meines Bekanntenkreises, der noch in der DDR verharrte, nun vollends in die BRD bzw. Berlin (west) "verlagert".

Thomas G■■■ (geb. K■■■) und Frau
Igor und Jeanette Tatschke
Gerd S■■■
Elisabeth L■■■
Hartmut S■■■
Manuela R■■■
Henry ■■■
Thomas H■■■

Diese Namen will ich nur als einige Beispiele aufführen. Ich verstehe beim allerbesten Willen nicht, warum man mich nicht endlich auch ebenso ausreisen läßt. Die Verwirklichung meiner Vorstellung über mein weiteres Leben läßt mir überhaupt keine andere Möglichkeit als die Ausreise. Mein Wunsch und Wille, die DDR zu verlassen, hat sich durch jahrelange und unterschiedlichste Erlebnisse in den Vordergrund meines Lebens gestellt.

Ich möchte auch noch einmal (und nicht zuletzt) an meine Verhaftung am 7. Oktober 1987 erinnern, die mit einer Verurteilung zu 6 Monaten Haftstrafe wegen öffentlicher Herabwürdigung, Beleidigung und Verleumdung des Staates bzw. staatlicher Vertreter endete.

Bei dieser Bekräftigung will ich hiermit auch nicht versäumen darauf hinzuweisen, daß alles hier von mir Genannte auf persönlichen Erfahrungen und Meinungen beruht und nicht staatsfeindlich aufgefaßt werden soll.

Ich hoffe endlich auf eine Bearbeitung und einen positiven Bescheid in dieser Angelegenheit.

▲ Letzte Ausreiseantragsbekräftigung November 1988

Obwohl ich massiv schwarze Punkte sammelte, ging es mit meinem Antrag nicht so schnell voran, wie ich gehofft hatte. Eike, ein guter Freund von mir, der im Zuge der großen Ausreisewelle 1984 in den Westen gegangen war und mit dem ich mich oft in Ungarn und in der ČSSR traf, zeigte mir einen anderen Weg. Er hatte ein Mädchen aus unserem Arbeiter- und Bauernstaat herausgeheiratet. Die Scheinhochzeit verlief alles andere als sozialistisch: Als alle anwesenden Gäste plötzlich mitten in der sozialistischen Hochzeitsrede Konfetti und Luftschlangen warfen, platzte dem Standesbeamten der Kragen. Mit donnernder Stimme brüllte er durch das Standesamt, dass eine Hochzeit doch keine Spaßveranstaltung wäre und sich die Gäste dementsprechend verhalten sollten. Doch das interessierte niemanden. Fröhlich kichernd wurde weiter bunter Glitzerkram durch das Amt auf das Hochzeitspaar geworfen. Erst als er drohte, die Hochzeit abzubrechen, setzten sich dann doch alle Gäste wieder hin. Das Konfetti und die Luftschlangen waren inzwischen sowieso schon restlos auf dem Hochzeitspaar gelandet. Ich beobachtete fasziniert und Konfetti werfend das Spektakel und in mir keimte eine Idee.

Nach der Hochzeit fragte ich Eike, ob er nicht vielleicht ein Mädchen kenne, das mich auch aus diesem gefühlten riesigen Gefängnis DDR rausheiraten könne. Nach einiger Zeit meldete sich eine Antje aus Braunschweig bei mir. Wir trafen uns das erste Mal in Potsdam. Sie war bereit, mit mir zum Schein den Bund der Ehe einzugehen. Ich war überglücklich und wir schossen mit ihrem Westfotoapparat viele Farbfotos, die uns als liebendes Paar zeigten. Diese Fotos hatten nur einen einzigen Zweck: Sie sollten auf dem Postweg von West nach Ost bei den Briefkontrollen der Staatssicherheit in die Hände fallen und beweisen, dass wir ein „Liebespaar" seien. Es war wichtig, den Eindruck zu erwecken, dass die geplante Hochzeit eine wahre Liebesheirat und keine arrangierte Scheinehe sei. Einen Monat nach unserem Treffen kam der „Liebesbrief" mit den beigelegten Fotos von mir und meiner zukünftigen Frau bei mir an. Ich war mir sicher, dass dieser von der Stasi gelesen und Kopien von den Fotos gemacht worden waren. Der erste Schritt war getan. Schritt zwei war ein weiteres Treffen, denn noch war ein ernstgemeinter Heiratsantrag nicht glaubwürdig. Unsere nächste

Punkhochzeit 24.12.1987, Sabine und Thomas

Begegnung fand Silvester 1988/89 in Ungarn statt. Dana begleitete mich auf das „konspirative" Treffen eintausend Kilometer und zwei Ländergrenzen von meiner Heimatstadt entfernt.

Wir pogten bei einer Punkparty mit ungarischen Punkbands auf einem Dorf feuchtfröhlich ins neue Jahr. Auch hier machten wir wieder viele Fotos für die Stasi und unseren Ost-West-Briefverkehr. Unsere gemeinsame Silvesternacht endete leider mit deutschfeindlichen Ausschreitungen. Die Dorfbewohner griffen den Veranstaltungsort mit Steinen und Flaschen an und forderten, die Deutschen sollten verschwinden. Die Hintergründe für diesen seltsamen Vorfall kennen wir bis heute nicht, aber uns blieb in diesem Moment nur ein einziger Ausweg, um unsere Haut zu retten. Wir sprangen blitzschnell in das Westauto, mit welchem Antje und ein Freund nach Ungarn angereist waren, und ergriffen mit Vollgas die Flucht. Die Nacht war klirrend kalt. Glatteis hatte sich auf den Straßen gebildet. Es kam, wie es kommen musste: Die Fahrt endete im Straßengraben. Das Auto überschlug sich mehrmals. Totalschaden! Ich lag auf der hinteren Sitzbank im zusammengequetschten Auto. Der Fahrer, Antje, Dana und ein Braunschweiger Schäferhund waren unangeschnallt durch die Scheiben katapultiert worden und lagen rings um den Schrotthaufen. Wir hatten wohl ziemlich viele Schutzengel in dieser Nacht. Niemand war ernsthaft verletzt.

Gestellte Fotos für die Staatssicherheit

Der dritte Schritt unserer turbulenten Liebesbeziehung war die offizielle Verlobung. Ich verkündete überall in der Punkszene, dass ich mich mit einem Punkmädchen aus Westdeutschland verloben würde. Dann lud ich kurzfristig zur Punkverlobung ein. Das Fest fand in meiner Wohnung statt. Als Verlobungsgeschenk bekam ich ein krass wirkendes Haarbleichmittel und feuerrote Westhaarfarbe. Sofort bleichte und färbte ich meine Haare. Wir spielten glaubhaft das glücklich verliebte Verlobungspaar. Auch hier war ich mir sicher, die Stasi würde spätestens am nächsten Tag alles über diese „Verlobung" wissen. Und genauso war es. An der Grenze wurde meine „Verlobte" aus dem Zug geholt und kam in ein Verhörzimmer der Staatssicherheit. Dort warnte man sie vor mir. Die Mitarbeiter der Stasi versuchten, sie von ihrem Vorhaben abzubringen, indem man sie fragte, ob sie wüsste, dass ich eine Freundin in der DDR hätte. Wir hatten sie allerdings auf diese Situation vorbereitet und sie war clever und spielte weiterhin die Verliebte, die auf rosa Wolken schwebte. Sie sagte, dass sie sich dies absolut nicht vorstellen könne. Sie sei sich sicher, dass ich treu und nur in sie verliebt wäre. Sie griffen dann im Laufe des Verhörs zu härteren Bandagen und erklärten ihr, dass es auch in der DDR AIDS gäbe. Aber sie meisterte die Sache geschickt und schlagfertig, und irgendwann wurde sie aus dem Verhörraum entlassen und fuhr weiter gen Westen. Ich will nicht wissen, welche Ängste sie das erste Mal in einem Verhörraum der Staatssicherheit ausstand. Bis heute bin ich ihr sehr dankbar und bewundere ihren Mut, sich einer Gefahr auszusetzen, die nicht wirklich abschätzbar war.

Nun stellte ich offiziell den Heiratsantrag. Im Gegensatz zu Ausreiseanträgen mussten Heiratsanträge innerhalb einer gewissen Frist bearbeitet werden. Wir standen kurz vor der Genehmigung der Hochzeit, als eine andere politische Intrige unsere Schein-Hochzeit vereitelte.

Im Mai 1989 fanden Wahlen in der DDR statt. Das Ergebnis stand wie üblich schon fest. Wie bei allen „freien" Wahlen davor würden wieder etwa 99,94 Prozent für die „Einheitsliste der nationalen Front" stimmen. Auch die Wahlbeteiligung würde wieder ungefähr 99,74 Prozent betragen. An diese Zahlen glaubte schon lange niemand mehr, weil jeder von uns etliche Leute kannte, die wie ich nicht zur Wahl gingen oder mit Nein stimmten. Im Mai 1989 versuchten die Bürgerbewegungen diese Wahlfälschung nachzuweisen. Nach § 37 Abs. 1 des DDR-Wahlgesetzes musste die Stimmenauszählung öffentlich stattfinden. Wenn es der Opposition gelang, die Stimmenauszählung aller Wahlbüros flächendeckend zu überwachen, dann konnte der Betrug erstmals bewiesen werden. Dazu bedurfte es allerdings vieler mutiger Bürger, die sich an dieser Aktion beteiligten. Um dies zu verhindern, holte die DDR-Staatsmacht zu einem weiteren Schlag gegen die Opposition und damit auch die Subkultur aus.

Ich war gerade in Berlin bei meinem Freund Silvio Meier, als mich ein Telegramm aus Halle (Saale) erreichte: „Geralf komm sofort! Die suchen dich überall!" Es war kurz vor der besagten Wahl und mir war sofort klar, dass es nun für mich ab in den Westen gehen würde. Noch dazu, da mich kurz vorher die Staatssicherheit wieder einmal verhört hatte. Diesmal drohten sie mir an, mich sofort zur Armee zu ziehen. Dieses Vorgehen hatte ich des Öfteren von Gleichgesinnten gehört. Meistens war dies noch ein letzter Versuch, ein letzter Test des Ministeriums des Innern: Knickst du ein oder bleibst du standhaft? Es drohten ja immerhin mehrere Jahre Knast im DDR-Zuchthaus. Ich bekräftigte meinen Entschluss, den Wehrdienst total zu verweigern und gab mich keinen Millimeter kooperationsbereit. Inzwischen war ich der Staatsfeind, zu dem man mich aufgrund meines Musikgeschmacks gemacht

Foto für die Staatsicherheit zur Ehe zum Schein

Halle, 03. 04. 1989
885/89

Bezirksverwaltung für
Staatssicherheit Halle
Leiter

177

Ministerium
für Staatssicherheit
Zentrale Koordinierungsgruppe
Generalmajor Niebling

Berlin

Realisierung von Sonderauflassungen

Die in der Anlage aufgeführten Personen waren langjährige Übersiedlungsersuchende und sind seit Inkrafttreten der RVO Antragsteller auf ständige Ausreise. Alle eingeleiteten Rückdrängungsmaßnahmen waren erfolglos. Aufgrund der verfestigt feindlichen Einstellung zu den gesellschaftlichen Verhältnissen in der DDR gehen vor diesen Personen besondere Gefahrenmomente für die Realisierung von öffentlichkeitswirksamen Handlungen in Vorbereitung und Durchführung der Aktion "Nelke 89" und "Symbol 89" aus.

Zur vorbeugenden Verhinderung der Feindtätigkeit und Durchsetzung des Befehls 6/89 des Gen. Minister, bitte ich um schnellstmögliche Realisierung der Sonderauflassung.

Schmidt
Generalmajor

Anlage
7 Vorschläge gemäß
DA 2/88

Anordnung meiner Ausreise im Zuge der Aktion „Nelke 89" & „Symbol 89"

BSTU
0025

POCHOP
Name, Geburtsname
GERALF
Vorname
26. MÄRZ 1964 HALLE/S.
Geburtsdatum, -ort

Staatsangehörigkeit
HALLE/S. THOMAS-MÜNTZER-PLATZ 05
Wohnort

Kinder

26.04.1989
ausgestellt am
Unterschrift

VISUM
Nr. 07
gültig zur einmaligen
AUSREISE
nach der BRD
STÄNDIGE AUSREISE
für --- Tage
über die Grenzübergangsstelle
OEBISFELDE
bis 27. APRIL 1989
26.04.1989
ausgestellt

Identitätsbescheinigung zur Ausreise in die BRD

hatte. Mir war alles egal und ich wollte nur noch raus aus diesem Land. Mit dem Telegramm im Gepäck trampte ich frohen Mutes in die Saalestadt und meldete mich das erste Mal lächelnd und gut gelaunt beim MdI. Das Treffen war kurz und bündig. Sie sagten: „Übermorgen, am Donnerstag, sitzt du im Zug nach Helmstedt." Mein Herz machte einen Sprung. Ich hatte mein Ziel erreicht.

Mit einem Schriftstück, welches meine Entlassung aus der DDR-Staatsbürgerschaft beurkundete, einer Identitätsbescheinigung und einem kleinen Rucksack mit einigen Dingen, die mir wichtig erschienen, betrat ich am 27. April 1989 den Bahnhof von Halle (Saale). Ich hatte einen Kloß im Hals, als ich den Bahnsteig betrat. Tränen standen in meinen Augen. Ich ließ meine Freunde, meine Familie und vor allem meine Freundin mit dem Wissen zurück, nie mehr in die DDR zurückkehren zu können, auch nicht zu Besuch. Ein endgültiger Abschied. Abschied für immer. Der Zug fuhr los. Ich war unendlich froh und unendlich traurig zur gleichen Zeit.

Als mein Blick wieder etwas klarer wurde, schaute ich mich langsam um. Ich saß in einem Sonderzug vollbesetzt mit DDR-Oppositionellen, die alle wegen der Aktionen *Nelke 89* und *Symbol 89* das Land verlassen durften. Die Obrigkeit hoffte so, ihre geschönten Wahlergebnisse schützen zu können. Nicht nur ich kämpfte weiterhin mit den Tränen. Wir fuhren gemeinsam ein letztes Mal durch dieses verhasste Land, das gleichzeitig unsere geliebte Heimat war. Während ich aus dem Fenster blickte, zog wie ein Film mein Leben in der DDR noch einmal vorbei. Ich dachte an meine geliebte Oma, bei der ich immer die Ferien verbracht hatte, an meine Eltern, mit denen ich glückliche Familienurlaube an der Ostsee verlebt hatte, an meine Tante, mit der ich als kleines Kind beim Schlittenfahren von Grenzpolizisten im Riesengebirge zwischen der ČSSR und der VR Polen zurechtgewiesen worden war. Ich erinnerte mich an mein unentwegtes Sitzen vor vollen Tellern, meine Kuren in Bad Kösen, meine Einschulung mit der riesigen Zuckertüte und die gewonnene Bronzemedaille beim Schachwettbewerb. Meine erste besetzte Wohnung, mein erstes Punkkonzert, die erste Ungarnreise und meine erste Demonstration der unabhängigen Friedensbewegung. Plötzlich sah ich im Fenster des Zuges so etwas wie einen großen schwarzen Schatten, der die nächsten Bilder umschlang, die Bilder der IM-Anwerbung, meine erste Verhaftung, die vielen Verhöre, die Isolationszelle und die Haftzeit. Der Schatten verflüchtigte sich langsam und ich sah die Untergrundtreffen der Opposition und Wehrdienstverweigerungsgruppen, meine Freunde, unsere vielen Partys und Punkkonzerte

Deutsche Bundespost · Telegramm
TSt Braunschweig

'89 APR 25 21:14 '89 ABR 25 21:18

9531z bswg d
6611b halle dd
zczc 158
(4020)halle 29/27 25 1545

eike ■■■
■■■■■■
~~(d-30xxxxx)~~
(d-3300)braunschweig

komme freitag frueh 1.23 uhr in wolfsburg und 7.04 in braunschweig mit sekt und viel gepaeck an kann mich jemand abholen ?

DEUTSCHE DEMOKRATISCHE REPUBLIK

GERALF

◀ Mein Telegramm in den Westen

▼ Geralf und Daniela am Tag der Ausreise

in der Kirche, das Christus-Punk-Café mit unserem Punkpfarrer Siegfried Neher – und immer wieder sah ich das Gesicht meiner Freundin. Die Tränen kullerten über Stunden in regelmäßigen Abständen meine Wangen hinunter. So saß ich abwesend im Zug, hörte das Rattern der Räder, während wir uns Kilometer um Kilometer der Grenze näherten, dieser unüberwindlichen, menschenverachtenden Grenze zwischen Ost und West, mit Mauern, Stacheldraht und Schießbefehl, an der so viele Menschen ihr Leben ließen. Je näher wir dieser Grenze kamen, umso stärker empfand ich ein neues Gefühl, welches schließlich meine Gefühlswelt dominierte: Angst.

Ich hatte die Grenzkontrollen an den Grenzen der sozialistischen Bruderländer schon immer als Horror empfunden. Welche Ausmaße mochten dann wohl die Kontrollen in einem Zug voll mit verhassten subversiven Elementen annehmen? Was ist, wenn sie dich, wie so oft an den Brudergrenzen erlebt, aus dem Zug holen? Was ist, wenn sie dich doch nicht rüberlassen? Ich war aufgeregt und nervös – und dann kamen sie. Zwei uniformierte Grenzer und zwei zivile Stasioffiziere. Ich machte mich auf alles gefasst. Doch es kam anders. Wir waren offiziell keine DDR-Staatsbürger mehr und als solche Unpersonen auch nicht mehr interessant für die Bewacher des „Friedensstaates“. Auf einer Liste standen alle Namen der im Zug befindlichen Personen. Die Namen wurden nach und nach aufgerufen. Mein Name ertönte und ich trat vor. Man verglich den Namen in meiner Identitätsbescheinigung mit dem Namen auf der Liste. Der Stasioffizier setzte gutgelaunt seinen Haken und ich bekam einen Stempel. Dann wurde der nächste Name aufgerufen. Das war die gesamte Kontrolle an dieser gefürchteten Grenze. Mit offenem Mund beobachtete ich das Prozedere und konnte kaum glauben, wie locker die Staatsmacht plötzlich mit uns umging.

So fuhren wir von Oebisfelde „durch die Mauer“ und den Todesstreifen nach Wolfsburg. Als ich aus dem Zug stieg, knallte kein Schuss eines DDR-Grenzers, sondern ein Sektkorken in die Luft. Der Champagner ergoss sich in einer hohen Fontäne auf den Bahnsteig. Mein Freund Eike und meine „fast Frau“ Antje, die mich nun nicht mehr ehelichen musste, umarmten mich herzlich. Sie wussten gar nicht, wen sie abholen sollten. In dem Telegramm, das sie kurz vorher erhalten hatten, stand nur, dass sie mich mit Sekt im Gepäck in Wolfsburg abholen sollten. In der ganzen Euphorie hatte ich vergessen, meinen Namen zu erwähnen.

Die Aktionen *Nelke 89* und *Symbol 89* gingen nicht auf. Diese operativen Vorgänge rissen zwar eine große Lücke in die Opposition, aber es fanden sich trotzdem genug mutige Menschen, die versuchten, den Wahlbetrug zu beweisen. Die Ergebnisse der Zählung der Opposition liefen bei Rolf-Michael Turek, dem Pfarrer der Markus-Gemeinde im Leipziger Stadtteil Reudnitz, aus allen Bezirken der DDR zusammen. Das am 7. Mai 1989 vom Vorsitzenden der Wahlkommission Egon Krenz bekannt gegebene offizielle Wahlergebnis lautete: 98,85 Prozent Ja-Stimmen für die „Einheitsliste der nationalen Front" bei einer Wahlbeteiligung von 98,77 Prozent. Dies war zwar das schlechteste Wahlergebnis, was die DDR jemals veröffentlichte, aber es war immer noch weit entfernt von dem, was die Opposition ausgezählt hatte. Nun konnte das erste Mal in der DDR-Geschichte die Wahlfälschung bewiesen werden. Das Wichtigste daran war sicherlich die Symbolwirkung, die es auf viele DDR-Bürger hatte.

Dass dies die letzten Wahlen in der DDR sein würden, hätte weder ich noch irgendjemand anderes in Ost oder West für möglich gehalten.

Verfall der halleschen Innenstadt in den achtziger Jahren

Bullen

Ein paar Wochen später, am 20. Mai 1989, unternahm ich den Versuch, das Territorium der DDR noch einmal zu betreten. Der Grund dafür war das AlösA-Frühlingsfest, bei dem meine Freundin Daniela, die ja noch in der DDR lebte, auf mich wartete. Dieses große Punkfestival in Ostberlin in der Erlöserkirche hatte die frühere Bluesmesse ersetzt. Schon im April 1988 lockte es mehrere tausend Punks an. An der Grenze stand ich zwischen vielen Westberliner Punks, die sich für 25 Westmark ein Tagesvisum nach Ostberlin beschafften. Das Untergrund-Punktreffen in der Ostberliner Kirche hatte solch eine Größe erreicht, dass es sich sogar im Westteil der Stadt herumgesprochen hatte. „Punk in der DDR" hatte auf die meisten Westpunks eine ungeheure Ausstrahlung. Eigentlich konnte sich im Westen kaum jemand vorstellen, dass es so etwas im Osten wirklich gab. Es klang nach Abenteuer gepaart mit Exotik. Der wilde Osten! „Dort lebt der Punk noch", erzählten sich die Punks. „Keine Kommerzialisierung, richtiger *Underground*", hieß es. Für mich am erstaunlichsten war die Aussage: „Ostpunk – das ist richtiger Punk! Punk im Westen ist doch tot!" Für uns Ostpunks war eigentlich immer der Westen das Vorbild. Da kamen die tollen Bands her, die unsere Omas auf Vinyl über die Grenze geschmuggelt hatten. Erstaunlicherweise durften die meisten Punks die Grenze passieren. Mich aber zog man dezent am Arm zur Seite: „Herr Pochop, machen Sie kein Aufsehen! Sie wissen, warum wir Sie nicht über die Grenze in die Deutsche Demokratische Republik lassen! Gehen Sie zurück! Ohne Aufsehen!" Ich hatte es nicht wirklich anders erwartet und ging dennoch betrübt zurück. Es war nun auch bei mir tief drinnen angekommen: Deine Freundin, deine Freunde, deine Familie siehst du nie mehr wieder in diesem Leben! Nun war ich nicht mehr eingesperrt im Arbeiter- und Bauernstaat, sondern ausgesperrt – lebenslang.

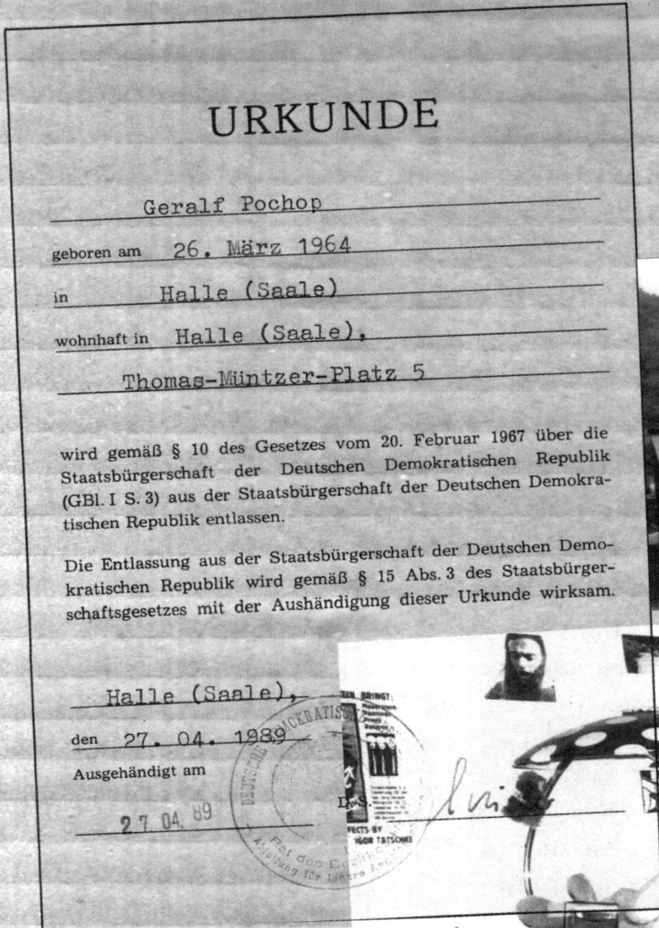

URKUNDE

Geralf Pochop

geboren am 26. März 1964

in Halle (Saale)

wohnhaft in Halle (Saale),

Thomas-Müntzer-Platz 5

wird gemäß § 10 des Gesetzes vom 20. Februar 1967 über die Staatsbürgerschaft der Deutschen Demokratischen Republik (GBl. I S. 3) aus der Staatsbürgerschaft der Deutschen Demokratischen Republik entlassen.

Die Entlassung aus der Staatsbürgerschaft der Deutschen Demokratischen Republik wird gemäß § 15 Abs. 3 des Staatsbürgerschaftsgesetzes mit der Aushändigung dieser Urkunde wirksam.

Halle (Saale),

den 27. 04. 1989

Ausgehändigt am

27. 04. 89

D. S.

Treffen mit Freunden in Karlovy Vary 1989

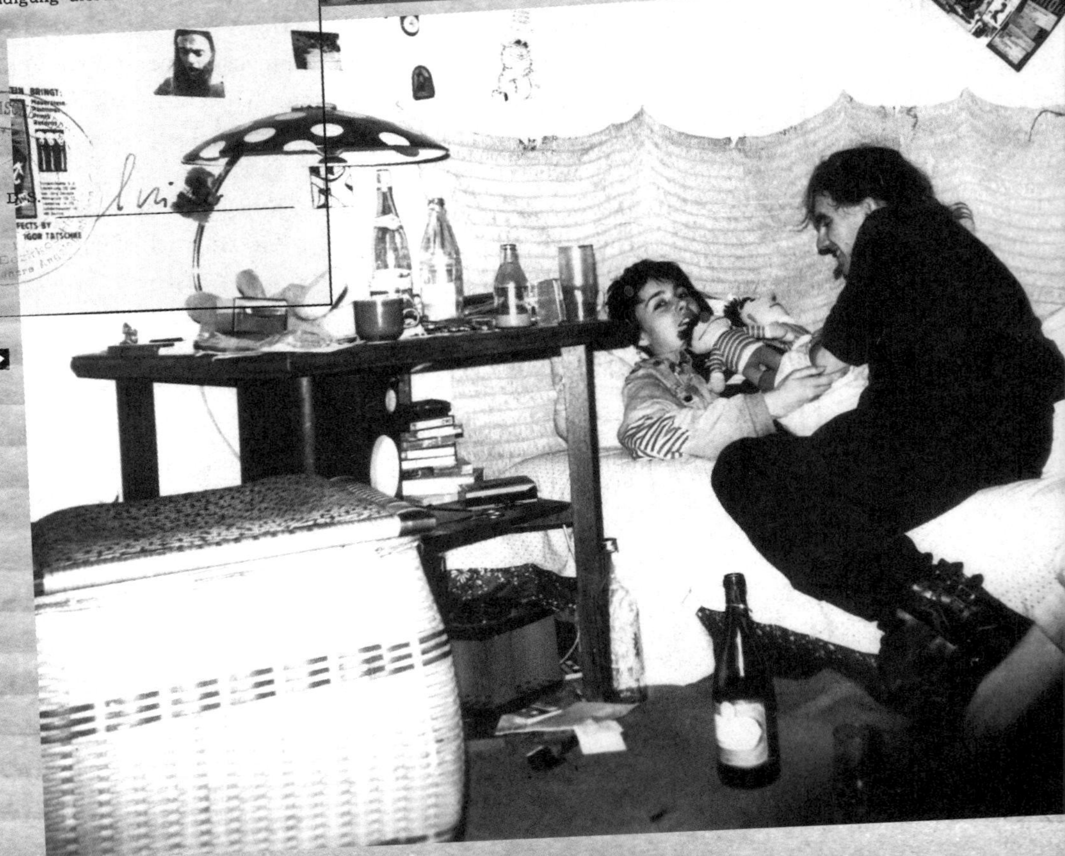

Geralf und Daniela am Tag der Ausreise

Ein kleines Schlupfloch ermöglichte mir, meine Freundin wenigstens ab und an noch einmal zu sehen. Ausgereiste und Dagebliebene konnten sich in den sozialistischen Bruderländern, in welche DDR-Bürger noch einreisen durften, treffen. Allerdings war Daniela damals noch keine 18 Jahre alt und brauchte für jede Reise eine schriftliche Erlaubnis ihrer Eltern. Uns plagte die Sehnsucht. Wir schrieben uns viele Liebesbriefe. Doch über geplante Treffen im Ausland durften wir darin kein Wort verlieren. Die Eltern einer gemeinsamen Freundin in Halle (Saale) besaßen glücklicherweise ein Telefon. Sie durften aber auf keinen Fall wissen, dass ich inzwischen im Westen lebte. Denn aufgrund ihrer Stellung war ihnen jeglicher Kontakt mit Bürgern im nichtsozialistischen Ausland untersagt. Damit meine Freundin und ich trotzdem miteinander telefonieren konnten, erzählte ihnen ihre Tochter, ich sei in Ostberlin auf Montage. Daniela besuchte die Familie nun regelmäßig, um zu telefonieren. Das war für uns die einzige Möglichkeit, wenigstens ab und zu unsere Stimmen zu hören. Aber auch hier konnten wir nicht offen sprechen.

Einmal trafen wir uns im tschechoslowakischen Kurort Karlovy Vary. Am ersten Tag verpassten wir uns leider. Doch als wir uns am nächsten Tag endlich trafen, war das Wiedersehen wunderschön und der Bauch voller Schmetterlinge. Für kurze Zeit waren wir absolut glücklich. Doch der Tag des Abschieds schwebte stets bedrohlich wie eine dunkle Wolke über unserem Glück. Die Sehnsucht zerfraß uns schon in dem Moment, als sich ihr Zug Richtung DDR in Bewegung setzte.

Wir hatten uns für den Sommer 1989 in Ungarn verabredet und hofften und bangten, dass ihre Eltern ihr eine Erlaubnis schreiben und sie von der zuständigen Behörde eine „Anlage für den visafreien Reiseverkehr" bekommen würde. Das Warten zermürbte uns. Dann endlich war es soweit. Im Budapester Keleti Pályaudvar, dem Ostbahnhof, fielen wir uns schluchzend in die Arme. Die Zeit stand still in diesem Moment des Glücks. Doch wieder schwebte die dunkle Wolke des Abschieds über unseren Köpfen. Wir konnten den Gedanken der erneuten Trennung nicht ertragen. In unseren Herzen reifte schließlich der Entschluss, dass sie nicht mehr in die DDR zurückkehren würde. Ich trampte mit ihrem DDR-Personalausweis in meiner Tasche in die BRD und versuchte, ihn gegen einen westdeutschen Pass zu tauschen. Leider wurde dies von den Westbehörden abgelehnt. Mir wurde sogar erklärt, dass Jugendliche unter achtzehn wieder in die DDR abgeschoben werden würden. Somit war unsere Hoffnung gänzlich zerstört. Desillusioniert, frustriert und mit Wut im Bauch trampte ich zurück.

In Ungarn angekommen suchten wir nach einem anderen Weg, wie sie die Grenze möglichst gefahrlos überqueren könnte. Mit Hilfe ungarischer Freunde aus der dortigen Punkszene fanden wir eine Möglichkeit. Ungarische Staatsbürger konnten ganz normal mit ihren Reisepässen über die Grenze nach Österreich reisen. So versuchten wir, einen ungarischen Pass für Daniela zu bekommen – den Pass einer Ungarin, die ihr ähnlich sah. Da viele ungarische Freunde mitsuchten und uns unterstützten, fanden wir nach einigen Wochen tatsächlich ein Mädchen, das ihr ähnelte und bereit war, ihren Pass für diesen guten Zweck an uns zu verborgen. Das schwarzhaarige Mädchen hatte allerdings im Pass ein Foto mit gefärbten hellen Haaren. So bleichte auch meine Freundin ihre dunklen Haare blond. Nachdem dieses Opfer gebracht war, sah sie dem Bild im ungarischen Pass täuschend ähnlich. Mit dem Pass im Gepäck und 100 Westmark in der Hand für eine eventuelle Bestechung bei Auffliegen des Betrugs fuhr ein Auto im Sommer 1989 mit vier Ungarn und einem deutschen Mädchen auf der Rückbank in der Mitte in Richtung Österreich. Falls die ungarischen Grenzbeamten Fragen stellen sollten, gab es verabredete Geheimzeichen. Fuß mit Fuß antippen hieß Nicken. Arm an Arm berühren, hieß Kopfschütteln usw. Ich selbst fuhr mit mehreren Ungarn im Auto davor. Ebenfalls mit 100 Westmark in der Hand, falls alles auffliegt und die ersten 100 Mark als Bestechungsgeld nicht ausreichen würden. 100 Westmark waren damals sowohl für mich als auch für die Ungarn ein kleines Vermögen.

An der Grenze herrschte tödliche Stille. Zumindest empfand ich es so. Ich fuhr in den Grenzbereich. Mein bundesdeutscher Pass wurde abgestempelt. Doch darauf achtete ich nicht. Mein gesamtes Augenmerk lag auf dem Auto, das hinter mir in den Grenzbereich einfuhr. Aus dem Augenwinkel und im Rückspiegel beobachtete ich jedes kleinste Detail. Ich sah, wie die Pässe aus dem Fahrzeug herausgereicht wurden. Genau wie unsere ungarischen Freunde es vorhergesagt hatten. Der Grenzer schaute in das Auto und verglich die Passbilder mit den Fahrzeuginsassen. Wenn jetzt eine einzige Frage gestellt würde, die nicht mit Kopfnicken oder Kopfschütteln beantwortet werden konnte, dann würde alles auffliegen. Drei Jahre Gefängnis für Daniela wegen Republikflucht. Eine

Menge Ärger für die Ungarn wegen versuchter Fluchthilfe. Mein Herz raste. Ihres sicher noch schneller. Die Sekunden wurden zu Stunden. Doch es kam keine Frage. Die Pässe wurden abgestempelt und zurückgereicht. Das Passbild hatte alle getäuscht. Unsere Autos rollten in Richtung Österreich, und der Song „Frisch aus Ungarn" der Band *Paranoia* bekam so plötzlich eine völlig andere Bedeutung.

Hinter der Grenze fielen wir uns in die Arme. Glückstränen kullerten über unsere Wangen. Steine fielen uns von den Herzen. Wir hatten es geschafft! Wir waren nun gemeinsam in Freiheit. Im Westen angekommen knallten die Sektkorken. Unsere Liebe hatte gesiegt. Und über die Zukunft wollten wir in diesem Moment nicht nachdenken.

Mauerspecht Geralf im November 1989

GLOSSAR

ABV:	Abschnittsbevollmächtigter. Polizist der Volkspolizei, entspricht in etwa einem Kontaktbereichsbeamten
AlösA:	Erlöserkirche in Berlin Rummelsburg
ANL:	Anti-Nazi-Liga
Antifa:	Antifaschistische Aktion
Bausoldat:	Angehöriger der Baueinheiten der NVA der DDR
Bluesmesse:	Spezielle Form evangelischer Gottesdienste mit Bluesmusik von 1979-1986. Ausdruck des Jugendprotestes, zu dem sich bis zu 7.000 Teilnehmer versammelten.
BstU:	Behörde des Bundesbeauftragten für Unterlagen des Staatssicherheitsdienstes der ehemaligen DDR
Buren-Front:	Rassistische südafrikanische Bewegung
DSF:	Gesellschaft für Deutsch-Sowjetische Freundschaft
Einstufung:	Bands mussten in der DDR vor einer Einstufungskommission, bestehend aus Kulturfunktionären und Musiklehrern, ihre Songs vorspielen, um eine Einstufung zu bekommen. Ohne Einstufung keine öffentlichen Auftritte.
Ello/Polizei-Ello:	Bezeichnung für LKW/Polizei-LKW
FDJ:	Freie Deutsche Jugend. Kommunistische Massenorganisation für Jugendliche ab 14 Jahren
Friedensstaat:	Die DDR bezeichnete sich selbst als Friedensstaat.
Glasnost:	Die von Michail Gorbatschow eingeleitete Politik einer größeren Transparenz und Offenheit der Staatsführung gegenüber der Bevölkerung in der Sowjetunion
HO:	Staatliche Handelsorganisation
HOG:	Staatliche Handelsorganisation Gaststätten
IM:	Inoffizieller Mitarbeiter des MfS
Iro:	Irokesenhaarschnitt
JG:	Junge Gemeinde. Jugendgruppe der evangelischen Kirche
Jugendwerkhof:	Gefängnisähnliche Spezialheime für Kinder und Jugendliche zwischen 14 und 18 Jahren

Jungpionier:	Mitglied der Pionierorganisation in der 1.-3. Klasse
Kinderkrieg:	Szene-Bezeichnung für Wehrerziehung, die schon im Kindergarten mit Kriegsspielzeug begann
KvU:	Kirche von Unten
KSZE:	Konferenz über Sicherheit und Zusammenarbeit in Europa während des Ost-West-Konflikts
MdI:	Ministerium des Innern. Zuständig für bewaffnete Organe, Kampfgruppen und Volkspolizei
MfS:	Ministerium für Staatssicherheit
Mielke, Erich:	Minister für Staatssicherheit
mOAning star:	Untergrund-Fanzine ähnliche Info-Blätter der Offenen Arbeit 1985-1989
NVA:	Nationale Volksarmee der DDR
OV:	Operativer Vorgang. Maßnahmenkatalog des MfS zur Bekämpfung und Zersetzung politischer Feinde
ORWO:	Filmfabrik in Wolfen
Pionierorganisation:	Politische Massenorganisation der DDR für Kinder
PM12:	Ersatzausweis, oft mit Auflagen und Reiseverbot verbunden
RFT:	Rundfunk- und Fernmeldetechnik der DDR
SED:	Sozialistische Einheitspartei Deutschlands
Stasi:	Staatssicherheit. Inlands- und Auslandsgeheimdienst der DDR
Stino:	Stinknormaler Bürger
Thälmann-Pionier:	Mitglied der Pionierorganisation in der 4.-7. Klasse
Toniwagen:	Funkstreifenwagen der Volkspolizei
UE:	Übersiedlung. Kürzel des MfS
ÜE (auch ÜSE):	Übersiedlungsersuchender (Ausreiseantragsteller). Kürzel des MfS
VP:	Volkspolizei
VPKA:	Volkspolizeikreisamt
White Power:	Rassistische Neonazi-Bewegung
Wehrerziehung:	Militärische Vorbereitung in der DDR ab Kindergartenalter
Wehrkunde:	Pflichtfach ab der 9. Klasse, inklusive 2 Wochen militärisches Ausbildungslager
ZPDB:	Zentrale Personendatenbank des MfS

LITERATUR

Boehlke, Michael/Gericke, Henryk: too much future. Punk in der DDR. Verbrecher Verlag, Berlin 2007.

Eisler, Christiane: Wutanfall. Punk in der DDR 1982-1989. Die Protagonisten damals und heute. Eigenverlag, Leipzig 2017.

Furian, Gilbert/Becker, Nikolaus: Auch im Osten trägt man Westen. Punks in der DDR – und was aus ihnen geworden ist. Archiv der Jugendkulturen Verlag, Berlin 2000.

Galenza, Ronald/Havemeister, Heinz: Wir wollen immer artig sein. Punk, New Wave, HipHop und Independent-Szene in der DDR 1980-1990. Schwarzkopf & Schwarzkopf Verlag, Berlin 1999.

Hahn, Anne/Willmann, Frank: Satan, kannst du mir noch mal verzeihen. Otze Ehrlich, Schleimkeim und der ganze Rest. Ventil Verlag, Mainz 2008.

IG Dreck auf Papier (Hrsg.): Keine Zukunft war gestern. Punk in Deutschland. Archiv der Jugendkulturen Verlag, Berlin 2008.

Klier, Freya: „Neger", „Fidschies" und die Heuchelei der Linken. WeltN24 GmbH, 2011.

Kowalczyk, Angela „China": Wir haben gelebt. Eigenverlag, Berlin 2006.

Mareth, Connie/Schneider, Ray: Haare auf Krawall. Jugendsubkultur in Leipzig 1980 bis 1991. Connewitzer Verlagsbuchhandlung, Leipzig 1999.

Mohr, Tim: Stirb nicht im Warteraum der Zukunft. Die ostdeutschen Punks und der Fall der Mauer. Heyne Verlag, München 2017.

Moldt, Dirk (Hrsg.): mOAning star. Eine Ostberliner Untergrundpublikation 1985-1989. Band 10, Robert-Havemann-Gesellschaft e. V., Berlin 2005.

Moldt, Dirk: Zwischen Haß und Hoffnung. Die Blues-Messen 1979-1986. Band 14, Robert-Havemann-Gesellschaft e. V., Berlin 2008.

Westhusen, Mark M./Lindner, Bernd: Von Müllstation zu Größenwahn. Punk in der Halleschen Provinz. Hasenverlag, Halle (Saale) 2008.

Westhusen, Mark M.: Zonenpunkprovinz. Punk in Halle (Saale) in den 80er Jahren. Verein Zeit-Geschichte(n), Halle (Saale) 2005.

Willmann, Frank (Hrsg.): Leck mich am Leben. Punk im Osten. Verlag Neues Leben, Berlin 2012.

INTERNETSEITEN

https://www.facebook.com/PunkinderDDR
https://www.havemann-gesellschaft.de
http://www.horch-und-guck.info/hug/archiv/2000-2003/heft-40/04005-moldt
https://www.jugendopposition.de
http://www.punkfoto.org
http://www.substitut.net
http://www.untergrund-war-strategie.de
https://zwischen-aufbruch-und-randale.jimdosite.com

QUELLENNACHWEIS

BSTU-KOPIEN:

Personenbezogene Unterlagen der Staatssicherheit über Geralf Pochop:
S. 8: BStU, Ast, Halle, BV Halle, Abt. XX Kartei über nicht angepasste Jugendliche, 1982-1988.
S. 9: BStU, Ast, Halle, MfS BV Halle BKG, Sach Nr. 125 – 0036.
S. 54: BStU, Ast, Halle, MfS BV Halle Abt. IX Sach Nr. 2036 Teil 1 von 2 – 000343.
S. 64 links: BStU, Ast, Halle, MfS BV Halle Abt. XX Sachakten Nr. 148 – 000014.
S. 79: BStU, Ast, Halle, VSH Halle, KD Halle, Anhang – 0205.
S. 129: BStU, Ast, Halle, BV Halle, KD Halle, Sach Nr. 1528 – 0049, 0050, 0104, 0105, 0106.
S. 149: BStU, Ast, Halle, Gerichtsurteil vom 21.11.1987 – 0049.
S. 156 links: BStU, Ast, Halle, Gerichtsurteil vom 21.11.1987 – 0048.
S. 156 Mitte: BStU, Ast, Halle, Erfassungsbeleg ZPDB 72 – Seite 2.
S. 168: BStU, Ast, Halle, MfS BV Halle AKG, Sachakten Nr. 332 – 000026.
S. 171: BStU, Ast, Halle, AR 2, Karteikarte ZKG XII/89.
S. 177: BStU, Ast, Halle, MfS BV Halle BKG, Sach Nr.125 – 0025.

IM-Vorläufer-Akte der Staatssicherheit über Geralf Pochop:
S. 56: 000104 ,000105; S. 64 rechts: 000101; S. 113 unten: 000092; S. 132: 000001; S. 134: 000115, 000116, 000117; S. 135: 000121; S. 136: 000008 – BStU, Ast, Halle, IM-Vorgang VIII 2617/86.

Privatarchiv Michael Horschig, S. 76: BStU-Kopie, Berlin, aus der Akte „Namenlos".
Privatarchiv Sabine Langheinrich-Schüler, S. 141, 144: BStU-Kopie.
Privatarchiv Dana Richter, S. 113 Mitte: BStU-Kopie.

ABBILDUNGEN:

Umschlagfoto Front: Privatarchiv Geralf Pochop (Kurz vor Inhaftierung des Autors am 7.10.1987).
Umschlagfoto Back: Geralf Pochop („Jugend 86" in Rudolstadt 1986).
Eike Berg: S. 100 oben rechts, 176.
Christiane Eisler: S. 32, 75.
Privatarchiv Renee „Gräte": S. 141.
Bert „Hella" Hellmund: S. 193.
Historisches Archiv der ungarischen Staatssicherheit (Állambiztonsági Szolgálatok Történeti Levéltára) ÀBTL 3.1.5. O-18993: S. 97.
Jgaray (Nickel Chromo): S. 55.
JungeWelt-Beilage „DU und deine Zeit" 1988 (Ausschnitt): S. 160, 161.
Privatarchiv Oliver Künzel: S. 165.
Sabine Langheinrich-Schüler: S. 173.
Dirk Moldt/Robert-Havemann-Gesellschaft: 11. *mOAning star* OA/KvU 4711 11 Seite 5,6 & 13. *mOAning star* OA/KvU 4711 13 Seite 8: S. 162, 60.
Geralf Pochop: S. 4, 25, 28, 29 links, 31, 33 links, 34, 35, 36, 37 rechts, 40, 41, 42, 43, 47, 49, 50, 51, 53, 58, 62, 63, 65, 67, 69, 70 links, 72, 73, 77, 80, 81, 82, 86 unten, 87 links oben, 90, 92, 93, 98, 100 links oben & unten, rechts unten, 102, 103, 104, 106 unten, 108, 112, 113 oben, unten links, 117, 118, 121, 132 oben, 133, 135 oben, 136 links, 138, 139, 149 rechts oben, 152 links, 153, 164 links, 169, 170, 171 rechts, 179 unten, 181, 182, 184 rechts oben & unten, 187.
Privatarchiv Geralf Pochop: S. 9 links, 10, 11, 13, 14, 15, 16, 18, 19, 20, 27, 29 rechts, 30, 45, 48, 52, 54 unten, 57, 59 rechts, 70 rechts, 79 rechts, 106 oben, 110, 115, 116, 129 rechts unten, 130, 131, 144 links, 146, 149 rechts unten, 152 rechts, 155, 158, 163, 164 rechts, 166, 168 links, 174, 175, 177 unten, 179 oben, 184 links oben.
Privatarchiv Harty Sachse: S. 23, 33 rechts, 37 links, 120.
Privatarchiv Alexandra Schlagowski: S. 53 oben.
Steffen Schölzel: S. 68.
Privatarchiv Ol Schwarzbach: S. 89.
Archiv: SUBstitut, Foto: Riddi Prager: S. 128.
Privatarchiv Igor Tatschke: S. 84, 85, 86 oben, 87 rechts oben, links & rechts unten, 88.
Dirk Wunderlich: S. 122.

Wir bitten um Verständnis, dass trotz sorgfältiger Nachforschungen nicht in allen Fällen die Rechtsinhaber der Abbildungen ermittelt werden konnten.

Geralf mit seinem DDR-Billigfotoapparat Beirette. Die meisten seiner Fotos in diesen Buch wurden damit geknipst. Hier gemeinsam mit Gräte beim Punktreffen „Jugend 86" in Rudolstadt.

DER PUNK-VERLAG

Überall, wo es Bücher gibt, und direkt bei uns:

https://shop.hirnkost.de